TÁCTICAS DE CRACKS

OSO TRAVA

PRÓLOGO DE ARTURO ELIAS AYUB

TÁCTICAS DE CRACKS

Domina tu salud, dinero y amor como lo hacen los expertos

Grijalbo

El papel utilizado para la impresión de este libro ha sido fabricado a partir de madera procedente de bosques y plantaciones gestionadas con los más altos estándares ambientales, garantizando una explotación de los recursos sostenible con el medio ambiente y beneficiosa para las personas.

Este libro no es una receta mágica para el éxito, sino una colección de experiencias, lecciones y consejos que pueden ser, o no, aplicables a tu vida. No quiero que te lastimes o que lastimes a alguien más, así que toma conciencia, sé prudente y, cuando lo consideres necesario, busca asesoramiento de un experto en cada uno de los temas que presento antes de aplicar cualquiera de las prácticas que aparecen en estas páginas.

Penguin Random House Grupo Editorial

Tácticas de cracks

Primera edición: octubre, 2024
Primera reimpresión: octubre, 2024
Segunda reimpresión: diciembre, 2024
Tercera reimpresión: julio, 2025
Cuarta reimpresión: septiembre, 2025

Penguin Random House Grupo Editorial, S. A. de C. V.
Blvd. Miguel de Cervantes Saavedra núm. 301, 1er piso,
colonia Granada, alcaldía Miguel Hidalgo, C. P. 11520,
Ciudad de México

penguinlibros.com

ISBN: 978-607-385-007-0

Impreso en México – *Printed in Mexico*

DEDICATORIA

A los cientos de miles de personas que no se conforman con el *statu quo* y que cada semana dedican un poco de su tiempo para aprender junto a mí. Su pasión y compromiso con un futuro más brillante son una fuente constante de inspiración y motivación.

Y a mi esposa Lucila y mis hijos Emilio y Diego, quienes cada día me recuerdan la importancia de ser mejor de lo que fui ayer. Su amor y apoyo son el motor que impulsa mi crecimiento personal y profesional.

ÍNDICE

DINERO

AMOR

PRÓLOGO

El 27 de noviembre de 2023, a las seis de la tarde, me encontraba muy emocionado frente a un gran auditorio en la Feria Internacional del Libro de Guadalajara presentando mi segundo libro, *El emprendedor*. La energía en ese gran salón se sentía padrísima, y creo que no era únicamente por la presentación de mi libro, sino porque junto a mí se encontraba un verdadero *crack*, Oso Trava.

Conocí a Oso un par de años atrás cuando me invitó a su podcast. Para ser sincero, me esperaba otra entrevista como muchas que me han hecho, en las que siempre me hacen las mismas preguntas. Pero qué grata sorpresa me llevé al descubrir que Oso había hecho su chamba: había investigado todo acerca de mí, incluso cosas que ni yo mismo sabía. Era clarísimo que se había preparado con toda la seriedad y el profesionalismo del mundo para hacerme una muy buena entrevista, llena de preguntas inteligentes y audaces que le dieran mucho valor a su enorme audiencia y que, a la vez, me hicieron sentir muy cómodo. No me sentí en una plática de dos personas que se acaban de conocer, sino en una entre dos viejos amigos que reflexionan acerca de la vida y los negocios.

Por esta razón, cuando planeamos la presentación de *El emprendedor*, pedí a la editorial que fuera Oso quien me acompañara, porque sabía perfectamente que él era la persona que, mediante sus preguntas inteligentes, podría ayudarme a escarbar dentro de mi cabeza y encontrar aquello que quería decir sobre mi libro.

Me dio mucho gusto que Oso hubiera pensado en mí para escribir este prólogo, no solo porque hemos construido una bonita amistad desde aquella entrevista, sino porque, además, este es un libro que aborda tres temas que la gran mayoría de las personas en el mundo intentan resolver durante toda su vida: la salud, el dinero y el amor. Y está escrito desde la experiencia de verdaderos cracks en cada uno de estos temas, quienes han compartido con Oso su conocimiento a través de su podcast.

Soy un gran seguidor de los expertos; me rodeo de ellos y he tenido la fortuna de contar con grandes mentores en mi vida. Muchas personas me preguntan en la calle: "Arturo, ¿a quién debo hacerle caso entre todos los que opinan en las redes sociales?". Mi respuesta es muy simple: "¡Hazles caso solo a los verdaderos expertos, a los cracks!". Pero ¿cómo reconocerlos? En primer lugar, por su actitud y personalidad, y luego, por su conocimiento y resultados. A mí, por ejemplo, siempre me han llamado mucho la atención los valores de una persona. Si estoy frente a alguien humilde, pero que al mismo tiempo tiene confianza en sí mismo, ese es un crack. Lo mismo pienso de aquel que es inteligente, pero que no trata de demostrarlo constantemente ni menosprecia a los demás. O de alguien con personalidad, pero que no pretende ser siempre el gran protagonista. Y por supuesto, alguien que, además de ser un gran ser humano, ha logrado resultados destacados en lo que hace y comparte su conocimiento, dones y talentos con el mundo. Estos son indicadores claros para mí de que estoy frente a un verdadero crack, y a esos son a quienes hay que hacerles caso. En este libro hay muchos, y quién mejor que ellos para hablarnos de salud, dinero y amor.

Yo pongo mucha atención en estos tres ámbitos. La salud es para mí el primer mandamiento de quienes deseamos una vida plena, ya que, si no priorizas tu salud y el estar bien contigo, no podrás estar bien con los demás ni prosperar en ninguna otra área de tu vida. Creo que estar sano no significa no estar enfermo, sino un estado de completo bienestar físico, mental y emocional. La salud va más allá de hacer ejercicio y comer de forma saludable para estar físicamente fuerte; es también cuidar tu mente y gestionar tus emociones. Hoy, más que nunca, la salud mental se ha vuelto un reto muy importante, y por eso debe ser una prioridad. Se trata de cómo te sientes, no solo de cómo te ves.

Ahora bien, ¿a quién no le preocupa el dinero? Yo creo que a todos, aunque sea por diferentes razones. El dinero es un medio que nos ayuda en un sinfín de cosas (incluyendo la salud) e implica una gran responsabilidad: bien administrado se convierte en una poderosa herramienta para alcanzar nuestros objetivos e impactar positivamente en la vida de otras personas, como, por ejemplo, a través de la generación de empleos. Por eso soy un gran embajador del emprendimiento, aunque reconozco que no es para todos. Aquellos que tenemos el privilegio de generar fuentes de empleo debemos sentirnos afortunados de asumir la responsabilidad de beneficiar a las familias de quienes colaboran con nosotros. Eso, para mí, es el mejor uso que se le puede dar al dinero.

Finalmente, ¿qué es el amor? ¡Qué pregunta más difícil! Al menos para mí lo es y a lo mejor no soy el único. A lo largo de la historia, los más brillantes filósofos, poetas, sociólogos, psicólogos e historiadores han escrito millones de ensayos que intentan definir y explicar el amor. Mi definición personal es muy sencilla: el amor es el sentimiento que te hace levantarte todas las mañanas. Porque si tu corazón está vacío y no tienes a quién amar, ¿a qué te levantas? Yo me levanto todas las mañanas por el amor a mi esposa, a mis hijos, a mi familia, a mis amigos, a la gente que me rodea. Entonces el amor, desde este punto de vista, es el gran motor de la vida. También me levanto por el enorme amor que le tengo a México, me lo inculcaron desde que era chiquito. Y no es un amor abstracto, más bien es un amor palpable, real, y lo demuestro saliendo a trabajar todos los días con optimismo y apegado a mis valores.

Si todo esto no es amor, entonces no sé qué es...

Salud, dinero y amor: tres ámbitos completamente conectados entre sí y que, estando en equilibrio con cada uno de ellos, se convierten en una gran fórmula para la vida:

cuida tu salud, haz las cosas con amor y verás cómo el dinero llegará.

¡Repite esta fórmula, siempre!

Pero, independientemente de lo que yo tenga que decir sobre estos temas, aprendamos mejor de los verdaderos expertos a quienes Oso refiere en este libro. Ha tenido el tino y el profesionalismo para elegir a las mentes más destacadas en muchas áreas para entrevistarlas y documentar sus conocimientos de una forma práctica e implementable. Muchos años de trabajo están aquí resumidos para ti. Cada capítulo y sección están repletos de historias inspiradoras y muchísimas tácticas que, si las seguimos y llevamos a cabo, nos pueden ayudar a mejorar nuestra relación con nosotros mismos, con los demás, y a progresar en nuestro trabajo o negocio.

Te felicito por tener en tus manos *Tácticas de cracks*, un libro que, estoy seguro, te llenará de sabiduría y dejará algo muy positivo en ti.

Júntate con cracks, aprende de ellos, y pronto te convertirás en uno.

Con cariño,

Arturo Elias Ayub

INTRODUCCIÓN

La Mujer Dormida

No. Vendrás conmigo.
No te dejaré aquí, tengo que salvarte.
Luke Skywalker

—¡Oso, no te muevas! ¡No te muevas! —me gritaba Juan, nuestro guía en la montaña, con firmeza absoluta en su voz. No se trataba de una sugerencia o una recomendación: era una sentencia.

Y me quedé quieto... No solo porque no pretendía desafiar esa orden, sino porque mi mente ni siquiera era capaz de articular alguna otra instrucción. Estaba completamente paralizado, confundido y con la potente ola de adrenalina que inundaba mi cuerpo durante esos segundos, quizá los más largos de mi vida. Lo único que pude procesar y entender en ese instante es que tenía miedo... mucho miedo.

Los últimos segundos habían sido caóticos. Había resbalado en el hielo de una pendiente empinada y el mundo pareció moverse en cámara lenta. Todo sucedió repentinamente; en pocos instantes ya iba cayendo, sin control y sin forma de detenerme, directo a un precipicio quizá de más de 400 metros de altura que me arrojaría a la nada, que me soltaría al vacío.

"¿Será el fin?".
"¿De verdad aquí se acabó todo?".

Muchas preguntas como esas venían a mi mente y se esfumaban tan rápido como la velocidad de mi caída. A pesar de que todo sucedía en fracciones de segundo, traté de pensar en lo que podía hacer para salvarme, en cómo tomar el control.

Intenté clavar mis bastones de escalar y hacer fricción con la nieve y el hielo con mis guantes, pero nada parecía funcionar. La única opción posiblemente viable era dirigir mi cuerpo hacia una piedra no más grande que una pelota de futbol que se veía unos metros frente a mí y rezar para que me detuviera, para que aguantara. No podía fallar, no habría una segunda oportunidad de intentarlo ni margen de error. No sabía si lo lograría; es más, ni siquiera sabía si esa opción era posible, pero era la única que tenía. Mientras tanto, metro tras metro, mi cuerpo seguía resbalando sin saber dónde iba a parar...

Pero ¿cómo es que había llegado hasta el filo de un precipicio que parecía ser el escenario del fin?

Todo comenzó tal y como sucede con muchas cosas increíbles que consigues en la vida: con una promesa.

En octubre de 2023, para retar una de mis creencias limitantes más arraigadas, la de que por una deficiencia que padezco en la sangre no tenía buena condición física y nunca podría ser un atleta de fondo, corrí mi primer maratón, el de Chicago. Esa experiencia me ayudó a conocer toda una nueva faceta de mí, a creer en mis capacidades físicas y a preguntarme qué más era capaz de lograr.

Así que me pareció buena idea, después de haber entrenado mi sistema cardiovascular por cinco meses, aprovechar ese entrenamiento para ir por un reto igual de grande e intimidante: subir el volcán Iztaccíhuatl, la tercera montaña más alta de México. Era mi asignatura pendiente, un desafío que me había propuesto después de subir el Nevado de Toluca un par de años atrás y que por mis propias limitaciones mentales no había podido cumplir. Pues ahora sí... ¡Había llegado el momento!

Hay una ventaja increíble de formar parte de una comunidad como la de Cracks Mastermind, el grupo de empresarios que creé en 2021: cuando se te ocurre una idea loca, algo retador e incluso arriesgado, siempre hay a tu alrededor un puñado de personas que dirán: "¡Jalo, yo también quiero hacerlo!". Y así fue como propuse la idea de subir el Iztaccíhuatl. Diez miembros de Cracks Mastermind se apuntaron para acompañarme en la aventura.

La planeación ocurrió sin problemas, hicimos algunas caminatas de preparación y todos estábamos contentos y emocionados. Pero el destino nos tenía una sorpresa. Tres días antes de la fecha marcada para la expedición, hubo una fuerte nevada en el Parque Nacional Izta-Popo, lo que ocasionó el cierre del parque al público en general y puso en riesgo el viaje.

Después de pensar en los peligros de seguir adelante y el incremento de riesgos que las nuevas condiciones suponían, tres miembros del grupo decidieron bajarse del barco. "¿Sabes qué? Esto se puso ya demasiado extremo. No vamos a ir", me dijeron. Estábamos perdiendo integrantes antes de haber comenzado, pero eso no nos desanimó y los que quedamos seguimos fieles a nuestra meta.

De cualquier manera, el grupo estaba bastante balanceado: había personas que ya habían hecho el recorrido varias veces y contratamos a guías profesionales para liderar el ascenso. Claro, también había completos novatos, como yo y Tavo, mi brazo derecho en el proyecto de *Cracks* podcast.

El día llegó y la tormenta previa no nos detuvo. Muy emocionados, llegamos a las siete de la noche a las faldas del volcán y nos encontramos con el primer obstáculo a vencer. Habían prohibido el acceso de vehículos, lo cual agregaba ocho kilómetros de ascenso a pie y complicaba aún más las cosas. Ese sería el menor de mis problemas, aunque en ese momento no lo sabía. Por fortuna, tras unas negociaciones y algo de ingenio, logramos convencer a los trabajadores del parque para que a la una de la mañana nos subieran en un pickup hasta la zona de la montaña donde, en condiciones normales, se inicia el ascenso.

Ya todo estaba listo para mi primera expedición de montaña; la promesa que me había hecho tiempo atrás estaba a punto de ser cumplida. Intenté dormir un poco en la cajuela de mi camioneta durante esas horas, pero entre la emoción y el frío fue prácticamente imposible descansar.

A la una de la mañana, como estaba planeado, comenzamos a dividir nuestra comitiva en grupos más pequeños, con un guía dirigiendo cada uno, y tomamos turnos para subir en el pickup. Mi grupo inició el ascenso pasadas las tres de la mañana, un par de horas más tarde de lo recomendado.

Arrancamos en medio de la oscuridad a un ritmo bastante moderado. Yo me sentía muy conmovido, emocionado y ansioso por ver el amanecer y llegar a la cumbre de la montaña en el menor tiempo posible. Era tal mi adrenalina que me pareció que estábamos caminando muy lento.

—Oye, ¿será que podemos ir más rápido? —le pregunté a Juan, el guía que dirigía nuestro grupo, con algo de impaciencia.

Juan levantó los hombros y aceptó apresurar el ritmo, pero al cabo de unos veinte minutos de ascenso acelerado acabé de entender el porqué del paso moderado. Mis pulmones parecían a punto de estallar y cada pocos pasos debía pedir que nos detuviéramos para recuperar el aliento.

—¿Ya viste por qué no es recomendable ir más rápido, Oso? —dijo el guía, sonriendo.

"Tú eres el que sabe", pensé, y qué razón tenía. Esa fue una de las primeras lecciones del día: él era el experto y debía hacerle caso. Más tarde no me quedaría ninguna duda.

Continuamos subiendo hasta que rebasamos a nuestros compañeros del primer grupo, y a las seis y media de la mañana, ya sobre los 4 000 metros de altura, nos encontramos con un amanecer espectacular. Estaba ahí, rodeado de soñadores, de cracks, de aventureros de la vida, todos retándonos a nosotros mismos y disfrutando de las vistas que solo los que se atreven a empujar sus límites logran apreciar. El lugar era majestuoso, de esos sitios que te cortan el aliento. A lo lejos se veían el Nevado de Toluca, la Malinche, el Pico de Orizaba y el Popocatépetl. Todas las cumbres cubiertas de nieve frente a nuestros ojos, en un espectáculo natural al que cualquier descripción que pudiera hacerte no le haría justicia. Con solo llegar hasta ahí yo sentía que todo el esfuerzo había valido la pena.

La cumbre, sin embargo, aún estaba lejos y mi promesa todavía no estaba del todo cumplida, así que debíamos seguir. Hasta ese momento todo era regocijo, el viaje parecía casi un día de campo. El esfuerzo era retador, pero no imposible; no obstante, las siguientes diez horas serían algo totalmente diferente. El clima era perfecto, no hacía mucho frío y el viento soplaba de forma muy ligera, pero la nieve con casi medio metro de profundidad complicaba la situación.

El ascenso se ponía más demandante, aunque aún no usábamos crampones ni veníamos encordados.

Pasaron unas horas y llegamos a una zona del Iztaccíhuatl llamada "El Refugio de los Cien", ubicada justo antes de la parte más empinada de la montaña.

Si escuchas que un lugar se llama "El Refugio", esperas que sea eso: un refugio, un lugar seguro que te invite a descansar, pero la realidad que encontré fue muy diferente. Cuando abrí la puerta de la estructura de lámina y metal, me envolvió un olor fétido a humedad y humanidad que con solo un par de respiros hicieron que mi cuerpo se retorciera con arcadas de vómito. No pude permanecer ni un minuto ahí dentro y salí nuevamente al frío para intentar recuperar mi respiración. Lo que vi afuera, con la mente un poco más clara, no fue mucho mejor. Ratas y ratones corrían alrededor del refugio y el hielo estaba cubierto con manchas de orina y otros fluidos corporales a pocos metros de donde Tavo disfrutaba de uno de los sándwiches que a él y a mí nos había preparado mi esposa.

Después de unos minutos, ya un poco más recuperados, iniciamos la sección más retadora de la expedición: el ascenso a lo que llaman "Las Rodillas". La siguiente hora fue técnica y físicamente mucho más demandante. Pasamos por "La Cruz de Guadalajara", donde en 1968 un grupo de estudiantes mexicanos menores de 20 años quedaron atrapados durante una tormenta que causó la muerte de 11 de ellos. Tras la tragedia, sus amigos subieron nuevamente hasta ese punto y colocaron una cruz que, desde entonces, forma parte del camino que recorren todos los que quieren conquistar el Izta. Pasar por ahí y ver la cruz me hizo pensar en lo efímera y frágil que es la vida, pero, honestamente, me costaba trabajo imaginar que esa mañana alguno de nosotros podría correr la misma suerte que aquel grupo de estudiantes.

En esta etapa perdimos a más miembros del grupo: habiendo llegado a su máximo esfuerzo, o sintiendo la exigencia y riesgo de la escalada, decidieron regresar. Para esta sección ya nos equipamos con crampones, los picos de metal que amarras a tus pies para poder escalar en el hielo y la nieve. Hubo momentos en que aun con ellos fue difícil tener la suficiente tracción para seguir. Mentiría si dijera que no sentí miedo; incluso me pregunté si nos habíamos puesto en una situación de riesgo innecesaria. Intentaba no mirar hacia los múltiples despeñaderos que bordeamos para que el vértigo no me paralizara.

Finalmente, llegamos a Las Rodillas. La falta de oxígeno por la altura hacía que cada vez fuera más difícil hilar varios pasos sin tener que detenernos para recuperar el aliento. Aunque habíamos llegado al Iztaccíhuatl con la esperanza de conquistar su cima, las condiciones y el horario de arranque nos tenían considerablemente atrasados, y se hacía evidente que no lo conseguiríamos. Los grandes montañistas saben que llegar a la cima es solo la mitad del trabajo y que el descenso es, en muchas ocasiones, aún más riesgoso. Todo parecía indicar que no contaríamos con el tiempo suficiente para llegar y hacer el camino de vuelta a casa. Aun así, continuamos subiendo, buscando probar al máximo nuestra resistencia con una siguiente meta en mente: una zona que llaman "El Ombligo", un punto por arriba de los 5 100 metros de altura desde donde se puede ver la cima del volcán y el glaciar de uno de sus cráteres.

Cerca de las 10:30 de la mañana lo conseguimos. Tomamos fotografías increíbles del glaciar y del Popocatépetl, y nos felicitamos por haber llegado hasta ahí. Fuimos seis quienes lo habíamos conseguido. Considerando las circunstancias, decidimos que era momento de regresar. La promesa que me había llevado hasta ese punto quedaría pendiente para un futuro intento. Aun así, yo sentía que había conseguido un gran triunfo. Llegar hasta aquella altura no era poca cosa, y me sentí agradecido por la oportunidad y satisfecho con mi desempeño, imaginando que toda la emoción ya había terminado. No podría haber estado más equivocado.

Ahí, rodeados de uno de los paisajes más increíbles que he visto en mi vida, y sin razón aparente, los ánimos empezaron a calentarse. Estábamos cansados y, por qué no, un poco frustrados por no haber llegado a la cima. Juan, nuestro guía, empezó a debatir con dos de los miembros más experimentados del grupo, quienes habían hecho este ascenso más de 40 veces, sobre cuál era la mejor ruta para bajar.

Pude sentir cómo la tensión y las fricciones escalaban en cuestión de minutos. Había opiniones encontradas y cada proponente defendía firmemente su posición. ¿Cuáles eran nuestras opciones? La primera, por la cual apostaba nuestro guía, era bajar por la misma ruta por la que habíamos llegado. La subida había sido demandante, y tan solo pensar que tendríamos que bajar por ahí me ponía muy nervioso, especialmente porque ya estaba comenzando el deshielo y yo pensaba que el riesgo de un accidente sería aún mayor.

La opción que proponían los otros dos montañistas era bajar por una ruta alterna, una que implicaba una hora menos de camino, lo que la hacía sumamente atractiva para la mayoría de nosotros, considerando que no habría pickup que nos ahorrara los ocho kilómetros adicionales de regreso al campamento. "¿Dónde firmo para ahorrarme una hora de bajada?", pensé. Pero nuestro guía mantuvo firme su postura.

—No, no, no. Esta es una ruta que, la verdad, a mí no me gustaría tomar. Al final hay una pendiente considerable

—nos advirtió—. Además, las condiciones de la nieve no sé si van a estar buenas en ese camino.

—Las últimas 20 veces que hemos venido, nos hemos regresado por allí. Llegas más rápido, está más cerca, no es tan difícil y está todo bien —le dijeron los montañistas, ya con cierto enojo en su voz.

"¡Por donde sea más rápido y más fácil!", pensaba yo, sin llegar a decir una palabra. Recordemos: de los que comenzamos la expedición, para cuando llegamos al Ombligo, solo quedábamos Tavo, los dos montañistas experimentados, nuestro guía, una persona con poca experiencia y yo. Admito que quería irme por el lado corto que decían los dos montañistas, pero mi guía tomó entonces una postura que me hizo sentir incluso un poco incómodo, como si fuese un niño al que sus papás le niegan un permiso.

—Ustedes se pueden ir por donde sea —les dijo el guía con voz firme—, pero estos tres se vienen conmigo.

"Ah, caray, ¿y ahora por qué este me está tomando como si fuese un novato?", pensé, sin entender que yo era justamente eso: un novato que no tenía idea de lo que realmente era lo mejor, ni para mí ni para el grupo. En ese momento entonces ocurrió algo providencial: se abrieron ante mí dos posibles caminos, uno donde escogía llevarle la contraria a mi guía profesional, al verdadero experto que yo mismo había contratado para dirigirme y cuidar mi vida, y otro camino donde le ponía conscientemente un freno a mi ego para poder ver las cosas con mayor perspectiva.

Al final, me decidí. "Me voy a ir por donde diga este *brother*", pensé. "Tendría que ser muy idiota para contratar a alguien para después no hacerle caso y terminar arriesgando el físico por ahorrarme una hora de caminata". Al ver esto, los otros dos montañistas acabaron cediendo y se decidieron por regresar con nosotros. Y así, con el fin de este acalorado debate, emprendimos el descenso.

En conversaciones con algunas de las personas más experimentadas en el mundo del montañismo, como **Karla Wheelock @karlawheelock1**, **Luis Álvarez @luisalvarezironman** o **Viri Álvarez @virialvarezmx**, me han confirmado que han experimentado lo mismo que yo sentí cuando bajábamos el Iztaccíhuatl: que es palpable la sensación de que el descenso es más complicado. Pronto entendí por qué tantas personas pierden la vida en la bajada.

Durante el ascenso te alimenta una inspiración que te permite encontrar energía donde ya no la hay, pero en la bajada todo es mucho más técnico e incluso desalentador. Si pierdes la concentración, puedes lastimarte un tobillo o, peor aún, caer al vacío. Para sumar más dificultad, el descenso se emprende con un tremendo cansancio. Muchas personas usan toda su energía para alcanzar la cima, sin pensar que necesitarán guardar algo de ella para regresar. Además, cuando subes la montaña usas tu cadena posterior, con mayor acción de los glúteos y los isquiotibiales. Pero de bajada acabas usando más los muslos y las rodillas, por lo que el descenso suele ser más agresivo para el cuerpo. Y yo estaba por experimentarlo de una forma que jamás imaginé.

Fue apenas media hora después de comenzar la bajada. No recuerdo si ocupaba el segundo o tercer lugar de nuestra fila; todo ocurrió muy rápido. Pisé donde había algo de hielo...

Y cuando el hielo cedió ante mi peso en la pronunciada pendiente, junto con los trozos rotos de hielo me fui yo. Era como haberme aventado por una inmensa resbaladilla, sin manera de frenar. Empecé a agitar mis brazos con desesperación, mi respiración se aceleraba y mi corazón latía a mil por hora. En mi mente apareció un escenario en el que terminaba al fondo del desfiladero, cientos de metros debajo de donde yo estaba.

Entonces algo pasó. Como en una película de acción, escuché cómo nuestro guía se lanzaba detrás de mí. Mientras yo intentaba todo para detener mi propia caída, pude verlo de reojo ejecutar una movida, como de superhéroe, deslizándose sobre el hielo en dirección hacia mí. Cayendo también él a gran velocidad, con una mano clavó su piolet y con la otra me pescó tomándome por la mochila que traía en la espalda, y de repente abruptamente mi caída se detuvo. ¡Me salvó la vida! La escena es difícil de explicar, pero cuando la recuerdo no puedo dejar de imaginar a Stallone durante la escena inicial de la película *Cliffhanger*, en la que, desafortunadamente, su compañera no corrió con la misma suerte que yo. Y finalmente escuché esas palabras que jamás olvidaré: "No te muevas, Oso. No te muevas".

Yo creo en los milagros, y este, sin duda, fue uno de ellos. Pero no era un milagro divino (o quizá sí, no lo sé), sino consecuencia de haber estado cerca de quien en ese momento tenía la habilidad, el equipamiento, el temple y el instinto para salvarme.

Tras frenarme, Juan me ayudó a descender a una pequeña piedra del tamaño de un balón que yo había visto como mi única salvación.

Ya estando ahí, no solo se detuvo mi caída, sino también el tiempo. En medio de ese imponente paisaje de hielo que parecía infinito, el silencio de la montaña era sepulcral y abrumador, absoluto. Y sentí paz. Sentí tranquilidad y una profunda gratitud y apreciación por la vida.

¡Claro! Ahora entiendo que, a más de 5 000 metros de altura, postrado sobre la nieve, en una pendiente a la orilla de un precipicio, debería ser natural sentirse así. El escenario por sí mismo era surreal, sereno y aterrador a la vez... Tal cual yo me sentía por dentro. ¡Qué paradoja!

"¡No te muevas, Oso! ¡No te muevas!". Las palabras de Juan seguían ahí, rumiando en mi mente. Después de momentos tan caóticos e intensos como este, es bueno "no moverse", detenerse por completo. Aprovechar la oportunidad para ver la vida "desde fuera" y hacer una valoración profunda, una introspección. En un ejercicio así siempre surgen grandes preguntas, que quizá deberíamos estar haciéndonos todo el tiempo, en distintas etapas. El problema es que no nos cuestionamos lo suficiente porque creemos que no tenemos las respuestas, sin entender que lo realmente importante es la pregunta, no la respuesta.

Las respuestas cambian, la pregunta no. ¿Cómo lo sé? Una parte muy importante de mi trabajo hoy es justamente hacer preguntas. Las hago semana a semana, a cientos de cracks, a los mejores en su profesión. Atletas de alto rendimiento, CEO, emprendedores, inversionistas, científicos; en fin, verdaderos expertos en todo tipo de disciplinas. Llevo haciéndolo ya por más de cinco años, y hacer buenas preguntas se ha convertido no solo en mi trabajo, sino en mi misión. Y gracias a esta misión es que me encontraba en la nieve del Iztaccíhuatl aquella mañana.

"La Mujer Dormida" y la vida me tendrían preparadas dos grandes lecciones:

La primera, que **es bueno detenerse, parar por completo para observar, reflexionar.** Quizá, si no lo haces intencionalmente, la vida te ponga un "estate quieto" y no te quede de otra (¿alguien recuerda el covid?). En algún momento hay que parar.

Y la segunda lección es que **debes buscar siempre acompañarte de los expertos.**

¡Te pueden salvar la vida!

Al regresar al campamento base reflexioné sobre lo que había sucedido esa mañana. Si en el calor de la discusión, y bajo los efectos del cansancio y la baja oxigenación, 30 minutos antes hubiera decidido abandonar a mi guía, al máximo experto al que yo tenía acceso en ese momento, la historia podría haber sido diferente.

No sé si en una situación similar los otros dos montañistas hubieran tenido el entrenamiento, las herramientas, el instinto y sobre todo la voluntad de arriesgar su vida por mí como lo hizo Juan.

Hay lecciones que te tardas una vida en aprender, hay lecciones que te la salvan en unos minutos. Esta es una que jamás olvidaré y que ahora forma parte integral de mi filosofía. Y es justo esa lección la que me ha traído hoy hasta aquí, a escribir este libro.

Seguir a los expertos puede significar la diferencia entre el éxito y el fracaso, o bien incluso entre la vida y la muerte; construir una gran relación o arruinarla, cuidar tu salud o destruirla, hacer crecer una empresa o llevarla a la quiebra. Todo se trata de una decisión: encontrar a un gran mentor y seguir el camino que te muestra. Y esto no quiere decir que no debamos innovar, arriesgar, buscar nuevos caminos nosotros solos. O que seguir la ruta trazada por alguien más es la forma correcta de vivir. Más bien, esto quiere decir que todos tenemos la oportunidad de acortar nuestro propio trayecto, de mejorar nuestras probabilidades de éxito y de disfrutar mucho más el proceso si lo hacemos con el apoyo y la guía de quienes ya han estado ahí.

En los cinco años que llevo haciendo el podcast *Cracks* he tenido la oportunidad de entrevistar a cientos de personas extraordinarias con historias apasionantes y lecciones que me han permitido seguir creciendo. Y me he dado cuenta de que todas estas personas comparten tres características que, en mi opinión, los ayudan a operar al más alto nivel de sus disciplinas, o sea, a ser los y las cracks que son.

1. **Son intencionales.** A los cracks no les pasa la vida, ellos hacen que pase. Tienen claras sus metas y diseñan sistemas que les permitan conseguir los resultados que buscan. La gran mayoría de los cracks tienen rituales. Rituales de cuidado personal, de diseño de vida, de espiritualidad y más. Desde ser dueños de sus mañanas hasta cómo tener juntas productivas. Es a través de estos sistemas y rituales que están en control de su destino y mantienen sus prioridades como lo que son.
2. **Conocen sus límites.** Los cracks son conscientes de lo que saben y de lo que no. Dominan su círculo de competencia y toman decisiones con base en sus habilidades, fortalezas y debilidades. Reconocen sus puntos ciegos y usan este conocimiento para expandir sus aptitudes de dos formas. Una, vía capacitación y estudio constante; y dos, vía asociación, rodeándose de personas mejores que ellos, en quienes se apoyan para incrementar su campo de acción efectiva.
3. **Piensan y actúan en grande.** Los cracks no suelen quedarse en su zona de confort y constantemente empujan los límites de lo posible. Son activos tomadores de riesgo, son calculadores y aceptan la posibilidad del fracaso sin miedo a equivocarse. Aprenden de sus errores y sobre ellos construyen aprendizajes. Es decir, intentan algo, evalúan el resultado, aprenden la lección e iteran de una mejor manera.

Estas características son las que he identificado en atletas de alto rendimiento, inversionistas, emprendedores, científicos y artistas. Yo no he llegado hasta donde estoy por mi propia cuenta, he aprendido de todos ellos y de muchas personas más. El secreto ha sido acercarme a quienes tienen las respuestas a mis preguntas más reales. A quienes han resuelto el rompecabezas que estoy tratando de resolver en cada una de las áreas de mi vida.

Arnold Schwarzenegger @schwarzenegger lo dice muy bien: "La gente me llama un hombre *self-made*, hecho por mí mismo, pero lo que he logrado es gracias a la ayuda de muchas personas". En mi caso es igual. Es cierto que desde muy temprano comencé mi propio camino haciendo un MBA en Stanford. Que tuve la oportunidad de trabajar en grandes instituciones financieras como Goldman Sachs o UBS. Que he sido cofundador de cinco empresas y que mi podcast se encuentra entre los más escuchados de Latinoamérica, con decenas de millones de descargas. Sin embargo, no podría haber logrado nada si hubiese estado solo.

Al igual que el resto del mundo, para alcanzar el punto en donde me encuentro, me he parado sobre los hombros de gigantes. Mi vida está construida sobre cimientos muy sólidos: los aportes que hicieron mis padres, mis maestros, mis mentores y mi esposa para hacerla florecer. Me sería imposible decirte que soy una persona que ha salido adelante por su propia cuenta, soy consciente de todas las personas que me han impulsado en el camino.

Todos necesitamos el combustible que representan nuestros mentores o expertos. Sin su apoyo, consejo o inspiración, podríamos estancarnos a mitad del trayecto y perdernos la oportunidad de alcanzar nuestro máximo potencial. Da igual que estemos hablando de cómo mejorar nuestro negocio, cómo crear un plan de entrenamiento deportivo o cómo ser mejores padres; tengo la certeza de que siempre podemos beneficiarnos si pedimos un poco de ayuda a personas con la capacidad de enseñarnos la ruta.

Siempre he visto el mundo como un gran salón de clases en el que debo aprovechar al máximo las lecciones e historias que descubro. Uno de mis objetivos con este libro es que tú puedas aprender a verlo de la misma manera.

He disfrutado, sufrido y aprendido mucho en mi camino, y hoy comparto contigo una especie de resumen de todas aquellas respuestas a las preguntas que he tenido y tengo todos los días. En este libro no pretendo presentarme como un experto, sino más bien como la persona que te permitirá vislumbrar la magia que esconden las maravillosas mentes de los verdaderos cracks.

Mis hallazgos, mis respuestas y las herramientas que obtengo a cambio de mis preguntas están ahora en tus manos. Nunca dejes de aprender. Nunca. ¿Quién sabe? Quizá lo que estás a punto de descubrir algún día pueda ayudarte a hacer crecer tu empresa, mejorar tu salud, amarte más a ti mismo o a tu pareja. O incluso... salvarte la vida.

CÓMO USAR ESTE LIBRO

El delicado equilibrio de ser mentor de alguien no es crearlo a tu propia imagen, sino darle la oportunidad de crearse a sí mismo.
Steven Spielberg

En la vida es mejor hacer poco de lo que importa que hacer mucho de lo que no, y eso es lo que he procurado en los últimos años: hacer lo que importa. En mi primer libro te conté cómo fue que pasé de experimentar una profunda frustración por el rumbo que estaba tomando mi vida a cambiar de dirección radicalmente hacia un destino completamente diferente. *Haz lo que importa* relata un viaje emocionante de autodescubrimiento y aprendizaje; y ahora, con *Tácticas de cracks*, busco llevar este viaje al siguiente nivel, seguir aprendiendo junto contigo y aprovechar las experiencias de vida de los mejores, bajo la teoría de que una de las mejores formas de aprender es enseñando.

La gran mayoría de las lecciones que aparecen en estas páginas no son de mi autoría, pero son las mismas lecciones que he aplicado a mi vida para pasar de la frustración a la plenitud, de la ansiedad a la paz interior y de mi propia ignorancia a la ilustración. Hoy escribo con el objetivo de crear un poderoso compendio de herramientas, recetas y consejos que te ayuden a alcanzar grandes resultados en todas las dimensiones de tu vida.

Con esto en mente, *Tácticas de cracks* es un libro que no tienes que leer de corrido, ni de principio a fin. Puedes acudir a él cuando necesites y echarles un vistazo a algunos de los temas sobre los que he conversado con los diferentes cracks que he entrevistado y, con suerte, encontrarte con que aquí está la respuesta a la pregunta que te has estado formulando.

En *Cracks* he podido entrevistar a las mentes más brillantes: emprendedores, inversionistas, atletas de alto rendimiento, *coaches*, médicos, psicólogos, artistas y científicos. Muchos de ellos se han convertido en mis amigos y socios en distintos proyectos, me han empujado a salir de mi zona de confort y a desarrollar, con sus lecciones, las tres cosas que todo ser humano intenta descifrar, resolver o mejorar a lo largo de toda su vida: salud, dinero y amor.

Así de simple, la vida organizada en estas tres prioridades básicas para ayudarte a navegar por la gran cantidad de tácticas y herramientas que quiero compartirte.

Cuando lo necesites, podrás elegir una página, incluso al azar, y aprender algo que pueda ayudarte en ese momento. Quizá un recordatorio amargo, un consejo esperanzador, una verdad tan sencilla que parezca absurda o una respuesta a por qué temes aquello que estás dudando enfrentar.

Este libro debe ser visto como un bufet del que puedes tomar un platillo diferente cada día o volver a probar alguno si necesitas recordar sus sabores. En cualquier caso, creo que hay algunas reglas que deberías seguir para sacarle el máximo provecho:

- Sáltate cualquier parte del libro que no resuene contigo o que no te interese en un preciso momento. Quiero que sea divertido de leer y que puedas escoger con libertad cuáles "platillos" quieres probar. Tómalo como tu propia aventura personal.
- Si te saltaras algo, recuérdalo. Quizá se trate de un tema que simplemente no te interesa, o quizá no estás listo para ese mensaje aún. Finalmente, las lecciones siempre

estarán aquí para cuando llegue el momento. El proverbio dice: "Cuando el alumno está preparado, el maestro aparece". Aquí serás tú quien decida buscar la lección que tu corazón y tu intuición indiquen.

También me gustaría aclarar que algunas de las citas y fragmentos que he tomado de las entrevistas de *Cracks* se editaron para hacer que la información sea clara, entendible y entretenida. Ya sabes lo que pasa cuando se conversa en persona: solemos entrecruzar distintos tiempos verbales, divagamos, mezclamos los plurales y singulares y hasta dejamos temas a medias para luego retomarlos después. Así que la edición está hecha con el fin de transmitir los mensajes y las ideas de forma puntual y hacer tu experiencia de lectura lo más placentera posible.

Si te interesa conocer más sobre las personas mencionadas aquí, puedes buscarlos en redes sociales con el **@nombre_de_usuario** que incluí junto a sus nombres y también puedes ver o escuchar los episodios completos de *Cracks* en YouTube, Spotify o Apple Podcasts buscando "*Cracks* podcast con Oso Trava".

Ha sido un arduo y detallado trabajo el concretar una curaduría de todo lo que he aprendido en estos cinco años conversando con los mejores. Desafortunadamente, por cuestiones de espacio y estructura del libro, no he podido incluir a todos mis invitados en estas páginas, a pesar de que, sin duda, he aprendido algo valioso de cada uno de ellos y les estoy infinitamente agradecido por compartir su sabiduría y experiencias conmigo. Dicho esto, creo que, sin importar la situación en la que me encuentre, este libro siempre tendrá algo que me será de gran ayuda, y estoy seguro de que a ti también.

Espero que aprendas tanto como yo y que disfrutes mucho la aventura de leer *Tácticas de cracks*.

SAL

Antes de pintar
las paredes hay que
arreglar las tuberías.

Oso Trava

Para construir una vida plena y de éxito debemos cuidar los dos pilares básicos, los cimientos sin los cuales nuestro esfuerzo se verá mermado por nuestra falta de energía y habilidad para enfocarnos. Estos pilares son nuestra salud mental y nuestra salud física.

El filósofo griego Heráclito dijo, hace 2 500 años, que lo único constante en la vida es el cambio. Y nadie mejor que **Juan Pablo Álvarez @elsrdeloshielos** —mejor conocido como el Señor de los Hielos— para confirmarlo. A los 30 años lo tenía todo: un trabajo que amaba, dinero, el placer de practicar deportes extremos, gozar de su familia y sus amigos... en resumen: una vida intensa y exitosa desde todos los ángulos. Hasta que un buen día la picadura de una garrapata puso todo de cabeza.

Un domingo, practicando *wakeboarding* en el lago de Tequesquitengo, sintió un piquete en la pierna. Al poco tiempo la zona del piquete enrojeció y se hinchó, pero Juan Pablo no le dio mucha importancia. Con el paso de los días, el malestar empeoró y su estado siguió deteriorándose hasta volverse insoportable: migraña, dolor muscular y de articulaciones, y un cansancio general que lo tenía prácticamente confinado a su cama.

Así empezó quizá el reto más grande de su vida, viajando de especialista en especialista, llenándose, durante seis semanas, de estudios y medicamentos que no lo llevaron a ningún lugar. Por el contrario, la cosa empeoró a tal punto que tuvo que dejar de trabajar. El joven Juan Pablo, antes fuerte y lleno de energía, cayó en una profunda depresión al no entender lo que tenía y no encontrar manera de combatirlo. Para él fue un golpe terrible en todos los sentidos. Incluso llegó a pensar que iba a morir. Hasta que el quinto médico al que consultó, el infectólogo Carlos Gillman, de Monterrey, sugirió que probablemente lo había picado la garrapata que transmite la enfermedad de Lyme.

Efectivamente, todos los hallazgos del laboratorio apuntaban en ese sentido. Pero ya se había hecho la prueba para esta enfermedad en la Ciudad de México y los resultados habían sido negativos.

Ante la incertidumbre, Juan Pablo se propuso hablar con personas que padecían Lyme para preguntarles qué vía habían seguido. Empezó a investigar, a descomponer el problema en pedacitos —algo común para él como buen ingeniero industrial—. Descubrió que todos los posibles caminos apuntaban a San Francisco, California.

La enfermedad de Lyme, cuya bacteria se propaga por el organismo y desarrolla una reacción inmunológica muy fuerte, es difícil de diagnosticar y compleja de tratar. En México hay excelentes especialistas, pero no todos tienen la experiencia de más de 30 años de los infectólogos europeos y estadounidenses, ya que se trata de un padecimiento de aparición relativamente reciente en nuestro país.

Sin pensarlo más, Juan Pablo viajó a California, donde lo diagnosticaron oficialmente con Lyme, para combatirla le recetaron cuatro años de tratamiento con antibióticos. A los ojos de Juan Pablo, esto era una eternidad, pero, aun así, comenzó el tratamiento. Aunque hubo cierta mejoría física, él sabía que había una batalla paralela que debía librar: la batalla emocional.

"¿Por qué tenía que pasarme esto a mí? ¿Qué hice para merecer esto?",

---

se preguntaba. Había pasado de ser un amante del deporte, exitoso, triunfador, a ser un enfermo desvalido que lloraba desconsolado a la orilla de su cama. Una de esas tantas mañanas que despertó solo y sintiéndose tan mal pensó: "Ahora sí, voy a morir".

Pero hay siempre una fuerza interna que se activa cuando se toca fondo y nos hace aferrarnos a la vida. Juan Pablo la encontró esa mañana y comenzó por determinar que esa persona derrotada, víctima del destino, dispuesta a soltar la toalla no era él. Reconoció que estaba frente a la prueba más difícil y que tenía que luchar por su vida.

Como un flashazo recordó que había visto un documental que lo había entusiasmado: *Inside the Superhuman World of the Iceman*, el cual cuenta la vida de un hombre de más de 60 años, creador de un método basado en respiraciones profundas, enfoque mental, meditación y exposición al frío que le permite controlar su sistema nervioso autónomo y su sistema inmunológico. El neerlandés **Wim Hof @iceman_hof** ya practicaba técnicas ancestrales, rituales tibetanos y yoga, y a ello añadió el sumergirse en las aguas heladas de los canales de Ámsterdam. La prensa no tardó en interesarse en él. Al ver de lo que era capaz, lo sometieron a distintos retos y hasta experimentos médicos. Hoy, Hof tiene 28 récords Guinness, uno por escalar el Everest hasta los 7 500 metros, en shorts y sin camisa. Corrió un maratón descalzo —también en shorts y sin camisa— por arriba del círculo polar ártico, a menos 20 grados Celsius; y, por si esto fuera poco, estuvo sumergido dos horas en agua helada. Todas estas proezas, sin haber sufrido hipotermia.

Juan Pablo vio una luz de esperanza en este "superhombre" y decidió que no tenía nada que perder, así que comenzó a incorporar algunas de las técnicas de respiración propuestas por Wim Hof. Desde el primer día empezó a sentir que se le desinflamaban las rodillas. Este pequeño avance lo motivó a seguir practicando el método. De ahí siguieron los baños en agua fría que empezaron por 15 segundos; a la séptima semana ya eran de algunos minutos y a la octava semana estaba listo para meterse a una tina llena de hielo por 10 minutos.

¿Qué pasó entonces? Juan Pablo sintió cómo el frío iba matando las bacterias y dirigió sus pensamientos hacia ellas: de ninguna manera colonizarían su organismo por cuatro años. Si podía realizar esa hazaña, entonces sabía que podría vencer la enfermedad, y comenzó a incorporar otros elementos como una nutrición sana y pensamientos benévolos que lo empoderaron.

Si somos lo que comemos, la atención a la calidad de los alimentos es de gran importancia. Juan Pablo, quien ya había ido antes con un nutriólogo, se convenció de que el tipo de comida se refleja de inmediato en la condición física. Dejó todos los alimentos ultraprocesados (el azúcar refinada, entre ellos) y se enfocó en una nutrición lo más natural posible; incorporó también mejores prácticas de descanso.

Estos cambios tuvieron efectos notables y muy positivos en su estado físico. La mejoría fue paulatina, pero sostenida. Pronto Juan Pablo regresó al trabajo y experimentó con ello una gran paz. El enfoque en su bienestar también se transformó y se hizo una prioridad.

Después de un año de tratamiento con antibióticos, entendió que sabía cómo sanar. Continuó con su práctica, incorporando más y mejores hábitos a su vida, y los síntomas de la enfermedad de Lyme desaparecieron poco a poco.

Hoy Juan Pablo está libre de ese padecimiento. Su historia es un claro ejemplo del gran potencial que cada individuo tiene para sanar a partir de las tácticas que, como Juan Pablo, emplean los cracks, las cuales te voy a compartir en estos capítulos.

A lo largo de los años he notado que el enfoque de la gran mayoría de la gente, cuando busca un alto rendimiento, es sumar. Más dinero, más impacto, más colaboradores, más intensidad. Y para eso, nuestra primera estrategia es meterle más *cosas* a la vida. Cuando nos fijamos una meta, inmediatamente pensamos en las maneras de *hackear*, optimizar, integrar la nueva herramienta, en contratar una nueva consultoría. Pero muchas veces perdemos de vista que para lograr todo eso necesitamos poder funcionar en el mundo y que los que nos permiten hacerlo son nuestro cuerpo y nuestra mente.

Desafortunadamente, mucho de lo que hacemos alrededor de nuestra salud lo realizamos de forma muy poco estratégica, aun cuando disponemos de muchas herramientas, sistemas, aplicaciones e información para funcionar mejor y evitar enfermedades. Por ejemplo, hoy es mucho más fácil conocer tu porcentaje de agua, tu porcentaje de grasa, tu curva de glucosa e, incluso, hasta cómo es tu composición genética. No es casualidad que un número importante de mis invitados en *Cracks* sean miembros de la comunidad científica, principalmente expertos en salud, bienestar y longevidad.

No dudo que con toda la información disponible y con las herramientas que hoy tenemos a nuestro alcance podemos alcanzar un estado físico que nos permita vivir vidas verdaderamente plenas, aun en las etapas más avanzadas de la vida, y que lleguemos a ser más longevos. De hecho, varios de mis invitados —incluidos **Eric Descombes @edescombes**, socio y director general de la agencia de publicidad FCB México y miembro del Consejo Global de FCB, y **Rodolfo Ramírez**, CEO de la agencia de innovación **Redbox @redboxinnovation**— ya están planeando para vivir más de 100 años.

A partir de este momento, te comparto las mejores prácticas de cracks para optimizar y cuidar tu salud física y mental.

Y te puedo decir que todo comienza "con un buen sueño".

DUERME COMO UN BEBÉ... OTRA VEZ

El sueño es la mejor meditación.
Dalái Lama

Muchas personas de alto desempeño suelen celebrar el no dormir y nunca parar de trabajar, al punto de tomar esta "hazaña" como un estandarte de estatus y productividad. **Rodrigo Herrera @rodrigoherrera**, fundador de Genomma Lab y miembro original del elenco de *Shark Tank México*, era una de esas personas. Me contó que adoptó la práctica de dormir poco después de que supo que iba a tener su primer hijo, ya que ni siquiera tenía los recursos económicos suficientes para enfrentar el parto. Así que debía trabajar más horas a tal grado que hubo ocasiones en las que no dormía por un par de días seguidos y muchos otros en los que dormía poco. Con sus veintitantos años, pudo aguantar el ritmo de dormir dos o tres horas cada noche, hábito que arrastró por muchos años más.

Aunque Rodrigo ya se empezaba a interesar en el *biohacking* (o sea, las técnicas y herramientas científicas para mejorar la salud y el rendimiento humano), nunca relacionó sus escasas horas de sueño con ese tema. Él simplemente veía que, a pesar de dormir muy poco, podía concentrarse y operar de manera relativamente normal... o al menos eso creía.

Con el paso del tiempo, Rodrigo se dio cuenta de que, en las raras ocasiones en que podía dormir al menos ocho horas, se despertaba con una gran claridad mental, operaba de manera mucho más eficiente y tomaba mejores decisiones a lo largo del día. Esto lo hizo sospechar que quizá cuando su día era precedido por una noche de pocas horas de sueño no operaba al cien por ciento.

Este simple hecho despertó su curiosidad, por lo que se puso a estudiar mucho sobre el tema hasta concluir que dormir lo suficiente le daba una mayor claridad mental y menos estrés que cuando no lo hacía. Es decir, podía ver "el bosque completo en lugar de solo ver el árbol que estaba cortando", y ese fue un cambio radical para él.

El problema era que ya había desarrollado, por varios años, un mal hábito del sueño, así que llegó un momento en que dicho problema se agudizó. Sin embargo, dispuesto a resolver el problema, leyó un libro titulado *Say Good Night to Insomnia*. En realidad este no le ayudó a dormir más, pero sí a aprovechar su falta de sueño leyendo, ya que el libro recomienda que, luego de estar 15 minutos en la cama sin poder conciliar el sueño, es bueno ponerse a leer. Él siguió este consejo y leyó muchísimo en aquella época. Leyó más que nunca antes de dormir. Después llegó a Rodrigo el libro *Por qué dormimos*, de **Matthew Walker**, el cual presenta evidencias científicas contundentes respecto a que la falta de sueño está vinculada a todas las enfermedades neurodegenerativas, como la demencia o el alzhéimer, por mencionar dos de las más comunes.

Fue entonces que Rodrigo se forzó a cambiar sus hábitos de sueño y se comprometió a dormir lo suficiente. Los beneficios fueron evidentes. Se dio cuenta de que experimentaba una paz interna cuando dormía más horas, en lugar de vivir en ese estrés que te hace sentir que las emergencias te están correteando todo el día. Por eso una de las prioridades de Rodrigo, al día de hoy, es tener buenas noches de sueño.

Y creo que Rodrigo no es el único que ha pasado por estos episodios de mal dormir. Hay mucha gente en el mundo que simplemente no puede conciliar el sueño. Yo por mucho tiempo sufrí de un insomnio terrible, de sudoración nocturna y hasta de pesadillas. Hubo días en los que no quería que llegara la noche porque sabía lo que me esperaba. A pesar de que ese problema ha quedado atrás, aún llego a tener ocasionalmente una mala noche y, cuando eso sucede, el impacto al día siguiente es muy notorio: pierdo enfoque, energía, estoy mucho más irritable, y esto me impide tener buenas relaciones conmigo y con los demás.

Recuerdo una entrevista de *Cracks* en que esto fue evidente. Suelo hacer las entrevistas por la mañana; sin embargo, no recuerdo por qué en aquella ocasión cité a mi invitado a las 4:00 p. m., justo después de comer, y tras una noche terrible. Ya antes de iniciar la sesión sentía una gran pesadez en el cuerpo, pero me dije: "¡Ándale! ¡Tú puedes con esto!".

Iniciamos la conversación y todo marchó relativamente bien durante los primeros minutos. No obstante, poco a poco empecé a sentir una incontenible necesidad de bostezar, la que intenté aplacar, al principio, bebiendo agua. "No pasa nada. ¡Claro que puedo!", me repetía. Así estuve unos minutos más hasta que mi cuerpo dejó de hacerme caso, a pesar de que la plática era sumamente interesante. Probé todo cuanto pude para mantenerme atento y enfocado en la entrevista, bebí más y más agua, y hasta me pellizqué la pierna, pero nada funcionó. Me invadió un sueño incontrolable y ya no fui capaz de contener los bostezos. Llegó el momento en que veía los labios de mi invitado moverse y yo no alcanzaba a comprender lo que estaba diciendo. Lo que sí comprendí fue su cara de sorpresa e incomodidad. Aún me da pena recordar este episodio, pero de esa experiencia rescato que me motivé a desarrollar mejores prácticas de sueño, ya que mi trabajo requiere de un nivel alto de concentración, tanto para las entrevistas como para las conferencias y negociaciones.

Optimiza tus ciclos de sueño

En la entrevista que tuve con la doctora y consultora del sueño **Elisa Sacal @dra.elisasacal**, me dijo: "Todo lo que hagas en el día sufrirá si no tuviste una buena noche de descanso". ¡Y qué razón tiene!

Me explicó que el sueño es un proceso restaurativo de todos los tejidos, pero también de optimización mental. El conocimiento, los recuerdos, el aprendizaje y la toma de decisiones dependen de una buena noche de sueño. Me habló de un estudio reciente que sostiene que las neuronas se encogen durante el sueño para que el líquido cefalorraquídeo, en el cual está flotando el cerebro, corra por las células, por las uniones cerebrales, para hacer mantenimiento y limpieza; si no se lleva a cabo una buena limpieza de proteínas de desecho u oxidantes, ocurre un daño cerebral y surgen enfermedades como el alzhéimer.

Por esto es importante saber que dormimos en ciclos de sueño y que en un adulto varían de 90 a 120 minutos.

El primer ciclo, que es cuando conciliamos el sueño, es una etapa muy superficial, por lo que cualquier estímulo puede despertarnos. Ocurre cuando te acuestas, empiezas a relajarte y entras en un sueño ligero. Allí, tu ritmo cardiaco y tu temperatura empiezan a disminuir.

Luego pasas al sueño profundo, que es el segundo ciclo o la etapa intermedia: un sueño de ondas lentas llamadas delta. Esta etapa es importante porque es el periodo en el que tu cuerpo regenera los tejidos, fortalece los huesos, los músculos y el sistema inmunológico. Se activa la hormona del crecimiento y se produce el descanso físico que todos buscamos.

Finalmente, tenemos la tercera etapa, llamada MOR, movimiento ocular rápido (también conocida como REM, por sus siglas en inglés), y es la más larga de todo el sueño, en la que se regenera la parte cognitiva. Aquí tu cerebro está muy activo y es cuando tienes esos sueños que parecen no tener sentido. Aun con toda la actividad en tu cerebro, la etapa de MOR es restauradora, pero, sobre todo, es en la que se fijan tus recuerdos. Esta etapa es crucial para sentirte con una mente clara y enfocada al día siguiente.

Lo más importante de los ciclos de sueño es que se guarde una proporción entre cada etapa, y, para lograrlo, una de las principales claves es establecer horarios adecuados y repetitivos de sueño y vigilia. Es decir, tener una buena higiene de sueño. Esto es algo que yo he podido monitorear usando mi anillo Oura, que mide los ciclos de sueño basados en el ritmo cardiaco, movimientos y temperatura, entre otras cosas.

Y no solo hay que cuidar la hora de dormir, sino también la hora de despertar. Un desafío bastante común es que, muchas veces, el despertador suena cuando estás en el último ciclo MOR. Por eso es tan importante elegir el momento para despertar. Hay aplicaciones que pueden monitorear tu sueño y ayudarte a despertar en el momento más cercano a la hora idónea, la cual debería ser cuando estés en un ciclo de sueño más ligero, es decir, cuando se siente natural despertar. Una de estas aplicaciones es Sleep Cycle, la que yo uso.

Cuida tu entorno

El entorno en el que dormimos es otro factor importante para mejorar la calidad de nuestro sueño. Todo en tu habitación debe contribuir a relajarte. El ambiente debe ser lo más oscuro posible para facilitar la producción de melatonina, que es la hormona que nos ayuda a quedarnos dormidos, y debe estar libre de objetos y referencias que te recuerden tu trabajo, como, por ejemplo, la computadora o el teléfono. Usar lentes bloqueadores de luz azul un par de horas antes de dormir puede ser una buena idea si te está costando trabajo conciliar el sueño. Estos lentes con tintes cálidos (amarillos a rojizos) "engañan" al cerebro y le hacen creer que está viendo la luz cálida del ocaso y así iniciar la generación de melatonina.

Otra buena práctica para dormir es tapar las luces indicadoras de todos los aparatos electrónicos de la habitación para hacerla lo más oscura posible. Esto lo puedes hacer con una cinta adhesiva.

Un aspecto más a considerar es la temperatura. Aunque es muy importante, muy pocos le ponemos atención; sin embargo, hay estudios que demuestran el gran impacto que esta tiene en la calidad del sueño. La temperatura ideal para un sueño reparador es de entre 15 y 19 grados Celsius, mientras que temperaturas inferiores a 12 grados o superiores a 24 pueden hacer que des vueltas durante toda la noche y no puedas conciliar un sueño profundo ni alcanzar las ondas delta.

En su entrevista, la emprendedora **Alexandra Zatarain @alexzatarainj** me contó cómo se basó justo en esto para desarrollar un colchón inteligente, el Eight Sleep, que analiza tus signos vitales y ajusta la temperatura de acuerdo con tus fases del sueño mientras duermes. Con este producto no solo ha mejorado la vida de miles de personas —incluyendo la de algunos de mis invitados, como **Javier Morodo @javiermorodo**, y la de atletas profesionales como **Lewis Hamilton**—, sino que ha construido una empresa con un valor superior a los 500 millones de dólares en el proceso.

Quédate dormido rápido

Yo encontré en el libro *Relax and Win: Championship Performance in Whatever You Do*, de **Lloyd Bud Winter**, una técnica que utilizo cuando quiero quedarme dormido más rápido o cuando empiezo a sufrir de insomnio; de hecho, la usan en el Ejército de los Estados Unidos. Consiste en hacer una especie de escaneo por todo tu cuerpo, empezando por la parte superior de tu cabeza hasta la punta de tus pies.

Técnica militar para quedarte dormido

Comienzas relajando los músculos de tu cara, lengua y mandíbula; sigues descendiendo por tus hombros y brazos; continúas relajando tu pecho, abdomen y cadera; y, finalmente, relajas tus piernas, desde tus muslos hasta los dedos de tus pies. Una vez que hayas concluido tu escaneo corporal, recostado sobre tu espalda, relaja los hombros, asegurando que tus manos lleguen por los costados lo más abajo posible de tus piernas. Y así, en pleno estado de relajación, te visualizas recostado en una balsa, flotando en la corriente tranquila de un gran río, mientras escuchas el sonido del agua e imaginas los cambios en la luz generados por la sombra de las copas de los árboles sobre tus ojos cerrados. ¡Créeme que funciona!

Ya somos muchos los que formamos parte de la revolución del sueño. Somos muchos los que usamos herramientas para medirlo y que lo optimizamos con hábitos que nos ayudan a descansar mejor y sentirnos más listos para encarar el día a día.

10 TÁCTICAS DE CRACKS PARA MEJORAR TU SUEÑO

1. **Aquieta tu mente.** Antes de dormir yo apunto todo aquello que tengo que hacer al día siguiente: ideas, pendientes y cosas que no quiero olvidar. Con esta acción, reduzco el nivel de estrés generado por el miedo a olvidar algo importante a la mañana siguiente.
2. **Escribe un agradecimiento.** En mi ritual de sueño me gusta incluir una nota para agradecer, un recordatorio y una valoración de algo bueno que me sucedió en el día, porque no hay mejor manera de cerrar el día que agradeciendo, así que siempre tengo a la mano papel y lápiz para anotarlo.
3. **Evita el uso del celular.** Aunque estés usando lentes bloqueadores de luz azul o ajustes el brillo de la pantalla, es preferible no usarlo, ya que sigues alimentando tu mente de ideas que te pueden impedir descansar. A mí me funciona una aplicación llamada Opal para bloquear por completo todas las aplicaciones de redes sociales y trabajo a partir de las 7:30 p. m. Así no hay tentación, lo que me facilita cerrar mi día con mi familia y en calma.
4. **Ojo con el café.** Soy un gran fan del café, pero después de un análisis genético que me hizo

mi invitada al podcast **Ale Ponce @aleponce. healthyagingmx**, entendí que mi metabolismo no es muy eficiente en el procesamiento de la cafeína. Después de evitar tomar café por dos semanas, decidí reducir mi ingesta a una o dos tazas al día, y nunca después de las dos de la tarde. O, mejor aún, nunca después de las 12 del día. Todos respondemos diferente, pero yo he hecho un esfuerzo por conocerme a mí mismo y esto ha creado una gran diferencia en mi calidad de sueño.

5. **No comas nada tres horas antes de dormir.** Y, si comes algo, la cantidad energética de la cena no debería constituir más del 20% de lo que consumes en un día. Es decir, debes cenar ligero. Cuando cenas tarde o pesado, pones mucha carga en tu sistema digestivo, que tendrá que trabajar mientras deberías estar descansando, y eso tiene un impacto negativo en tu sueño.
6. **Prueba el ayuno intermitente.** Esta práctica —de la cual he hablado con invitados como **Nathaly Marcus @nathalymarcus**, y que otros como **Jorge Combe @soycombe**, Juan Pablo Álvarez y **Pamela Valdés @pamevls**, llevan a cabo— es una excelente elección. Esto implica no comer nada después de la comida y hasta el desayuno. Yo hago ayuno 16-8, lo que significa que como todos los macronutrientes que necesito dentro de un periodo de ocho horas y luego no como nada durante 16 horas. Esto, además de mejorar mi sueño, ayuda a que mi cuerpo se deshaga de

células viejas mediante un proceso llamado autofagia, un gran aliciente de la longevidad. Una aplicación que me ayuda a llevar registro de mis horas de ayuno es Zero. Es importante consultar a un profesional de la salud antes de comenzar un programa de ayuno.

7. **Suplementate adecuadamente.** El compuesto que con mayor frecuencia mencionan mis invitados como auxiliar para descansar mejor, y que además es mi favorito, es el glicinato de magnesio, que contribuye a calmar el sistema nervioso para que este opere de manera más eficiente, y trabaja de manera incisiva en la relajación muscular y las funciones nerviosas. Asimismo, existen productos que te pueden ayudar a dormir más profundamente. Yo uso, por ejemplo, Delta Night, que ayuda a reducir la ansiedad, la fatiga, el estrés mental y físico, y a conciliar el sueño profundo. Este es uno de los productos más populares de **Dumo Labs @dumolabs**, una empresa que fundé para llevar al mercado las fórmulas más avanzadas para lograr mayor rendimiento físico y mental.
8. **Establece y respeta un mínimo de horas de sueño**. Procura dormir al menos siete horas continuas. Ten en cuenta que es bien conocida la correlación existente entre pocas horas de sueño con el alzhéimer. No te vayas a dormir muy tarde o muy temprano, en horarios no habituales para tu cuerpo, para que tus ciclos de sueño sean lo más estables posible.

9. **Crea el ambiente propicio.** Haz que tu cuarto esté lo más oscuro posible y regula la temperatura. Que todo el ambiente del cuarto te invite a dormir. Aleja computadoras, tabletas o elementos que te recuerden al trabajo. Un ambiente oscuro facilita la producción de melatonina, mientras que una temperatura regulada entre los 15 y 19 grados Celsius estimula un sueño reparador.
10. **Usa la técnica militar para quedarte dormido.** Como lo mencioné anteriormente, ve relajando cada parte de tu cuerpo poco a poco desde la cabeza hasta los pies. Imagina que estás flotando en un río en un ambiente apacible, y en un estado máximo de relajación comenzarás a quedarte dormido.

ESTRÉSATE... UN POCO: EJERCICIO, RESPIRACIÓN Y HORMESIS

La hormesis es la evidencia de que lo que no nos mata realmente nos hace más fuertes.

Nassim Nicholas Taleb

La hormesis es la exposición intencional y moderada a estresores con el fin de fortalecer el sistema expuesto ante dicho estresor. Se trata del mismo principio de las vacunas, que nos enferman un poquito para que nuestro sistema inmunológico desarrolle defensas propias. Igual que lo que ocurre con el ejercicio, que rompe fibras musculares para hacerlas más fuertes. La gran lección es que para fortalecer nuestro cuerpo y nuestra mente debemos experimentar una exposición moderada a estresores o, como me lo dijo **Arnoldo de la Rocha @arnoldodelarochayn**, "que nada te ponga más incómodo que estar cómodo".

Millán Ludeña @millanludena es un maratonista extremo y conferencista ecuatoriano que protagonizó la película documental *From Core to Sun*. En ella narra su historia y conecta, corriendo un maratón, el punto más cercano al centro de la Tierra con el punto más cercano al Sol, lo que lo hizo poseedor de un récord Guinness.

Me contó en *Cracks* que apenas había terminado una carrera de 50 kilómetros en la Patagonia cuando se enteró del Maratón des Sables, una carrera de 250 kilómetros en el lugar más caliente de la Tierra, el desierto del Sahara, considerada por muchos la carrera más difícil en el mundo. Su razonamiento, aunque extremo, fue simple: “Si nunca había corrido un maratón de 250 kilómetros, ¿por qué querría correr una distancia menor? Si hago otra de 50, me estaría perdiendo 200 kilómetros de carrera”. Así fue como la convirtió en su siguiente desafío.

Contra todos los pronósticos, Millán completó la prueba, pero no se detuvo allí y rápidamente eligió su siguiente reto: correr 100 kilómetros sin parar, en temperaturas entre los 30 y 36 grados Celsius bajo cero en la Antártida, donde no hay hospitales, no hay aeropuertos y, si te detienes, te mueres.

Solo 14 personas en el mundo han corrido más de 100 kilómetros en los sitios más cálidos y más fríos de la Tierra, y Millán Ludeña se convirtió en una de ellas. Para ello, tuvo que aplicar ciertos estímulos que le permitieran adaptarse a condiciones extremas. Lo que Millán hizo durante todos sus entrenamientos para estos desafíos fue inducir un proceso de hormesis.

Para prepararse y ser capaz de correr en temperaturas bajo cero, se propuso llevar su cuerpo al límite, acercándolo lo más posible a las condiciones que enfrentaría durante la carrera. Viviendo en Ecuador era difícil entrenar a tan bajas temperaturas; sin embargo, cuando te obsesionas por cumplir tus objetivos, la respuesta a tus dudas siempre aparece, y este caso no fue la excepción. La solución le llegó viendo la película de *Rocky*, en la escena donde entrenaba en un congelador de carne. Así supo lo que tenía que hacer.

Buscó ayuda en cadenas de supermercados y almacenes de flores. No tuvo suerte, pero no desistió. Un día, en una fiesta, vio a una persona parada en una esquina girando los hielos en su vaso de whisky y pensó: “¡Una fábrica de hielo!”. Arrendó un cuarto frío en una pequeña fábrica de hielo entre las 4:00 y 8:00 a. m. y ahí empezó su entrenamiento, en una caminadora mecánica a ocho grados bajo cero.

Además, colgó una tela blanca frente a él para acostumbrarse al paisaje de la nieve que le esperaba y llevó su mente al extremo dedicándose a observar el momento en el que el agua se congelaba, algo que resultaba agotador.

Millán cuenta que se enfocó mucho en comprender el frío. Quito es una ciudad que suele estar a siete u ocho grados de temperatura que con lluvias baja a unos cinco grados. Si llovía, él salía a correr para mojarse y sentir frío. También dejó de bañarse con agua caliente y de dormir tapado con cobijas. Como consecuencia, notó que cada vez se enfermaba menos de gripe y que su sistema inmunológico se fortalecía.

Intentar simular las condiciones de clima al que estaría expuesto llevó su cuerpo a un proceso de hormesis, y, gracias a ello, todos estos esfuerzos rindieron frutos durante la carrera, pues Millán pudo hacer frente a tal desafío.

Otro de mis invitados a *Cracks*, **José Eduardo Canales @jocanamx**, mejor conocido como Jo, es un entrenador físico de alto desempeño para atletas de élite como **Checo Pérez @schecoperez** y **Miguel Layún @miguel_layun**, entre otros. Jo también aplica principios de hormesis en su trabajo.

Me contó cómo preparó a Checo para la carrera de Bakú, que se caracteriza, entre otras cosas, por las altas temperaturas a las que se someten los pilotos. Jo, siguiendo los principios de hormesis, entrenó a Checo en el vapor a temperaturas muy altas, haciendo ejercicios de movimientos como los que tendría que llevar a cabo un piloto dentro su auto en plena carrera. Pero, además, implementó dietas específicas que ayudan a manejar mejor el estrés térmico y facilitan la recuperación muscular.

Nathaly Marcus @nathalymarcus, una de las pioneras en bienestar integral en México, me explicó que los seres humanos producimos unas enzimas llamadas sirtuinas (o *silent inflammatory genes*, en inglés), que operan como una especie de sensores de adversidad o de condiciones estresantes. Es decir, se activan si detectan estímulos estresantes: "¿Hay calor? Me activo", "¿Hace frío? Me activo". Gracias a dichas enzimas, nuestros cuerpos se adaptan a cambios en el entorno. Con cada pequeño estresor, con cada pequeña dosis no letal de un estímulo, las sirtuinas se activan para hacer que el cuerpo responda, se adapte y se renueve. Estímulos como el frío y el calor en dosis moderadas, así como el ayuno intermitente, son de gran beneficio para nuestro cuerpo.

Muévete

Como ya lo he mencionado, los cracks tienen rutinas y son personas de hábitos. Muchos de ellos corren maratones, nadan, andan en bicicleta o practican deportes que requieren alta concentración, como el montañismo o el esquí. Estos deportes no solo les permiten mantenerse en forma, sino que también les ofrecen momentos de conexión consigo mismos y de enfoque total.

Además de los estímulos relacionados a la hormesis, el ejercicio es otro gran estímulo estresor benéfico. Y lo mejor es que no se requieren horas en el gimnasio para estresar tu cuerpo haciendo ejercicio. **Marco Beteta @marcobeteta**, un empresario y autor de la guía de restaurantes más importante de México, me contó sobre la rutina diaria de 15 minutos que lo hace sentirse incluso mejor que cuando corría maratones. Series de abdominales, estiramientos con una jaula de tubos, barras para la fuerza superior y diversos ejercicios de equilibrio son suficientes para iniciar con energía su día y sentirse bien, física y mentalmente.

Una prueba más de que es suficiente ejercitarse pocos minutos al día pero de forma consistente es **Gerardo Torrado**

@gerardotorrado6. Exfutbolista profesional con trayectoria en la primera división de España y la selección nacional de México, y quien se retiró a la edad de 36 años, atribuye su longevidad en un deporte tan demandante físicamente a una rutina de estiramiento de tan solo 16 minutos usando la estructura de tiempo Tabata. Es decir, ocho repeticiones de 20 segundos de trabajo con 10 segundos de descanso.

Lo importante es movernos, estresar el cuerpo con ejercicio y estiramientos y, sobre todo, ser consistentes. Cuando platiqué con **Alan Abruch @alan.abruch**, fundador y director de Sõoth, clínicas especializadas en rehabilitación, terapia física y dolor, me explicó la importancia del estiramiento y me compartió una sencilla técnica de fortalecimiento de los músculos que generan extensión dorsal, es decir, los músculos que están debajo de las escápulas y en la espalda alta. Estos movimientos ayudan a mejorar la postura, algo en lo que muchos tenemos deficiencias debido a la posición en la que solemos pasar horas, ya sea frente a la computadora o el celular.

Técnica de estiramiento para mejorar la postura

La técnica es la siguiente. Siéntate algo alejado del escritorio. Pon los dedos de ambas manos como si fueras a pedir un aventón. Coloca los nudillos en tus sienes, con los pulgares hacia abajo. Saca el pecho y levanta la barbilla. Ahora, con los nudillos en las sienes, trata de juntar los codos y luego ábrelos, sin mover el cuello.

Con este ejercicio expones los músculos de la cadena dorsal e incluso las vértebras de la espalda alta a un nivel de flexión y extensión suficiente para fortalecer esta área y liberar la tensión de hombros y cuello. Además, puedes recurrir a esta sencilla actividad para interrumpir la posición en que te encuentres si has estado trabajando por un largo tiempo frente a la computadora; cambiar de postura estimula los músculos que han permanecido inmóviles. Repite este ejercicio unas 20 veces al día.

El objetivo es activar el cuerpo varias veces al día. Párate, muévete un poco, toma las llamadas caminando. Por ejemplo, si tu junta va a ser de menos de cinco personas, mejor tengan un *walking meeting*, muy practicado por el fundador de Meta, **Mark Zuckerberg @zuck**, y por mi invitado **Suso Zamora**, fundador de Auna Salud (NYSE: AUNA), así como mi inversionista **Laura González Estéfani @lauragestefani**, directora del fondo TheVentureCity.

Sal a dar una vuelta con alguien y platiquen mientras caminan y así estarás haciendo un poco de ejercicio aeróbico. Este no solo es correr, nadar, andar en bicicleta o cualquier otra actividad de gran intensidad que nos deja la playera sudada, sino cualquier movimiento del cuerpo que nos ayuda a acelerar nuestra frecuencia cardiaca.

De varios de mis invitados, como **Claudia Zaragoza @clauzaragozam**, especialista en *biohacking*, aprendí que existen cinco zonas de esfuerzo relacionadas con nuestra frecuencia cardiaca. A medida que aumentan los números de zona, también aumenta el rango de frecuencia cardiaca objetivo y el grado de esfuerzo necesario para permanecer en cada zona.

Para poder identificar los beneficios de cada una de las cinco zonas, antes debes saber medir tu frecuencia cardiaca máxima (FCM), y esto lo puedes hacer usando la siguiente fórmula:

FCM = 220 – edad

Por ejemplo, si tienes 40 años, entonces se calcula así:

FCM = 220 – 40

Tu FCM sería de 180 ppm (pulsaciones por minuto).

- ***Zona 1:*** 50-60% de tu FCM. Esta zona incluye actividades ligeras, calentamientos y enfriamientos. Podrás hablar sin agitarte mientras haces ejercicio como, por ejemplo, una caminata en el parque.
- ***Zona 2:*** 60-70% de tu FCM. Esto sería una caminata rápida o un trote lento. Mantener la frecuencia cardiaca en la zona 2 te permitirá aprovechar algunos de los beneficios del ejercicio, entre ellos, la pérdida de peso.
- ***Zona 3:*** 70-80% de tu FCM. Aquí la intensidad del ejercicio es de moderada a intensa. Se te dificultará hablar, lo haces entrecortado. Entrenar en esta zona significa alcanzar niveles más altos de actividad física, resistencia cardiaca y pulmonar y una mayor circulación de la sangre.
- ***Zona 4:*** 80-90% de tu FCM. Estarás ejerciendo un esfuerzo vigoroso que solo podrá mantenerse durante un tiempo limitado. En esta alta intensidad respirarás con dificultad y no podrás mantener una conversación. Entrenar en esta zona ayuda a conseguir ganancias de rendimiento en velocidad, fuerza y resistencia.

- ***Zona 5:*** 90-100% de tu FCM. Entrenar en esta zona supone un esfuerzo máximo y total, como correr lo más rápido que puedas. Este nivel de esfuerzo máximo solo puede mantenerse en ráfagas cortas, y los atletas lo utilizan para mejorar el rendimiento competitivo.

Entre quienes se ejercitan observando su frecuencia cardiaca está Javier Morodo, inversionista, fundador de la plataforma educativa La Revolución de la Riqueza, quien me contó que empezó su entrenamiento justo después de haber dejado de trabajar en Bitso. Para él ese fue "su momento" de empezar a ejercitarse porque tenía el ego totalmente destruido, y muy disminuida su capacidad de adaptarse a su nuevo estilo de vida.

Entrenar en la zona 2 es crucial por varias razones, especialmente para aquellos que buscan mejorar su resistencia y salud cardiovascular. Entre los beneficios de entrenar en ella está el desarrollo de la capacidad aeróbica usando oxígeno de manera eficiente. Esto es fundamental para actividades de larga duración al crear una base sólida para ejercicios intensos de manera más efectiva y con menor riesgo de lesiones. Quemar grasas es otro beneficio del entrenamiento en la zona 2, ya que el cuerpo las usa como fuente de energía. Además reduce el estrés cardiovascular y evita sobrecargar el corazón.

Javier empezó a ejercitarse en la zona 2. Le resultó muy difícil aprender a mantenerse dentro los límites de esta. Sin embargo, hoy en día corre entre 10 y 12 kilómetros, algo que antes era inimaginable para él, ya que, tan pronto como completaba el primer kilómetro, sus pulsaciones por minuto se disparaban. Así que tuvo que aprender a controlarlas a través del ejercicio y del monitoreo constante de su pulso.

Un punto importante del entrenamiento y las zonas de frecuencia cardiaca es la diferencia entre el ejercicio aeróbico y el anaeróbico. El ejercicio aeróbico usa el oxígeno del cuerpo para producir energía; este ocurre en rutinas ligeras que caen dentro de las zonas 1 y 2. En cambio, el ejercicio anaeróbico, de alta intensidad y corta duración, y que entra dentro de las zonas 3, 4 y 5, no usa el oxígeno, sino otras fuentes de energía como la glucosa.

Tere Ambe @tereambeinspire, entrenadora con más de dos décadas de experiencia en alto desempeño, medallista del Maratón des Sables y quien me preparó para el Maratón de Chicago, me contó de los desafíos que implica participar en competencias de alta demanda física, como el Ultraman. Para esas competencias, ella recurre a un mantra: "Zona uno; zona dos; zona uno; zona dos". Aunque suene raro, esta es su clave para completar desafíos de enorme exigencia, ya que, en un Ultraman tienes que mantenerte todo el tiempo en la zona aeróbica, porque, si te pasas a una zona anaeróbica, como la 3 o la 4, en una prueba de larga duración, corres un gran riesgo de quedarte sin combustible antes de completarla. Para que tu corazón sea fuerte, resistente y eficiente, tienes que entrenarlo para ser rápido, pero sin pasar a la zona anaeróbica.

Aprende a respirar

¿Qué pensarías si te dijera que la respiración, además de ayudar a calmarte, también es un estresor tan efectivo como el ejercicio?

Muchos de mis invitados han destacado la importancia de la respiración y han compartido diferentes técnicas para mejorar la salud física y mental. La respiración es fundamental para el bienestar general. Ayuda a reducir el estrés, mejorar la concentración y aumentar la capacidad pulmonar. Además, una respiración adecuada puede influir positivamente en el sistema nervioso y promover un estado de calma y relajación.

El Método Wim Hof es uno de los más mencionados por varios cracks a los que he entrevistado, entre ellos Juan Pablo Álvarez, el Señor de los Hielos, de quien te hablé en la introducción de este capítulo. Él me explicó que el ser humano no es consciente de cómo respira. En la respiración está involucrado el sistema nervioso autónomo, que es responsable de todo lo que el cuerpo hace sin que intervenga nuestra voluntad. Esta perfecta organización de nervios y neuronas está subdividida en el sistema nervioso simpático y el sistema nervioso parasimpático; ambos son distintas caras de una misma moneda, ya que los dos se encargan de mantener el equilibrio en nuestro organismo.

El sistema nervioso simpático es el responsable de poner nuestro cuerpo en estado de alerta, generando estímulos y sustancias, como la adrenalina, que producen estrés o agitación. Por eso sentimos que la frecuencia cardiaca se acelera o que las vías respiratorias se abren para aumentar el nivel de oxígeno en la sangre cuando estamos frente a un peligro. Por otra parte, el sistema nervioso parasimpático es el que nos mantiene en estado de tranquilidad y regresa todos los órganos activados anteriormente a su estado neutral; es también el responsable de que disminuya la frecuencia cardiaca o la estimulación del proceso digestivo.

En la actualidad, nuestro estilo de vida (siempre estamos de prisa y con preocupaciones) activa constantemente el sistema nervioso simpático, entonces respiramos agitadamente por la boca y desde el pecho, en lugar de hacerlo por la nariz, sin que usemos el diafragma. A este tipo de respiración se le conoce como hiperventilación.

La "hiperventilación controlada", central en el Método Wim Hof, implica respirar más de lo que necesitas, sobrecargar tu sistema con oxígeno, inhalando profundamente por la nariz, empezando desde el estómago, expandiendo el pecho y exhalando por la boca sin vaciar los pulmones por completo; hay que respirar de esta manera 30 veces seguidas. Al completar las 30 respiraciones, los pulmones, la sangre y todo tu organismo estará muy oxigenado. Es probable que experimentes un cosquilleo en la punta de los dedos y te sientas un poco mareado. Por eso es muy importante que hagas este tipo de respiraciones recostado en el suelo o en la cama,

nunca mientras manejas.

El segundo paso es la retención del aire. Es decir, cuando llegas a la exhalación número 30, te quedas sin aire en los pulmones y empieza la retención. ¿Qué significa esto? Los tejidos y la sangre de tu organismo tienen mucho oxígeno y muy poco dióxido de carbono, que es el que te dice cuándo respirar. Cuando el dióxido de carbono empieza a elevarse hasta alcanzar el mismo nivel que el del oxígeno, tu sistema nervioso autónomo te indicará que es momento de respirar.

Y aquí viene el tercer paso de este método, que es respirar profundamente otra vez y sostener el aire durante 10 segundos. Con este tercer paso se completa el ciclo de respiración del Método Wim Hof. Lo puedes repetir tres, cuatro o cinco veces si lo deseas.

Este método no es aconsejable para mujeres embarazadas, personas con epilepsia o que estén medicadas, y, lógicamente, jamás debe practicarse cerca del agua. Como en todo lo que tiene que ver con cambios importantes en tu estilo de vida, antes de adoptar este método te recomiendo consultar al médico.

Existen otras técnicas de respiración que pueden generar distintos beneficios.

Pranayama es una práctica de control de la respiración en yoga. Incluye técnicas como inhalar en un tiempo y exhalar en dos tiempos para promover la relajación y reducir la hiperventilación. Esta técnica ayuda a calmar la mente, reducir el ritmo cardiaco y mejorar la capacidad de apnea. Para aprender de ella, se recomienda tomar un curso de yoga o apnea.

La respiración diafragmática consiste en respirar profundamente desde el diafragma en lugar del pecho. Esto se logra colocando una mano en el abdomen y otra en el pecho, asegurándote de que el abdomen se expanda al inhalar. Entre sus beneficios está promover un estado parasimpático de calma y restauración, además de mejorar la oxigenación y reducir el estrés. Esta práctica es especialmente útil en momentos de estrés y antes de dormir.

Por último, la respiración 4-7-8 involucra inhalar durante cuatro segundos, sostener la respiración durante siete segundos y exhalar durante ocho segundos para reducir el estrés y mejorar la calidad del sueño.

Métete a los hielos

El Método Wim Hof no es solo conocido por su técnica de respiración, sino también por la exposición al frío. Durante una inmersión en una tina de agua helada, por ejemplo, si sigues una buena técnica de respiración tu ritmo cardiaco disminuirá incluso a 40, 45 pulsaciones por minuto, ya que en lugar de bombear sangre hasta la punta de los dedos de los pies, el corazón solo tiene que bombear sangre a los órganos vitales, lo que se conoce como homeostasis. En otras palabras, el cuerpo entra en estado de alerta, de protección y supervivencia, y tu sistema endocrino empieza a liberar hormonas y a cerrar la circulación de las extremidades para mantener el equilibrio de la temperatura de tus órganos vitales.

A la homeostasis le sigue la vasoconstricción, en la que los vasos sanguíneos reducen su diámetro y, tan pronto como el organismo regresa a la temperatura normal, se abren nuevamente. Se podría decir que se trata de un ejercicio cardiovascular, es decir, una especie de gimnasia para el sistema circulatorio.

Algo interesante es que, después de una inmersión en hielo, tu pulso puede mantenerse un poco más lento el resto del día, tendrás un sueño más profundo y mejorará tu nivel de descanso. La razón es que abriste y cerraste tu sistema cardiovascular.

Además de Juan Pablo Álvarez, otro crack que practica la inmersión en hielo y la respiración del Método Wim Hof es **Javier Mata X: @jmata12**, un emprendedor serial guatemalteco, fundador y CEO de la empresa Yalo. Como parte de su ritual mañanero, tres veces a la semana, se mete hasta el cuello, durante 15 minutos, en una tina redonda con hielo, mientras hace una meditación de yoga nidra que incluye diferentes tipos de respiración. Al salir de la tina, se baña con agua fría, pronuncia diferentes afirmaciones para reprogramar su mente y cierra su ducha con un fuerte grito de poder que alerta a todo el vecindario. ¡Javier imagina que sus vecinos deben creer que está loco!

Ante todas estas anécdotas, rutinas y ejercicios de respiración y hormesis, reitero que mi primera recomendación siempre será que consultes a un especialista en cada tema. Y, además, que identifiques qué es lo que te hace bien y te funciona a ti. No te esfuerces innecesariamente en aquello que simplemente no te beneficia o no va contigo y con tu estilo de vida.

Sé flexible

Ale Ponce @aleponce.healthyagingmx, nutrióloga especialista en nutrigenómica, destaca la importancia de ser flexible tanto en la vida personal como en la profesional. Ale menciona que ser constante y flexible es fundamental para mantener la salud y el bienestar. Para ella la clave para envejecer de forma saludable es ser constante en todo aquello que ya identificamos que nos hace bien y ser flexibles e indulgentes con nosotros mismos cuando, por alguna situación, tenemos que hacer algo que no nos beneficia del todo. Enfatiza que no se trata de seguir reglas estrictas a rajatabla, sino de ser capaz de adaptarse a las circunstancias sin estresarse por la perfección. Esta flexibilidad permite disfrutar de la vida sin sentirse culpable por desviarse ocasionalmente de un plan estricto. La constancia y la flexibilidad van de la mano: este equilibrio te llevará a disfrutar la vida y así también experimentar un envejecimiento saludable.

Creo que esta filosofía aplica para todo, especialmente en temas de salud. Por esta razón es importante conocerte, conocer tu cuerpo, tu genética, es decir, la forma en que funciona tu organismo. Estar atento a lo que te hace bien y a lo que no, y adoptar rutinas, ejercicios y prácticas saludables que se ajusten a ti y a cómo te gustaría disfrutar de la vida es lo que te permitirá diseñar una rutina que genere los resultados que buscas.

6 TÁCTICAS DE CRACKS PARA ESTRESAR TU CUERPO SANAMENTE

1. **Incorpora actividad física a tus mañanas.** Algo es mejor que nada. Usa el método Tabata (combina periodos de 20 segundos de ejercicio intenso seguidos de 10 segundos de descanso y repite este ciclo ocho veces) hasta llegar a cuatro minutos de un ejercicio. Cualquier movimiento es bueno en este formato.
2. **Haz *walking meetings*.** Hacer ejercicio en la zona cardiovascular 2 te permite platicar sin cansarte. Instaura la práctica de caminar con tus equipos de trabajo o pareja al menos dos veces por semana.
3. **Activa tus músculos de estabilización dorsal.** Haz tres sets de 20 repeticiones del ejercicio de Alan Abruch, descrito en este capítulo, dos veces al día para mejorar tu postura.
4. **Respira con intención.** Incorpora tres sets de respiraciones del Método Wim Hof en las mañanas. Adicionalmente, intenta respirar por la nariz mientras duermes pegándote los labios con un pedazo de cinta adhesiva por las noches. Esto mejorará tu sueño y tu oxigenación.
5. **Báñate con agua fría.** Termina tus duchas con 30 segundos bajo el agua fría, controlando tu respiración y fijando una intención para tu día. Puedes gritar al final como Javier Mata.

6. **Busca la incomodidad.** Entrénate en condiciones que sugieran un grado más de complejidad a tu entrenamiento. Esto puede consistir en un par de repeticiones más en el gimnasio o una temperatura más caliente o más fría de lo normal. Todo suma para construir un mejor “tú”.

NÚTRETE E HIDRÁTATE COMO UN CRACK

Que tu alimento sea tu medicina
y tu medicina sea tu alimento.
Hipócrates

Pamela Valdés @pamevls es la fundadora de Beek, una plataforma de audiolibros enfocada en mejorar la vida de los hispanohablantes. Toda su vida había vivido con ansiedad. Durante sus primeros ataques se desmayaba, y le era casi imposible funcionar con normalidad. Incluso, hubo un tiempo en que tuvo que recurrir a ansiolíticos. Hasta que, en 2021, durante la pandemia, encontró un libro titulado *Body Love*, que, entre otras cosas, hablaba de unos *fab four smoothies* y promovía una dieta sin gluten, con muchas verduras y proteínas. Pamela decidió darle a la dieta una oportunidad y ese fue su primer paso en el camino a recuperar su salud. Incluso en las fechas cercanas a su boda, a pesar de la presión que este tipo de eventos puede causar, notó que se sentía tan bien que pudo dejar los ansiolíticos por primera vez desde que había comenzado a tomarlos.

Pero su alegría no duró tanto como ella hubiera querido. Después de casarse se mudó a Los Cabos, en donde cambió su rutina y, entre otras cosas, dejó de desayunar para ir a surfear por las mañanas. Ese cambio aparentemente sutil vino acompañado de una dosis de estrés que terminó por pasarle factura.

Nuevamente, sintió que su salud empeoraba. Se sentía cansada y con "niebla" mental. Se dio cuenta de esto cuando, en reuniones importantes con su equipo, se le hacía sumamente difícil tomar decisiones, lo que era su función principal como emprendedora. La situación era tan crítica que su equipo empezó a tomar las decisiones que ella no podía tomar.

Sin embargo, esta medida, lejos de ayudar, complicó la situación aún más porque, aunque su equipo era sumamente competente, la experta en diversas áreas del negocio y la responsable de tomar decisiones en cuanto al rumbo de Beek era ella, pero se encontraba "inhabilitada" por su situación de salud. Todo esto tuvo un impacto significativo en su autoestima, la cual Pamela vio disminuirse día tras día.

A pesar de tener la vida con la que siempre había soñado, cada vez se sentía más triste y lloraba todas las semanas. Se sentía abatida y sin ánimo. Tanto así que, aun siendo la autodenominada reina de la energía y de la motivación, ni ella misma se reconocía. La situación era tal que durante su asistencia a un programa para emprendedores en la Universidad de Stanford —una oportunidad que siempre había buscado— en lo único que pensaba era en regresar a casa.

A su regreso, Pamela conversó con su esposo, quien le hizo ver que llevaba semanas llorando y que ya era hora de buscar ayuda profesional. Y eso hizo. Fue con su psicóloga, quien le comentó: "¡Felicidades, ya no sufres de ansiedad. ¡Ahora lo que tienes es depresión!". La especialista le explicó que la depresión es una enfermedad que puede ser mortal y que debía tomar antidepresivos, ya que, de no hacerlo, podría terminar internada en una clínica psiquiátrica o, peor aún, muerta.

Pero ella no estaba convencida con el diagnóstico. Algo le decía que los antidepresivos no eran la solución y que debía buscar la causa, la raíz de su problema.

Aquella sensación la llevó a consultar a la doctora Elisa Sacal y al doctor **Alexander Krouham @drkrouham**, ambos especialistas a quienes había conocido a través de mi podcast *Cracks*. Los médicos le mandaron a hacer estudios de sangre, de niveles de cortisol, de sensibilidad a los alimentos, y muchos otros. Los resultados arrojaron que tenía desbalances importantes en la tiroides y pronto fue diagnosticada con síndrome de Hashimoto.

El doctor Krouham le recetó suplementos y le recomendó ir con una nutrióloga, quien le prescribió una dieta con muchas verduras y eliminar el gluten por completo, así como ayunos de entre 13 y 24 horas alineados con su ciclo menstrual. En tan solo un mes ya se sentía casi al 100%, y al poco tiempo estaba al 120.

Pamela es un testimonio de que casi todo se puede corregir con buenos hábitos: de sueño, de alimentación, de ejercicio y de gestión emocional. Para ella la alimentación es una medicina. Ni todas las sesiones de terapia ni toda la meditación del mundo la hubieran podido sacar de esa depresión ocasionada por sus hormonas; fue cuando empezó a alimentarse bien que logró sanar su cuerpo y su mente. No cabe duda: somos lo que comemos.

Mejora tu salud digestiva

En la medicina funcional hay un dicho en inglés que dice: "*When in doubt, look at the gut*". Es decir, cuando tengas dudas, empieza por el intestino, me comentó el doctor Alexander Krouham, especialista en esta rama de la medicina.

Me dijo que en el intestino se originan muchos problemas de salud. No solo es el órgano responsable de absorber los nutrientes y de eliminar los desechos, sino el área más grande del cuerpo, de conexión con el mundo exterior. Mucha gente piensa que la piel es el órgano más expuesto. No es así: el intestino ocupa, por mucho, el primer lugar. Además, desempeña una función vital para el sistema inmunológico. Imagínate: más del 70% de todos los anticuerpos se concentran en el intestino. Además, ahí se producen muchos neurotransmisores importantes para la función cerebral. Las funciones del sistema digestivo son tan grandes como los problemas de salud que provienen de ahí.

En su libro *Medicina funcional*, el doctor Krouham nos cuenta que el 90% de la serotonina, el neurotransmisor de la felicidad, se produce en el intestino grueso. Cuando leí este asombroso dato, lo relacioné de inmediato con lo que me han comentado algunos conocidos, cuyos graves problemas gástricos han tenido consecuencias en su salud mental y en desequilibrios en los neurotransmisores.

Alexander me habló de un sistema llamado eje intestino-microbiota-cerebro, que funciona en dos direcciones: una de ida y otra de vuelta. Una alteración del intestino afecta al sistema nervioso y, viceversa, una alteración en el sistema nervioso repercute en el funcionamiento intestinal. Por eso a través del sistema digestivo se pueden resolver problemas de depresión, angustia, trastornos obsesivo-compulsivos y alteraciones relacionadas con la menopausia y la andropausia. Para ello hay que entender cómo funciona el organismo de forma integral y cómo está conectado cada sistema.

Casi nadie lo sabe, pero el trastorno del espectro autista y el síndrome de Asperger están relacionados con la flora intestinal, la permeabilidad del intestino y la alimentación. Varios estudios han demostrado que la dieta tiene un alto impacto en el desarrollo cognitivo, la capacidad de interacción social y el comportamiento de quienes padecen estos trastornos neurológicos. Por eso dichos trastornos deben tratarse de manera integral.

Te invito a reflexionar: ¿de verdad quieres vivir una vida con salud y bienestar? Si respondiste "sí" , debes analizar tus hábitos alimenticios y modificarlos si es necesario. Por ejemplo, abre tu alacena y ve qué tienes ahí. ¿Hay muchos alimentos con complejas etiquetas nutricionales? ¡Cuidado! Quiere decir que cuando acudes al supermercado eliges más productos de los pasillos centrales, los alimentos procesados. Si este es tu caso, tienes mucho trabajo por delante. Aunque no todos los alimentos con etiquetas son ultraprocesados o dañinos, entre más comida sin procesar consumas, es decir, sin empaque ni etiquetas, es mejor. Verifica siempre las etiquetas: si no conoces los tres primeros ingredientes; será mejor que no consumas ese producto. ¡Cuestionarse es el primer gran paso!

Nathaly Marcus aborda en su libro *El método de las tres R* cómo equilibrar cuerpo y mente para lograr el bienestar integral. Su método consiste en tres fases: remover o eliminar del cuerpo todo aquello que está generando inflamación y oxidación; regenerar o reparar la microbiota; y *resetear* tus hábitos, lo que implica un cambio en tu estilo de vida.

El primer paso implica eliminar virus, bacterias y hongos, para lo que Nathaly sugiere el consumo de ciertos productos herbolarios, tanto en la dieta como en suplementos, que ayudan a limpiar el intestino. Por ejemplo, el cilantro es magnífico para remover metales pesados del cuerpo. Ella recomienda tomar un jugo verde con cilantro diario para deshacerte del mercurio, el plomo y el cadmio que respiras o ingieres involuntariamente todos los días. También es bueno que incluyas en tu dieta cúrcuma, jengibre, orégano, ajo y cebolla, los cuales ayudarán en tu proceso de desintoxicación.

Para Nathaly, no eres lo que comes, sino lo que absorbes. Por eso es vital empezar a remover, a limpiar tu cuerpo y a desinflamarlo, para que pueda absorber correctamente los nutrientes que necesita.

El siguiente paso es regenerar o reparar la microbiota, que es una comunidad de bacterias que viven dentro de todos nosotros. La mucosa del intestino funciona como un filtro para que los virus, bacterias y parásitos no pasen al torrente sanguíneo. Pero la mucosa se daña debido a infecciones, medicamentos y estrés. El filtro se vuelve cada vez más poroso y estos agentes nocivos terminan en el torrente sanguíneo. El sistema inmunológico, que se encuentra en el intestino, entra al rescate para combatir al enemigo generando hormonas inflamatorias como mecanismo de defensa. El problema es que no atacan lo que comes, sino a tu propio cuerpo.

Podemos regenerar ese filtro consumiendo ciertos aminoácidos como el calostro bovino; o el kéfir, la kombucha y el pulque mexicano, que son probióticos maravillosos. Asimismo, prebióticos que ayuden al desarrollo de la microbiota, como espárragos, alcachofa, cebolla, poro, chía y linaza.

Finalmente, Nathaly propone resetear, es decir, cambiar el estilo de vida. Escuchar a tu cuerpo te convierte en un comensal inteligente. Nathaly no es promotora de las dietas restrictivas, ya que, aunque pueden dar resultados a corto plazo, tarde o temprano regresan los patrones habituales de alimentación y, con ello, las deficiencias digestivas.

Una buena manera de mejorar tus hábitos alimenticios es lo que Nathaly llama "conectarte con tu hambre". Es importante entender la diferencia entre el hambre y la ansiedad. Nathaly enseña a sus pacientes a respirar, meditar, comer y trabajar la culpa. El alimento es poder, información que entra en el cuerpo y que cambia la ruta de los genes. Si, por ejemplo, te comes un pastel con culpa, vas a generar cortisol, lo que traerá consecuencias negativas como aumento de la presión arterial y del peso.

Nathaly sabe de lo que habla. Cuando era adolescente padeció un grave trastorno alimenticio y en el transcurso de su recuperación creó mantras relativos a la comida. Por ejemplo, *honra tu hambre*, lo que se puede traducir como "come por hambre y no por ansiedad". Así lo entiende ella: si el bocado lo va a disfrutar al cien por ciento, entonces se lo come; nada menor que un cien por ciento es digno de comerse. ¿Cuántas veces no comemos por inercia, distraídos por una pantalla o simplemente porque la comida está frente a nosotros?

Honra tu hambre, incluso un poco de ella puede ser una buena medicina. Este es el caso del ayuno intermitente, que contribuye a mejorar tu sueño, tu salud y a revertir tu edad biológica.

Limita tus horas de comida

El ayuno intermitente es una estrategia de alimentación que involucra ciclos de ayuno y de alimentación. No se trata tanto de qué alimentos comer, sino más bien de cuándo comerlos. En mi experiencia, y de acuerdo con lo que he discutido con varios expertos, hay varias formas de practicarlo, pero una de las más comunes, y que yo la realizo, es el método 16-8, donde ayunas durante 16 horas y comes dentro de un periodo de ocho horas.

Muchos de mis invitados, como Jo Canales, han adoptado esta práctica y han compartido sus experiencias sobre cómo les ayuda no solo a mantenerse en forma, sino también a mejorar su concentración y niveles de energía. Por ejemplo, **Jorge Combe @soycombe**, fundador de DD3 Capital Partners, un operador de fondos de inversión, hace un ayuno largo de cinco días con agua simple y café cada trimestre, lo que le permite tener momentos de claridad e inspiración que le han ayudado a construir su negocio.

En ayunos más largos, es decir, mayores a 24 o 48 horas, se deben tomar algunas precauciones. La primera es gozar de buena salud y, mientras dure el ayuno, moderar el nivel de esfuerzo físico al que se somete el cuerpo. A partir de que transcurren entre 72 y 120 horas sin comer, el cuerpo entra en autofagia, es decir, las células nuevas usan las células viejas para operar eficientemente y se renueva el organismo. Según me comentó Jorge, él siente también que su capacidad mental se incrementa y puede pensar con más claridad.

Además de proporcionar claridad mental, el ayuno intermitente ayuda a regular los niveles de insulina y glucosa, lo que previene la resistencia a la insulina y la diabetes tipo 2. Otro de sus beneficios es que disminuye la inflamación celular, con lo que se reduce el riesgo de enfermedades crónicas. Al promover la autofagia, el ayuno facilita la eliminación de células viejas y dañadas, lo cual mejora la salud celular y retrasa el envejecimiento. Finalmente, el ayuno promueve la pérdida de peso y la quema de grasa.

Lo interesante del ayuno intermitente es que es flexible y se puede adaptar a diferentes estilos de vida y necesidades, lo que lo hace bastante accesible para mucha gente.

Si estás considerando practicar el ayuno intermitente, es fundamental escuchar a tu cuerpo y consultarlo con un profesional de la salud si tienes condiciones preexistentes o si sientes que algo no va bien.

Experimenta con el ayuno intermitente

- Comienza con un método sencillo como el 16-8 y ajusta gradualmente según te sientas cómodo.
- Bebe mucha agua durante el periodo de ayuno. También puedes consumir té y café sin azúcares.
- Evita romper el ayuno con comidas pesadas o ricas en carbohidratos. Opta por alimentos ligeros y nutritivos como ensaladas, proteínas magras y grasas saludables.
- Presta atención a cómo te sientes durante el ayuno. Si experimentas mareos o debilidad, considera ajustar tu régimen.
- Sé consistente pero flexible. Si tienes un evento social, no te sientas culpable por romper el ayuno. La clave es encontrar un equilibrio que funcione para ti.

El ayuno intermitente es una práctica efectiva para mejorar la salud física y mental. Comienza gradualmente, mantén la hidratación, rompe el ayuno con alimentos saludables y escucha a tu cuerpo. La consistencia y la flexibilidad son clave para integrar el ayuno intermitente en tu vida de manera sostenible.

Cuida tu hidratación

El 17 de agosto de 2023 tuve una de las peores sesiones de entrenamiento durante mi preparación para el Maratón de Chicago. Al superar el kilómetro 20, de los 23 que tenía planeados, mi cuerpo dejó de responderme y apenas podía caminar. Entre la preocupación y la frustración me invadieron las ganas de llorar, y el diálogo en mi cabeza fue: "El maratón es en menos de dos meses y no hay manera de que vayas a completar esa prueba".

Cuando le conté a mi nutrióloga **Aurora León @aurora leonb**, quien ha preparado a innumerables maratonistas, atletas que participan en Ironman y ultramaratones, lo que me había pasado, lo primero que me dijo fue: "Dime cómo te hidrataste".

La hidratación es uno de esos tantos temas a los que no se les presta la atención que deberían tener. La mayoría de la gente no se hidrata a pesar de que el funcionamiento del organismo, la concentración y la memoria tienen una relación íntima con nuestros niveles de hidratación. Todos hemos escuchado que debemos tomar ocho vasos de agua al día, pero son pocas las personas que lo hacen y aún menos las que se hidratan adecuadamente o que han consumido los niveles suficientes de electrolitos que el cuerpo necesita.

Cuando te hace falta agua, tu organismo envía señales que muchas veces no sabes interpretar, como dolores de cabeza, cansancio, piel reseca, entre otras. Una manera simple de monitorear tu nivel de hidratación es poner atención al color de la orina. Si el color es oscuro y tiene un olor fuerte, es una señal de deshidratación y de que se debe aumentar el consumo de agua.

Piensa en tus mañanas. Quizá frecuentemente te despiertas con una ligera sensación de cruda o resaca. Lo que sucede es que has dormido varias horas y, en ese periodo, obviamente, no has bebido agua. ¿Sabías que cuando duermes pierdes agua al respirar? Sí, de hecho puedes perder de medio litro a un litro de agua cada noche y, al levantarte, debes reponer lo que has perdido.

La composición de una persona promedio es de entre 55% y 60% de agua; el cerebro es 70% agua; y la sangre, hasta 80%, dependiendo del índice de masa corporal, edad y sexo. En pocas palabras, somos sacos de agua. Por lo tanto, hidratarnos no es un capricho, sino una necesidad.

El agua en nuestro cuerpo ayuda a lubricar los tejidos, regular la temperatura corporal y nutrir el cerebro y la médula espinal. En un día puedes perder de dos a tres litros de agua en diferentes funciones orgánicas involuntarias como sudar, orinar o respirar, por eso necesitas compensar la pérdida de líquidos.

¿Sabías que los seres humanos empezamos a sentir sed cuando ya estamos deshidratados? La sed es signo de que el cuerpo necesita agua. El cerebro, por ejemplo, comienza a enviar señales a los órganos para que retengan toda el agua posible. A medida que te deshidratas, te sientes con menos energía, de peor humor y disminuye tu presión arterial. A nivel mental, hay indicios de deterioro cognitivo, tales como falta de concentración o exceso de pensamientos. Por eso lo primero que hay que hacer en la mañana es hidratarse, pero de manera inteligente...

Una de mis prácticas habituales es beber cada mañana mi "suero mañanero". Lo preparo con ingredientes que seguramente tienes en casa. Este suero me sirve para reponer líquidos y minerales.

Receta de suero mañanero

- 1 vaso de agua
- 1 pizca de sal de mar o sal rosa del Himalaya
- Jugo de medio limón
- 1 cucharada de vinagre de manzana con cultivo madre

Recomiendo la sal de mar o la sal rosa del Himalaya porque contienen minerales y cloruro de sodio, los cuales ayudan a abastecer al cuerpo con los electrolitos perdidos durante la noche. El agua purificada no tiene electrolitos porque se extraen durante el proceso de purificación. El limón, además de mejorar el sabor, añade vitamina C, que refuerza el sistema inmunológico; también contiene flavonoides, que tienen un poderoso efecto antioxidante y son excelentes para barrer el colesterol dañino. El vinagre de manzana activa los ácidos gástricos, facilita la digestión, contribuye a regular la glucosa en la sangre, mejora la sensibilidad a la insulina y reduce la presión arterial.

Pero no debes quedarte solo con el suero de la mañana: cuida que tus niveles de hidratación permanezcan constantes todo el día. Si te cuesta trabajo hacerlo, te recomiendo muchísimo la aplicación WaterMinder. Esta analiza cuánta agua has consumido cada semana o mes y te da recomendaciones. Además, te indica la cantidad de agua que debes beber según tu peso, nivel de actividad y sexo.

Otro gran acompañante de mis días son los electrolitos de Dumo Labs, mi empresa de suplementos para ayudar a la optimización y el desempeño (Dumo = *do more*). Con 1 gramo de cloruro de sodio, 200 miligramos de potasio, 60 miligramos de magnesio y menos de 1.5 gramos de carbohidratos, son perfectos para mantenerme hidratado y con la agilidad mental que necesito todos los días.

Suplementate inteligentemente

En el mundo del *biohacking* y la suplementación parece que la información es infinita; solo basta con entrar a una tienda de suplementos deportivos o naturales para sentirse totalmente perdido. Con la idea de cubrir mis bases nutricionales y simplificar mis protocolos lo más posible, me acerqué de nuevo al doctor Krouham y le pregunté cuáles serían los suplementos básicos que él recomendaría.

El primero es omega 3, ya que es un gran antiinflamatorio con muchos efectos benéficos en el organismo, como la reducción de triglicéridos y de la presión arterial. Los hay de diferentes orígenes y calidades, pero los ácidos grasos omega 3 provenientes del kril antártico, un crustáceo diminuto, es el más recomendado por su mejor absorción y pureza. Yo tomo Omega Krill de Dumo Labs todos los días. En cuanto al omega 3 proveniente del aceite de pescado, los cinco tipos de peces considerados como las fuentes más confiables son la macarela, la anchoa, el salmón, el arenque y la sardina.

El segundo suplemento es la vitamina D, que promueve la salud ósea, la salud cerebral y fortalece el sistema inmunológico. Algo muy importante a considerar es que, si consumes dosis elevadas de vitamina D, debes asegurarte de que esté combinada con vitamina K2, ya que la vitamina D por sí sola aumenta el riesgo de producir arteriosclerosis.

El tercer suplemento son los antioxidantes, pues la oxidación es uno de los factores que más contribuyen al envejecimiento. El resveratrol es uno de ellos, pero hay antioxidantes también en las vitaminas C, E, A y el ácido alfa lipoico, así como en la melatonina.

Y, para complementar, el doctor Krouham me recomendó un buen probiótico. Los probióticos son microorganismos vivos, como bacterias y levaduras, que benefician el sistema digestivo y la microbiota.

Adicionalmente, en la sección de sueño hablamos del glicinato de magnesio como una gran ayuda para conciliar un sueño profundo y reparador. Nathaly Marcus siempre dice que, si se fuera a una isla desierta, no se llevaría ni al perro ni al marido, ¡solo el magnesio! Siempre hace ese chiste porque a ella le cambió la vida. Unas 350 funciones del cuerpo requieren magnesio, y Nathaly al consumirlo se deshizo de migrañas, estreñimiento, contracturas musculares, calambres; también le ayuda con la absorción de calcio y la relaja. Ella lo llama el *chill pill*.

Vale la pena resaltar que la suplementación no es necesaria ni igual para todo el mundo, así que la menciono aquí de manera general. Si deseas incorporar algún suplemento a tu dieta, te recomiendo que consultes antes a tu médico.

Conquista pequeñas victorias

Empecé a hacer ejercicio regularmente cuando tenía 16 años y, de una forma u otra, me he mantenido constante. Pero los momentos de flaqueza se presentan periódicamente y causan estragos. Es común que, a pesar de que nuestra rutina habitual incluya descanso, buena alimentación y ejercicio, periodos de trabajo excesivo, viajes o compromisos sociales de todo tipo nos saquen de balance. En mi caso, cuando uno de los eslabones de la cadena se rompe, los demás no tardan en seguirle.

Es en estos periodos de descuido que comienzo a experimentar malestar, cansancio y falta de enfoque. Lo importante es volverte a subir al tren y agarrar ritmo. Sin embargo, decirlo es más fácil que hacerlo.

Cuando mencioné esto en la entrevista al doctor **Mauricio González @dr.mauriciogonzalez**, médico internista del Colegio de Medicina de Nueva York, me explicó que la mejor manera de retomar el rumbo es practicando lo que se conoce como la teoría de las pequeñas victorias (*small wins*).

Todo cambio dramático en la vida tiene un patrón: el de las pequeñas victorias. Los pequeños logros pueden generar una cascada de positividad y motivación en la vida de una persona. La acumulación de pequeñas victorias conduce a transformaciones significativas y sostenibles. Por ejemplo, si alguien quiere dejar de fumar, puede cambiar el cigarro de la mañana por un smoothie de frutas y verduras. La bebida natural le da vigor y se anima entonces a correr una milla. Y, luego, las endorfinas de la carrera lo motivan a disculparse con alguien a quien había lastimado. La pequeña victoria sobre el tabaco de la mañana genera una cascada de eventos positivos que lo impulsan a seguir mejorando. No obstante, sucede lo mismo al contrario. Comer mal, por ejemplo, te lleva a no hacer ejercicio. No hacer ejercicio te conduce a sentarte a ver más televisión. Ver más televisión deriva en sobrepeso, en sentirte más cansado, y así sucesivamente.

Lo importante es tener muy claro lo que uno quiere lograr e ir dando pequeños pasos; obtener pequeñas victorias que sirvan de combustible para dar el próximo salto adelante. Con pequeñas victorias podemos contrarrestar las creencias negativas fuertemente arraigadas en nosotros y que van en contra de eso que queremos lograr. Así evitamos el sabotaje interno.

7 TÁCTICAS DE CRACKS PARA HIDRATARTE Y ALIMENTARTE MEJOR

1. **Honra tu hambre**. Come consciente y en el presente. Si tu próximo bocado no será uno que disfrutarás al cien por ciento, no lo comas.
2. **Experimenta con el ayuno intermitente.** Intenta no cenar de lunes a jueves y sé consciente de cómo te sientes, cómo duermes y cómo se mueve la báscula. Si te funciona, puedes probar formatos distintos de ayuno.
3. **Empieza tus comidas con hojas color verde oscuro.** Consume en cada comida de dos a tres tazas de hojas verdes, crudas o cocidas, como brócoli, espinacas, acelgas, kale, espárragos, cilantro o berros para aplanar los picos de glucosa.
4. **Arranca tus mañanas bien hidratado**. Ya sea con un suero mañanero o un vaso con electrolitos, asegúrate de que tu cuerpo y mente tengan la hidratación necesaria para funcionar. Recuerda que llevas muchas horas sin hidratarte y eso hace la diferencia.
5. **Enriquece el agua que ingieres**. Al agua que vas a beber —que debería ser de dos a tres litros al día— añádele electrolitos.
6. **Toma suplementos básicos.** Incorpora a tu régimen omega 3, vitamina D y vitamina K2,

antioxidantes, probióticos y magnesio. Visita **dumolabs.com** para conseguir algunos de los mejores.

7. **Acomoda el juego a tu favor**. Procura descifrar qué es lo que quieres y propicia un ciclo de retroalimentación positiva con respecto a tus resultados. Arregla el tablero para que tu siguiente decisión sea una victoria.

DOMINA TU MENTE

La mayor victoria es
la conquista de uno mismo.
Platón

Miguel Layún @miguel_layun, presidente de la Kings League Américas, exjugador del Club América y quien durante sus casi 20 años de carrera participó en dos mundiales, jugó en la UEFA Champions League y ha compartido vestidor con algunos de los mejores jugadores del mundo, me contó que en los inicios de su carrera, a sus 21 años, experimentó uno de los momentos más difíciles de su vida: el famoso

---

#TodoEsCulpaDeLayún.

Miguel llegó al Club América procedente del futbol italiano y generó expectativas en los hinchas del club, que veían al equipo de sus amores en peligro de descender a segunda división aquella temporada, algo para ellos inadmisible.

En esa época, Layún no era jugador titular, sino un joven deseoso de ganarse el derecho de consolidarse en el club. Tuvo que resistir; venía de jugar en Europa y en el América no tenía la misma visibilidad.

En un comentario desafortunado, un periodista afirmó: “Todo lo que está pasando es culpa de Layún”. El comentario, que comenzó como una broma, escaló muy rápido y, pronto, durante el calentamiento para un partido en el Estadio Azteca, desde las tribunas le gritaron: "¡Layún! Lárgate de aquí. Por tu culpa no ganamos. ¡Estás salado!".

Los reclamos saltaron fuera de las rejas del estadio y su familia no escapó de ser insultada en un centro comercial. Se convirtió en un acoso constante para él y su círculo cercano. Miguel cayó en depresión. No quería salir de su casa, lloraba con frecuencia y le costaba ir a los entrenamientos. No fue hasta que dio con **Claudia Rivas @draclaudiarivas**, una psicóloga deportiva, que las cosas empezaron a cambiar.

A pesar de que sus amigos trataban de ayudarlo recomendando no hacer caso a los insultos, Miguel encontró que lo que necesitaba era todo lo contrario. En las críticas Miguel encontró el combustible que necesitaba para encender su pasión y su carrera nuevamente. Al enfrentarse al rechazo, se enfocaba en demostrar que podía lograr lo que se propusiera hasta lograrlo. A ese fuego Miguel lo llamó "motivación oscura".

Cuando lo criticaron por sus centros de pierna izquierda, practicó diariamente tirando con la misma pierna hasta que los dominó. Cuando lo criticaron por sus tiros fuera del área, de nuevo se quedó a practicar hasta que empezó a hacer goles desde esa distancia.

Miguel sentía en el corazón un fuego intenso y poderoso que lo quemaba por dentro. Pero es muy distinto al que se siente cuando se persigue un sueño. En mi libro *Haz lo que importa* me refiero a esto como "la gran batalla".

En 2013, en un partido contra los Tiburones Rojos del Veracruz, en el torneo de Copa, el marcador estaba 0-0 y Miguel jugaba como titular. Tras el primer gol del Veracruz, el público empezó a abuchearlo, aun cuando no había participado en la jugada.

Y así sucedió cada vez que Miguel tocaba el balón.

Durante el medio tiempo, su entonces entrenador, Miguel Herrera, lo enfrentó y le dijo:

—Tú, cabrón, te vas a largar a la chingada de este equipo si vuelves a cometer un error. Estoy hasta la madre de que la gente me esté chingando por tu culpa.

Pero, lejos de sentirse disminuido e inseguro, Miguel se llenó de ese fuego que le quemaba el pecho por dentro y, sin responder a la agresión, retó al entrenador mirándolo a los ojos sin pestañear.

El entrenador agregó:

—¿Y todavía me retas con la mirada, pendejo? ¡Te vas a ir a la chingada, vas a ver, cabrón, de mí te acuerdas, te vas a ir a la chingada!

Miguel empezó a quitarse el uniforme, sintiendo otra vez el fuego que amenazaba con salirse del cuerpo, hasta que el entrenador le dijo:

—¡Órale, pendejo, que hay que entrar al segundo tiempo!

Miguel, sorprendido, le preguntó:

—¿Voy a jugar, güey?

Y el entrenador le respondió:

—¡Claro que sí! Vístete

Con el pecho en llamas, Miguel regresó al campo de juego listo para redimirse. A los pocos minutos llegaría su redención al anotar el tercer gol, en una victoria contundente del América, 3-1, ante el Veracruz.

Luego de anotar, Miguel se acercó a la tribuna y gritó:

—¿Por qué no me abuchean ahora?

A veces tener un propósito y un sueño no es suficiente para alcanzar nuestras metas. Miguel me ha enseñado que cuando nos toca enfrentar la adversidad, en lugar de agachar la cabeza, debemos rebelarnos y aprovechar esos momentos para empoderarnos e ir más allá. Cuando las cosas van bien tendemos a conformarnos, pero cuando las cosas están mal, debemos encender la llama interna de la rebeldía y la pasión que nos obliga a ser fieles con nosotros mismos y con lo que verdaderamente queremos. El dolor es una gran motivación para dar ese extra y llegar a donde deseamos.

La presión puede ser muy grande y llevar a cualquiera a la depresión y a desarrollar otros problemas de salud mental. Pero, por supuesto, hay soluciones...

Medita y visualiza

Una de las herramientas que ayudaron a Miguel a transitar por este proceso de sanación mental fue la meditación enfocada en la visualización. Mediante esta técnica y meditaciones guiadas se concentraba en las acciones positivas que podía emprender para sí mismo a pesar de las circunstancias adversas.

Juan Lucas Martín @juanlucasmartinoficial, psicólogo clínico especializado en fobias, estrés postraumático y trastornos de ansiedad, domina este tema. Con él tuve la oportunidad de hacer una meditación guiada. Encontré este ejercicio muy útil para reducir mi ansiedad y enfocarme en la gratitud. Si quieres hacerlo, simplemente sigue las siguientes instrucciones.

Meditación guiada de Juan Lucas Martín

Siéntate con la espalda recta, sin cruzar las piernas ni las manos. Cierra los ojos y empieza a respirar por la nariz. Trata de mantener la boca cerrada, para evitar el riesgo de hiperventilación o de mareos. Respira con un ritmo tranquilo, suave, seguro, sin forzarte.

Fíjate en tu respiración, en el aire que entra y sale por la nariz. Toma conciencia de la poca atención que le pones al hecho de estar respirando. Enfócate en tu respiración y solo en ella. Si tu atención está centrada en cómo respiras, dejarás de lado tus pensamientos e inquietudes.

Sin dejar de prestar atención a tu respiración, inhala y exhala por la nariz mientras conectas con algo que agradezcas de tu vida, con algo que te inspire amor.

Permite que entren a tu mente imágenes que te infundan amor y agradecimiento, por ejemplo, un ser querido o un logro, y enfócate en ellas.

Siente cómo el amor empieza a manifestarse en tu centro cardiaco; está en medio de tu pecho, y tu corazón forma parte de él. Inhala y exhala gratitud. Experimenta esa sensación de frecuencia elevada en tu corazón.

Si lo deseas, tócate el corazón mientras aumentas la gratitud. Deja que surjan nuevas imágenes de sucesos, personas y circunstancias que te inspiran gratitud. Visualiza todo lo que te gusta de tu vida, por lo que te sientas profundamente agradecido.

Inhala dicha energía. Visualiza cómo todas tus células reciben este amor y agradecimiento. Permite que esas imágenes positivas se multipliquen en tu vida.

Cuando alcances ese estado, comienza a imaginar cómo te gustaría estar a partir de ahora. Desde el agradecimiento, visualiza todo lo que te gustaría lograr. Visualiza que ya has hecho todo lo que te has propuesto. Deja que lleguen esas imágenes de cómo te gustaría estar en todos los ámbitos. Visualízate sano, con el cuerpo en armonía, saludable y fuerte. Si tienes alguna condición física, entonces visualiza que ya sanaste y agradece dando por hecho que ya te has curado.

Repite el ejercicio para todas las áreas de tu vida.

Visualízate viviendo en abundancia, sin carencias. Experimenta lo que sentirás cuando lo logres, como si tus deseos ya se hubiesen cumplido. No importa cómo ni cuándo. Simplemente, observa tu vida como si lo que visualizas ya se hubiera manifestado. Como si tus sueños se hubieran hecho realidad.

Deja que aparezcan las imágenes de lo que deseas que ocurra y convéncete de que lo mereces, al igual que mereces todo lo bueno que la vida te ofrezca. Que todo tu ser se llene de esa profunda gratitud. Que todo tu ser crea que te mereces todos esos regalos.

Da las gracias porque lo que has pedido hecho está. Y con este sentimiento de agradecimiento, te preparas para regresar lentamente la respiración al cuerpo. Cuando tengas ganas, inhalas y exhalas.

Si entrenas tu manera de pensar y de sentir, atraerás solo lo bueno. Y, si estás bien, la ayuda que brindes a los demás tendrá mayor alcance.

Y abre los ojos nuevamente...

Como Juan me sugirió, practica este ejercicio durante el tiempo que desees. Al principio bastará con un par de minutos y poco a poco querrás ir aumentando hasta convertirlo en un hábito de gratitud sin el que no puedas salir de casa.

Ve a terapia, no estás solo

Aunque la meditación y la visualización son herramientas importantes para mejorar tu salud mental, hay también otras opciones efectivas como la terapia de la mano de un profesional calificado. Javier Morodo, a quien ya mencioné en un capítulo anterior, sabe mucho de esto, ya que por su historia personal tuvo que recurrir a la terapia.

De niño, Javier vivió en un hogar con violencia; sus padres se separaron a los pocos años de matrimonio y su papá murió repentinamente poco después. Estos antecedentes y la ausencia de una figura paterna lo afectaron al hacerle creer que estaba en desventaja con respecto a los demás.

Desde que era pequeño, Javier asistió a terapia y aprendió muchas herramientas para desarrollarse en la vida. Él cree que una de las ventajas competitivas más poderosas que tuvo fue contar con alguien con quien se podía retroalimentar en cuanto a lo que sentía y lo que pensaba. Javier aún mantiene contacto con su terapeuta de cuando era niño, ya que para él es alguien muy importante. Además de terapia, tiene un *coach* profesional y gracias a ello ha podido superar grandes momentos de estrés e incertidumbre, como lo fue cuando terminó su relación laboral con la compañía de intercambio de criptoactivos Bitso.

Otro de mis invitados, **Pablo Sánchez @pablosanser**, director general de un *family office* y cofundador y director del fondo de inversión GOAT Capital, me contó que tiene una "caja de herramientas", entre las que se encuentra un círculo cercano de *coaches* que le ayudan a mejorar su desempeño profesional y personal. Pablo es muy solicitado en el mundo de los negocios y constantemente se le presentan nuevas oportunidades. En un inicio, estas oportunidades le generaban altos niveles de ansiedad, lo que lo llevó a tomar decisiones apresuradas de las que después se arrepintió. Ahora se apoya en sus *coaches*, analiza los proyectos con la cabeza más tranquila y decide en función de lo que realmente quiere en su vida.

Son muchos mis invitados con los que he hablado sobre la importancia de ir a terapia. **Romina Sacre @rominasacre**, exitosa conductora, emprendedora y, más recientemente, autora del libro *Lo sensibles no nos quita lo chingonas*, me contó que mientras vivió en Nueva York, ciudad a la que se mudó llena de expectativas, pasó por una temporada muy dura. Amanecía prácticamente cruda cinco días a la semana, recordaba poco o nada de lo ocurrido la noche anterior, comía mal y su vida era un completo desastre.

Deseaba regresar a México, reunirse con sus amigos y familiares, pero su ego no se lo permitía. ¿Cómo voy a volver sin ser famosa? Su plan era convertirse en actriz, vivir en Nueva York y de ahí mudarse a Los Ángeles. Romina era muy talentosa y lo tenía todo para triunfar, pero ella no se sentía así y eso le trajo muchos problemas. Aunque todos a su alrededor veían su potencial, ella era una mujer llena de miedos que se autosaboteaba todo el tiempo. Por ejemplo, cuando tenía audiciones importantes, no estudiaba. Según dice, le tenía miedo al éxito.

Romina no sabía cómo expresar lo que sentía, así que se enojaba sin explicarles sus razones a los demás. Guardaba silencio durante horas hasta que encontraba algún detonante que la hiciera explotar. No sabía identificar ni gestionar sus emociones adecuadamente hasta que empezó a asistir a terapia, y ahí inició un proceso de autodescubrimiento.

En su experiencia, las terapias más fuertes han sido las que la han llevado a tomar decisiones importantes, sobre todo aquellas que ya sabía que debía tomar, pero que había dejado por miedo, o aquellas en las que ha tenido que ponerle límites a su familia. Eso la ha hecho muy feliz y le ha dado muchísima paz, por lo que considera que la terapia es sumamente necesaria. Para ella la más valiosa inversión la ha hecho en sus terapias.

Ir a terapia puede parecer una decisión drástica, una que sentimos que podría estigmatizarnos ante quienes nos rodean, pero la realidad no es así. Para un gran número de las personas más exitosas que conozco, ir a terapia no es un lujo ni una carga; es un hábito de salud mental y amor propio que les ayuda a operar eficientemente, con calma y enfoque, en los momentos más importantes de su vida.

Hay diferentes tipos de terapia: psicoanalítica, cognitivo-conductual, neuropsicológica y muchas otras. Una pregunta que me hacen frecuentemente es cuál es la diferencia entre un terapeuta, un *coach* y un mentor. Aunque todos pueden tener un impacto positivo en la mentalidad y la vida de una persona, es importante entender sus diferencias.

Un terapeuta es alguien que puede ayudarte a sanar tu pasado. Usando varias metodologías puede guiarte para conectar con traumas de tu niñez y resignificar los acontecimientos para, entre otras cosas, sanar tu huella de abandono, algo de lo que hablé con el doctor Alfonso Ruiz Soto.

Un *coach* es alguien que, mediante preguntas, ejercicios y técnicas como la programación neurolingüística, puede ayudarte a construir un futuro más alineado con quien eres y lo que quieres. **Juan Alberto González @irradiatemore**, antiguo director general de Microsoft en varios países latinoamericanos, ha construido una gran carrera, después de su tiempo como ejecutivo, ayudando a emprendedores y directivos a romper sus propios paradigmas y crecer profesionalmente. Yo personalmente trabajé con **Luisa Altamirano Anaya @luisaaltamiranocoach** por ocho años, un proceso de *coaching* que me ayudó a superar momentos difíciles en mi desarrollo como emprendedor.

Por último están los mentores, personas que hoy están en donde a ti te gustaría estar en 5, 10 o 20 años. Un mentor ya ha recorrido el camino preciso que tú estás recorriendo y va unos cuantos pasos adelante, lo que le da la perspectiva y conocimiento práctico para ayudarte a resolver algunos de los problemas más comunes que enfrentarás y a evitar los riesgos que podrían desviarte de tus objetivos. De cómo conseguir un mentor y desarrollar una buena relación de mentoría hablaré más en la sección de dinero.

Saca la cabeza del agua

Los seres humanos no vivimos los hechos. Lo que realmente vivimos son los significados que les damos a esos hechos. Es decir, lo que el hecho significa en nuestros escenarios internos de conciencia. Es allí donde tenemos todos los elementos para determinar la calidad de ese significado y, en consecuencia, lo que aportará a nuestra vida. El estrés o gozo que experimentamos en la vida son resultado de las historias que nos contamos sobre los acontecimientos que vivimos.

El doctor **Alfonso Ruiz Soto @alfonsoruizsoto**, creador de la Semiología de la Vida Cotidiana, me contó que cuando percibimos los signos y símbolos de la vida a través de este imaginario personal, lo que resulta es una conciencia reactiva: estímulo-reacción, es decir, una conciencia automatizada que carece de libre albedrío.

Por otro lado, existe tu Yo real, que se conoce en semiología como el Yo observante, y se manifiesta cuando pones en marcha tu conciencia autorreflexiva.

Cuando somos capaces de procesar nuestras experiencias a través de nuestro Yo observante, podemos asignarles nuevos significados a nuestros condicionamientos y experimentar la vida conscientemente y de forma más placentera. Cuando experimentes una emoción negativa, un coraje, por ejemplo, simplemente obsérvalo. Apártate y obsérvalo. No lo reprimas, no te desconectes, tan solo fíjate en lo que estás sintiendo y, en menos de lo que crees, tu coraje se habrá transformado en una emoción menos negativa. Primero me alejo, lo aplazo y luego me pregunto por qué la estoy sintiendo. Cuál es la razón de ser de esta emoción. Reconoce, procesa y luego actúa.

Las emociones no tienen estabilidad ni permanencia. Cuanto más las observas, por el simple hecho de observarlas, generas una distancia crítica que te permite ponerlas en perspectiva. La técnica del Yo observante es una gran herramienta para reducir el estrés, mejorar la salud mental y disfrutar más de la vida.

Aprende a manejar la pérdida

La pérdida es una experiencia inevitable, y manejarla de manera efectiva es crucial para nuestro bienestar emocional y mental. Una pérdida puede ser muy dolorosa y generar sufrimiento y desbalances importantes en nuestra vida. Cuando pensamos en la pérdida, el ejemplo más común, o con el que más fácil podemos conectar, es perder a un ser querido, una de las experiencias más difíciles. Pero hay otras pérdidas que pueden ser incluso más dolorosas, como un divorcio y hasta un revés profesional o financiero. A cualquiera de estas pérdidas le sigue un periodo de duelo que varía según la situación y la persona.

Francisco Lanús @francisco.lanus, un experto en el manejo del duelo y la pérdida emocional, menciona que es fundamental identificar la pérdida y reconocer en qué etapa del duelo se encuentra uno. Las etapas del duelo incluyen la negación, el enojo, la negociación, la depresión y la aceptación. Francisco sugiere llevar a cabo actividades concretas para aceptar la pérdida gradualmente, como escribir cartas de despedida y realizar rituales simbólicos. Estas prácticas pueden ayudar a procesar las emociones y a encontrar un cierre.

Gaby Pérez Islas @gabytanatologa, una conocida tanatóloga, me platicó que a nadie le gusta perder, porque duele y golpea la autoestima. Respecto al periodo de duelo y de cómo superar la pérdida, sugiere un cambio de perspectiva importante, poniendo el enfoque en lo bueno que tenemos o que vivimos en una relación que ha terminado. Por ejemplo, aunque hayas perdido tu trabajo, debes pensar que no has perdido tu capacidad de trabajar; aunque hayas perdido un proyecto, no has perdido tu creatividad. No se trata de minimizar la pérdida, sino todo lo contrario. Debemos vivir el duelo y eso nos ayudará a empezar algo nuevo sin cargas emocionales. En palabras de la misma Gaby: "Es importante que te tomes tu tiempo para vivir tu duelo y no te apresures".

Saskia de Winter @saskiadewinter, experta en desarrollo organizacional y negociación, habla de la pérdida en un contexto profesional y enfatiza la importancia de reflexionar sobre la pérdida y aprender de ella. En lugar de pasar inmediatamente a la acción, sugiere tomarse el tiempo para entender el impacto emocional de la pérdida y cómo integrarla en la vida. Esta reflexión puede proporcionar una mayor comprensión de uno mismo y de las circunstancias que rodean la pérdida, lo que facilita el proceso de sanación.

La flexibilidad y la capacidad de manejar la pérdida son habilidades esenciales para el bienestar emocional y mental. Ser flexible permite adaptarse a los cambios y enfrentar los desafíos con una mentalidad abierta. Además, manejar la pérdida implica reconocer las etapas del duelo, analizar el impacto emocional y encontrar significado en la experiencia.

Ten una mentalidad positiva

La mentalidad positiva puede ser una herramienta transformadora, no solo en el ámbito personal, sino también en el liderazgo y la influencia sobre los demás. La mentalidad positiva va más allá de un simple estado de ánimo; es una estrategia proactiva para encarar la vida.

Vanessa Huppenkothen @vanehupp, la famosa presentadora deportiva, ve la gratitud como un catalizador para mantener una energía positiva durante todo el día. Esta práctica le permite enfrentarse a cualquier desafío diario con una predisposición más optimista y resiliente.

Tener una mentalidad positiva está estrechamente relacionado con la salud mental. Sobre todo cuando se trata de tomar decisiones rápidas, cuyos efectos tendrán un gran impacto en el resultado final, como en el caso de los deportes. Y de esto sabe mucho José Eduardo Canales, de quien ya te conté. Jo está alineado con el mensaje del doctor Alfonso Ruiz Soto: nuestra realidad se basa en la percepción. Para ilustrar cómo la mente es selectiva y elige lo que quiere ver, Jo propone un interesante ejercicio que puedes hacer ahora mismo.

Ejercicio guiado de Jo Canales

Siéntate con la espalda recta, sin cruzar las piernas ni las manos. Cierra los ojos y empieza a respirar por la nariz. Trata de mantener la boca cerrada, para evitar el riesgo de hiperventilación o de mareos. Respira con un ritmo tranquilo, suave, seguro, sin forzarte.

Tómate 10 segundos para contar los objetos de color rojo que hay en la habitación en la que estás. Cuando hayas terminado de contar, cierra los ojos, y ahora trata de responder cuántos objetos de color amarillo hay en esa misma habitación.

Te darás cuenta de que tu conteo está bastante alejado de la realidad. ¿Por qué? Porque solo te fijaste en los objetos rojos y, como la mente es selectiva, elige lo que quieres ver y no todo lo demás. Lo mismo pasa cuando, por ejemplo, piensas en comprar un coche de cierto modelo. Seguramente has notado que, casualmente, empiezas a ver coches como ese por todos lados. Esto es tu sistema activador reticular en marcha, uno de los sistemas cognitivos que le indica a tu cerebro, de todo lo que percibes a tu alrededor, lo que es relevante y lo que no.

Sherlock Holmes, el famoso personaje de Arthur Conan Doyle, le explicaba esto a Watson, su inseparable compañero: "Watson, la diferencia entre tú y yo es que tú solo ves, yo veo y observo". Es esa observación, esa percepción, lo que hace la diferencia entre lo que podemos captar y la información que poseemos. En la vida puedes elegir ver un solo aspecto de la realidad, enfocándote solo en lo negativo, o escoger verla desde otro ángulo, con todo lo positivo y las oportunidades que te rodean.

Los principios de la mentalidad positiva son esenciales porque fomentan una forma de liderazgo que inspira y motiva; demuestra que, con la actitud correcta, podemos superar los desafíos y transformarlos en oportunidades de crecimiento.

6 TÁCTICAS DE CRACKS PARA MEJORAR TU SALUD MENTAL

1. **Usa la crítica a tu favor.** Enciende tu fuego interno conectándote con tu dolor. Elige a tus enemigos sabiamente. Puedes leer más sobre lo que yo llamo "la gran batalla" en mi libro *Haz lo que importa*.
2. **Medita y adopta el hábito de la gratitud.** Invierte 5 o 10 minutos cada mañana en conectar con tu cuerpo y, en paz, menciona tres cosas que agradeces en tu vida. Puedes empezar con las más obvias, pero intenta no repetirlas. Pronto notarás que hay mucho en la vida por lo que puedes sentir gratitud.
3. **Busca asesoría profesional.** Acércate a un terapeuta o a un *coach* que te ayude a resignificar situaciones del pasado y a conocerte más profundamente para actuar con conciencia y tranquilidad.
4. **Practica el Yo observante.** Al sentir emociones, en especial negativas, busca abstraerte de la situación y observarla desde fuera para evitar reacciones automáticas.
5. **Vive tus duelos.** Reconocer y procesar una pérdida de forma intencionada es una gran forma de preparar la tierra para proyectos futuros.
6. **Ten una mentalidad positiva.** Entrena tu sistema activador reticular para reconocer oportunidades, así como los pequeños milagros y cosas buenas que la vida tiene para ti todos los días. Antes de dormir recuerda y reconoce algo bueno que te pasó ese día.

EXTIENDE TU VIDA EN PLENITUD

**Una vida larga es un regalo,
pero una vida plena es una elección.**
Anónimo

Cómo lo mencioné antes, muchos de mis invitados al podcast, entre ellos el empresario **Arturo Lomelí @s.arturolomeli**, y los ya mencionados Rodrigo Herrera, Eric Descombes y Rodolfo Ramírez, me han comentado que están tomando acciones concretas para vivir más de 100 años. A pesar de que todavía no conozco a nadie que haya encontrado la "fuente de la eterna juventud", sí sé que hay personas que han extendido su vida más allá de la media, y lo han hecho disfrutando de buena salud. Esto ha hecho que muchos investigadores exploren las causas de la longevidad. Uno de ellos es el doctor **Mario Martínez @dr.mariomartinez**, un neuropsicólogo clínico que se ha dedicado a estudiar cómo las creencias y costumbres culturales afectan la salud y la longevidad.

Mario empezó a investigar a los centenarios desde una perspectiva antropológica. No buscaba cambiar nada ni hacer evaluaciones psicológicas. Deseaba comprender cómo ven el mundo y cuáles son sus rituales. Él concluyó que la diferencia entre rutinas y rituales es simple pero poderosa. Una rutina es algo que haces de manera repetida, mecánica, casi automática, sin pensar mucho en ello, mientras que un ritual es una acción significativa que te proporciona calma, bienestar, seguridad y gozo.

Cuando Mario inició sus investigaciones, tenía la teoría de que la longevidad era una cuestión genética. Pero, luego de entrevistar a decenas de centenarios, se dio cuenta de que no era así, ya que muchos de sus padres habían vivido bastante menos que sus hijos. Solamente entre el 20% y 25% de los padres de centenarios vivieron por arriba del promedio, lo que representa un porcentaje muy bajo.

Mario descubrió también que, aunque la expectativa de vida ha disminuido en algunos lugares, ha aumentado considerablemente el número de centenarios, lo que es una interesante paradoja.

Como parte de sus estudios, Mario exploró su alimentación, pero no encontró un patrón que explicara su longevidad. Continuó así hasta que, en Cuba, le preguntó a una mujer de 102 años:

**"¿Qué es lo que haces?
¿Qué le da valor a tu vida?
¿Qué te gusta?".**

A lo que la señora le respondió: "Yo antes de dormir tomo un ron". En principio, Mario pensó que podrían ser las propiedades del ron cubano las responsables de la longevidad. Pero, al día siguiente, le hizo la misma pregunta a otro centenario cubano, que le respondió: "Lo primero que hago en la mañana es fumar un habano". Allí Mario empezó a entender que no se trataba de lo que consumían, sino de que lo hacían como un ritual. El ritual tenía un poder inmunológico, sin importar si este giraba en torno a una bebida, tabaco, té o meditación. Era el ritual, pues, lo que propiciaba la longevidad.

A raíz de esto, Mario se dio cuenta de que...

Existen cuatro percepciones relacionadas con la longevidad:

- Cómo percibes el tiempo
- Cómo percibes la salud
- Cómo percibes el envejecimiento
- Cómo te percibes como persona

Existen cuatro emociones que prevalecen en las personas longevas:

- Gratitud
- Generosidad
- Admiración
- Curiosidad

Las cuatro percepciones y las cuatro emociones son antiinflamatorias y antiestrés, de acuerdo con Mario.

La percepción del tiempo es muy importante en la longevidad. Todos los centenarios piensan que tienen todo el tiempo que necesitan. Si tú vives en lo que Mario llama "el tiempo urgente", es decir, tienes la sensación de que te falta tiempo, siempre estás comprimiendo muchas tareas y operas constantemente en un nivel de estrés alto; dicho estrés aumentará al envejecer, porque tienes menos tiempo para "vivir". Los centenarios piensan de forma distinta. De hecho, me contó el caso de un hombre de 101 años que tenía un jardín de vegetales. Mario le dijo: "¡Qué estupendo jardín!". A lo que el centenario respondió: "Está muy bien ahora, pero espera a que lo veas en tres años". A nivel cerebral, cuando tú proyectas tiempo-espacio, la biología te sigue.

La curiosidad es una de las cuatro emociones con las que puedes prolongar el tiempo, y tiene un efecto similar a eso que llaman "los primeros 30". Durante tus primeros 30 años de vida, experimentas muchas cosas por primera vez: te casas, te rompen el corazón, tienes hijos, etcétera; al ser tus primeras veces, el cerebro presta atención a la novedad y se crea una percepción de dilatación del tiempo.

Los centenarios no están en los primeros 30, pero conservan una curiosidad altísima. La curiosidad, ese deseo de escudriñarlo todo, alarga su expectativa de vida y reduce significativamente los sentimientos de preocupación y miedo, psiconeurológicamente hablando. Todo lo contrario ocurre cuando la gente se jubila: suelen desarrollar enfermedades dentro del primer año y sobreviven al retiro solo entre cuatro y cinco años, en promedio. Mario afirma que esto es porque el cerebro necesita retos. El cerebro necesita significado.

En su investigación, Mario descubrió que los centenarios no viven por vivir; lo hacen disfrutando del momento presente, por eso son longevos. No están preocupados por el tiempo. Hacen lo que tienen que hacer, pero sin prisa, gozando el momento. Algo que enseñan los budistas:

"Haz poco para que puedas lograr bastante, hasta que llegues a no hacer nada y lo logres todo".

Algo similar se dice de manera habitual en España:

> **"Vísteme despacio que tengo prisa".**

El reto que yo veo es que nuestra cultura nos ha entrenado para lograr más en el menor tiempo posible. Estamos corriendo todo el tiempo. Y, mientras más corres, más razones encuentras para seguir corriendo, lo que mantiene tu sistema nervioso en un estrés constante. ¿Cómo se cambia esto? Haciéndote consciente del momento presente. Puedes, por ejemplo, hacer una caminata zen en cualquier lugar, muy despacio, tan despacio que pierdas el equilibrio. Al hacerlo baja el ritmo del sistema nervioso.

Un aspecto novedoso que encontré en la investigación de Mario es lo que él llama "narcisismo saludable". Nuestra cultura nos enseña a ir tras el logro, buscar el éxito. Y, cuando lo hemos alcanzado, nos enseña también a negarlo o a minimizarlo. Si te dicen: "Oye, excelente la presentación que hiciste", tal vez tu respuesta sea algo así: "La verdad es que estuve muy nervioso y omití cosas importantes". Lo que no sabes es que este tipo de respuestas mata la neuropsicología del agradecimiento. Es mucho mejor decir: "Gracias. Ese es un tema que me apasiona y para el que estaba bien preparado". Si a una centenaria le dices: "Oye, ¡qué bella luces hoy!", seguramente te contestará: "Gracias por notarlo hoy, pero siempre he sido bella".

De eso se trata el "narcisismo saludable", de autoestima y amor propio. Y no necesitas vivir pregonando tus cualidades. Simplemente, cuando alguien se percate de alguna de esas virtudes y te lo haga saber, agradécele por reconocerlo. Porque, si no lo haces, estarás bloqueando la producción de oxitocina, las endorfinas y la serotonina que produce el agradecimiento, y, en su lugar, estarás generando cortisol, la hormona del estrés.

Otro de los hallazgos de Mario tiene que ver con la autovaloración. Esta, según me explicó, va más allá de la autoestima y supone tres niveles. El primero es la valoración. ¿Cuánto valor te das tú? Esto habla de cómo te concibes (autoconcepto) y de lo que sabes que vales, lo cual te permitirá experimentar cosas buenas sin sentirte culpable o que no te las mereces. El segundo nivel es la competencia y los conocimientos adquiridos en los diferentes ámbitos de tu vida, es decir, cómo te ves como padre, como hermano, como profesional o como pareja. Y el tercer nivel es la afiliación. Esto es con qué tipo de personas te relacionas y si contribuyen a tu abundancia o la obstaculizan.

Ahora bien, ¿cómo se sube y cómo se baja en estos niveles? La valoración se incrementa cuando cumples compromisos de autocuidado, y desciende cuando no lo haces. La competencia aumenta cuando sigues aprendiendo, y disminuye cuando dejas de aprender. Mientras que la afiliación se incrementa cuando la calidad de las personas con las que te asocias es elevada, y baja cuando no lo es.

Las consecuencias psicológicas de tus hábitos pueden ser positivas, pero también negativas. Por ejemplo, cuando admiras a alguien y le dices "qué inteligente eres", generas oxitocina, serotonina y endorfinas. Pero si la admiración es el disfraz de la envidia ("sí, claro, pero es que viene de familia de dinero"), no generas ninguna de esas hormonas, neuropéptidos y neurotransmisores, y en su lugar produces cortisol. La envidia es una emoción antilongevidad.

Algo similar ocurre con los efectos positivos de la generosidad. Estos son eliminados en situaciones de *quid pro quo*: por ejemplo, si yo pagara la cena hoy y creyera que debes corresponderla mañana, como si se tratara de un tema de contabilidad. Para aprovechar los beneficios de la generosidad, si vas a dar algo, hazlo sin expectativas. Esta es otra de las razones por las que Mario sostiene que la longevidad se aprende.

Come para vivir 100 años

La aspiración de vivir más años con una buena calidad de vida es cada vez más común. Yo creo que el deseo en sí siempre ha existido. La mayoría de nosotros no piensa en la muerte como posibilidad, ya sea por evasión o por programación. Así que doy por hecho que todos queremos vivir más años y vivirlos bien. Entonces, ¿qué hacer al respecto?

Además de todo lo que ya nos compartió Mario, este es un tema sobre el que he conversado con varios de mis invitados, y la mayoría coincide en la importancia de una buena alimentación. Rodrigo Herrera afirma que para él no existe mejor medicamento que lo que comemos. Él es un gran promotor de la dieta mediterránea, basada en muchas verduras, algo de frutas, pescado, aceite oliva y carbohidratos complejos integrales.

Eric Descombes también considera que la dieta mediterránea, rica en verduras, pescado y vino, es una de las claves para la longevidad. Esta dieta es común en las "zonas azules" del mundo, donde las personas tienden a vivir más de 100 años. El vino, en particular, es valorado por sus antioxidantes, que ayudan a regular las bacterias intestinales y a mantener el intestino saludable.

Por su parte, el doctor Mauricio Gonzáles promueve una dieta basada completamente en plantas, que incluya frutas, verduras, cereales integrales, leguminosas, nueces y semillas. Esta dieta ha demostrado reducir significativamente las enfermedades crónicas y degenerativas, y es respaldada por numerosas organizaciones de salud a nivel mundial. Yo mismo fui testigo de cómo mejoraron muchos de mis biomarcadores al apegarme a una dieta recetada por el doctor Mau. ¡Es impresionante!

No todos queremos ser vegetarianos y por ello Nathaly Marcus recomienda consumir pescados pequeños como sardinas, macarela y anchoas, que tienen menos probabilidades de estar contaminados con mercurio y otros metales pesados. Estos pescados son más limpios y seguros para el consumo regular y adecuados para alguien enfocado en su longevidad.

Para vivir más de 100 años es esencial adoptar una dieta equilibrada y rica en nutrientes, practicar el ayuno intermitente, mantenerse hidratado, consumir antioxidantes y pescados pequeños y hacerse chequeos médicos regulares. Además, la actividad física y la socialización tienen un papel crucial en la longevidad.

Aplana tus picos de glucosa

Hay un parámetro en nuestro organismo que se ha vuelto muy importante: el monitoreo del nivel de glucosa en la sangre en ayunas, según me dijo Claudia Zaragoza, experta en *biohacking*, que monitorea el suyo con frecuencia. Aplanar los picos de glucosa es esencial para reducir el envejecimiento y mejorar la salud en general. Esto significa mantener niveles estables de azúcar en la sangre, evitando subidas y bajadas bruscas que pueden causar daño a largo plazo.

Los picos de glucosa son aumentos rápidos en los niveles de azúcar en la sangre que ocurren después de consumir alimentos ricos en carbohidratos y azúcares. Estos picos pueden llevar a una serie de problemas de salud, incluyendo resistencia a la insulina, inflamación crónica y envejecimiento celular acelerado.

El objetivo de medir tu glucosa es que conozcas mejor cómo funciona tu organismo y entiendas cómo reacciona a los alimentos que consumes. La medición puede hacerse de forma sencilla usando un glucómetro tradicional o un monitor continuo de glucosa como el FreeStyle Libre, que con una aplicación te permite ver el efecto de todo lo que comes en tus niveles de glucosa.

El ayuno intermitente, según ha explicado Nathaly Marcus, es una de las prácticas más importantes para mantener niveles estables de glucosa. Este ayuda a regular los niveles de insulina y glucosa, y promueve la autofagia, un proceso de limpieza celular que elimina las células viejas y dañadas. Nathaly también recomienda tomar agua caliente con vinagre de manzana para bajar los picos de glucosa; este remedio puede ser especialmente útil antes de las comidas para reducir el impacto de los carbohidratos en los niveles de azúcar en la sangre. También sugiere consumir alimentos ricos en polifenoles, como frutas y verduras moradas (uvas, arándanos, betabel, etcétera), los cuales regulan los niveles de glucosa y reducen la inflamación.

Claudia Zaragoza menciona la importancia de monitorear la glucosa en ayunas para asegurarse de que los niveles estén en un rango saludable, idealmente entre 75 y 85 mg/dL. Esto indica que el cuerpo está usando eficientemente sus reservas de grasa como energía, en lugar de depender del glucógeno.

Por último, y no menos importante, reducir el consumo de carbohidratos refinados y azúcares es crucial para mantener niveles estables de glucosa. Optar por carbohidratos complejos y alimentos ricos en fibra ayuda a prevenir los picos de glucosa.

Un libro que me ayudó a entender más a detalle el efecto de los picos de glucosa en mi salud es *La revolución de la glucosa*, de **Jessie Inchauspé @glucosegoddess**. También te recomiendo seguir a **Pamela Berrondo @pamelaberrondo** y su cuenta de alimentación **@mesa_sana**.

Entiende lo que tus genes dicen de ti

Como ya te mencioné, el doctor Mario Martínez considera que la longevidad se aprende. Pero, aun así, la genética juega un papel importante en nuestras expectativas y calidad de vida. Ale Ponce utiliza en sus libros estas tres palabras que debemos entender si queremos vivir 100 años: nutrigenética, nutrigenómica y epigenética.

La nutrigenética consiste en un estudio de tus genes, por lo general tomando una muestra mediante un raspado bucal. Basado en los resultados, un especialista puede hacerte propuestas específicas de alimentación. Por ejemplo, si yo me hiciera ese estudio y me arrojara que tengo el gen FTO, vinculado con la acumulación de grasas, y si además el estudio indicara que lo tengo en forma de doble "A", significaría que el exceso de grasas saturadas se acumularía en mi cuerpo con facilidad y que mi señal de hambre con la hormona grelina se enviaría muy intensamente varias veces al día. Como me explicó Ale, con toda esa información, el especialista podría indicarme que necesito hacer cinco comidas al día, todas ellas bajas en grasa.

La nutrigenómica es un poco más general; analiza los ingredientes de algo y te dice el efecto que tiene en los genes. Por ejemplo, se sabe que el té verde tiene un componente que previene diferentes tipos de cáncer porque inhibe o "apaga" muchos genes relacionados con esa enfermedad. Por lo tanto, tomar té verde diariamente podría ayudarte a prevenir el cáncer.

Pero la magia ocurre cuando se junta la nutrigenética con la nutrigenómica. Supongamos que tienes el gen TNF, también conocido como factor de necrosis tumoral, asociado con la barrera antioxidante y que está indirectamente relacionado con los procesos cancerígenos. Supongamos que el tuyo es muy deficiente, entonces tu riesgo de desarrollar cáncer es un poco más elevado que para el resto de la población. Pero, por otro lado, el especialista sabe que el consumo de frutos rojos actúa sobre el gen TNF y ayuda a que mejore la barrera antioxidante en tu cuerpo, por lo que podría recomendarte consumirlos diariamente.

La epigenética estudia los mecanismos que regulan la expresión de los genes. Existen ciertas acciones —o la falta de ellas— que pueden llegar a ocasionar que desarrollemos o silenciemos enfermedades que tenemos "escritas" en los genes. Esto es lo que buscamos a través del *biohacking*: que logremos inhibir la aparición de enfermedades para vivir 100 años con salud.

Construye masa muscular

En la opinión experta de Alan Abruch, la masa muscular es uno de los factores de longevidad más importantes, posición que se ha vuelto muy recurrente en las comunidades científicas.

A medida que envejecemos perdemos masa muscular. Es fácil desarrollarla cuando somos jóvenes, pero al pasar de los años se vuelve más difícil generar músculo. Se estima que una persona mayor de 50 años puede perder entre 1% y 3% de masa muscular cada año. Asimismo, en condiciones normales, una persona mayor de 60 años puede perder entre

4% y 6% de su masa muscular anualmente, sin considerar alguna enfermedad, accidente u operación.

La pérdida de masa muscular tiene consecuencias importantes. Cuando los músculos se van haciendo más débiles, con una función estructural disminuida, se genera compresión, desgaste y dolor. Esto igualmente conlleva un golpe emocional debido a, por ejemplo, no poder cargar a un nieto, no poder caminar, no poder hacer cosas que causan placer.

Adicionalmente al rol de la masa muscular en funciones motrices, el músculo desempeña un papel relevante en la función cognitiva de un adulto. Cuando se expone el cuerpo a una contracción muscular, los músculos sueltan mioquinas, unas moléculas de señalización que tienen la capacidad de interactuar con otros sistemas y cruzar la barrera cerebral (*blood brain barrier*). Una vez en el cerebro, las mioquinas detonan la proliferación de ciertos factores como el IGF-1 (*insulin-like growth factor*) o factor de crecimiento insulinoide, y el BDNF (*brain derived neurotrophic factor*), entre otros, que son cruciales para las funciones cognitivas de alto perfil.

De tal forma que el ejercicio no nada más te da un cuerpo fuerte y te ayuda a disminuir el dolor, sino que también comprende una interacción increíblemente sinérgica con el sistema endocrino, con el sistema metabólico, con el sistema inmunológico y la cognición. Tiene un impacto muy específico en la memoria, el aprendizaje, la función ejecutiva, la regulación emocional y, particularmente —y esto es muy apasionante, ya que sabemos desde hace varios años que en el cerebro del adulto existe la capacidad neurogénica—, en la generación de nuevas neuronas.

El ejercicio es, entonces, un requisito biológico que garantizará que cuando tengamos 60, 70, 80 o 90 años podamos disfrutar de la vida aprovechando al máximo nuestras capacidades físicas y mentales.

6 TÁCTICAS DE CRACKS PARA FOMENTAR LA LONGEVIDAD

1. **Honra tus rituales.** Ya sea que tomes un café en la mañana, escribas unas páginas en tu diario o tomes un baño de sol, hazlo de forma consciente y presente. Crea un ritual que te dé más que la acción por sí misma y que te conecte contigo mismo.
2. **Practica la generosidad desinteresada.** Hoy haz algo bueno por alguien más. Dona a alguna fundación, hazle un favor a alguien o dale un regalo sin esperar nada a cambio. Comprométete a hacerlo. Una acción de generosidad desinteresada todos los días puede llevarte muy lejos en la vida (literalmente).
3. **Aumenta tu autoestima.** Reconoce tu valía, sin modestias. Escribe una lista de las 10 cosas más importantes que has logrado en tu vida y reconoce las cualidades que te permitieron lograrlas. Este es un ejercicio que a mí me costó mucho trabajo hacer, pero me permitió construir una identidad de valía saludable.
4. **Pon atención a tu glucosa.** Usa un monitor continuo de glucosa por dos semanas y experimenta con diferentes alimentos para comprender su efecto en los picos de tu curva

de glucosa. Con la información obtenida, modifica tu dieta y busca que tu curva sea lo más plana posible.

5. **Conoce tu composición genética.** Hazte un estudio genético para entender tu predisposición a ciertas enfermedades y modifica tus hábitos para "apagar" los genes "problemáticos" inteligentemente.
6. **Carga peso.** La mejor forma de contrarrestar la pérdida de masa muscular es incorporando ejercicios con peso a tu rutina. No tienes que volverte fisicoculturista para disfrutar los beneficios de una masa muscular sana.

DIN

ERO

El dinero es un buen sirviente, pero un mal amo.

Francis Bacon

Edrizio de la Cruz @edrizio_startupcoach, fundador de Arcus y exsocio visitante de Y Combinator, creció en un entorno de escasez en Harlem, Nueva York, después de emigrar desde la República Dominicana. Desde muy joven, se enfrentó a la dura realidad de la pobreza, lo que moldeó sus creencias y miedos en torno al dinero.

A lo largo de su vida, Edrizio tuvo que reconciliarse con sus traumas financieros. Después de abandonar la universidad para unirse a la Fuerza Aérea de Estados Unidos, donde trabajó como técnico aeronáutico, Edrizio regresó a la universidad y finalmente obtuvo un MBA en la Wharton School de la Universidad de Pensilvania. Sin embargo, a pesar de sus logros académicos y profesionales, seguía luchando con una mentalidad de escasez que le impedía disfrutar plenamente de su éxito.

Edrizio encontró en la terapia una herramienta crucial para sanar su relación con el dinero. A través de sesiones regulares con un terapeuta, pudo explorar y confrontar las creencias limitantes que había desarrollado desde su infancia. Este proceso de introspección le permitió identificar y sanar las fuentes de sus miedos y ansiedades relacionadas con el dinero. Además, Edrizio se abrió a prácticas de desarrollo personal y *mindfulness* que le ayudaron a cambiar su perspectiva y a ver el dinero no como una fuente de estrés, sino como una herramienta para crear oportunidades y bienestar.

Sanar tu relación con el dinero puede tener un impacto transformador en todos los aspectos de tu vida. La introspección, la apertura a nuevas perspectivas y la búsqueda de apoyo tanto en la terapia tradicional como en prácticas alternativas son importantes si lo que buscamos es desbloquear nuestra capacidad generadora de riqueza. Al reconciliarnos con nuestros miedos y cambiar nuestra mentalidad hacia el dinero, no solo mejoraremos nuestra situación financiera, sino que también encontraremos una mayor paz y satisfacción personal.

GANA EL JUEGO DEL DINERO

¿Quién inventó el dinero? Hace más de 5 000 años, el dinero surgió de la necesidad de dar valor a las cosas que se intercambiaban. En Mesopotamia empezaron a usar granos de cebada y pequeños trozos de metal. La moneda de plata más antigua que se conoce fue encontrada en lo que hoy es Turquía y fue fabricada entre los años 600 y 575 antes de nuestra era. En China, por ejemplo, se usaron conchas, que eran muy valiosas en su cultura, y más tarde inventaron las notas de valor, es decir, lo que hoy conocemos como billetes. Conforme creció el comercio, se volvió más necesario tener medios de pago que fueran fáciles de contar y de transportar.

Te cuento esto porque la pregunta:

"¿quién inventó el dinero?"

fue la primera de varias que me hizo Pablo Sánchez, director general de un *family office* y cofundador del fondo de inversión GOAT Capital, durante la entrevista que le hice para *Cracks*. Las otras fueron:

"¿quién inventó los países?" y "¿quién inventó las empresas?".

Pablo me compartió su visión general del mundo, de los negocios y del dinero, enmarcándola en el punto de vista de los "juegos mentales".

Para Pablo, la mayoría de las cosas en este mundo son juegos mentales, narrativas creadas por los seres humanos con alguna finalidad. Obviamente, esa finalidad puede ir desde lograr una mejor colaboración y orden social hasta darle al mundo más opciones de reproducción y supervivencia. Como es de suponer, son incontables los juegos que están vigentes en la actualidad. El que encabeza la lista, indudablemente, es el juego del dinero. Pero también están el juego de la geopolítica y el de las religiones, que encarnan el poder. El número de juegos y sus variantes es infinito, pero todos tienen un común denominador: han sido inventados por el hombre.

Es curioso observar cómo, desde que nacemos, independientemente del medio social o la familia, participamos en estos juegos sin estar conscientes de ello. Y lo hacemos aunque no los hayamos inventado ni pedido jugarlos. Vivimos inmersos en una cadena interminable de acción-reacción sin que conozcamos los mecanismos de esos juegos ni la manera como debemos jugarlos.

Cuando te vuelves consciente de que hay diferentes juegos, puedes elegir en cuáles quieres participar y en cuáles no, además de que puedes decidir cómo hacerlo y con quién. A Pablo este descubrimiento le ha dado una perspectiva iluminadora.

Existen juegos con un objetivo específico y claro, mientras que otros tienen una agenda oculta, es decir, en términos coloquiales, "llevan gato encerrado", y con estos últimos hay que ser muy cuidadosos. También existen juegos que, aunque no cumplen con un objetivo establecido, nos brindan satisfacción y disfrute auténticos. Son estos los que vale la pena jugar en la vida.

De todos los juegos en que participamos, sea consciente o inconscientemente, el más popular, sin duda, es el juego del dinero y en él participamos más de 8 000 millones de personas en todo el mundo. Aunque en casa de Pablo no escaseaban los recursos económicos, sus padres discutían constantemente por su manera antagónica de manejarlos. Las discrepancias terminaron en divorcio. Para su papá, el dinero era como una droga que servía para satisfacer su ego, al grado de que ni ganarse la lotería dos veces —sí, así como lo lees— fue suficiente. Sin razón ni aviso alguno, cuando había dinero sacaba a Pablo de clase, lo subía en un avión y se iban a ver a Michael Jordan, a presenciar un partido del Mundial o a una pelea de Julio César Chávez. Su papá usaba el dinero para generar experiencias extraordinarias y halagar a sus seres queridos, algo que hacía con pasión hasta que se le terminó el dinero.

Para su mamá, en cambio, el dinero tenía una finalidad totalmente distinta: ahorrar para los días de lluvia y darle seguridad a la familia. Los padres de Pablo nunca hablaron del juego del dinero y nunca estuvieron del mismo lado de la cancha. Contrario a lo que muchos piensan, la principal causa de los divorcios es por cuestiones de dinero.

Pablo se cuestionó cómo quería que fuera su vida y qué tipos de juegos quería jugar. Con eso en mente y entendiendo que el dinero es indispensable para la vida, se hizo la pregunta más importante de todas: "¿Cuánto dinero voy a necesitar para jugar los juegos que quiero jugar?".

Define tu número

Como lo menciono en mi libro *Haz lo que importa*, para ganar o perder en cualquier juego lo primordial es definir una meta.

En el caso del juego del dinero, esa meta es a lo que Pablo llama "tu número".

Tu número es una cantidad de dinero que, una vez obtenida, te permite abandonar el juego, pues contarás con la cantidad suficiente para participar en otros juegos que disfrutas. Tu número hará posible que definas el punto cuando ya no lo necesites más y puedas renunciar a ese juego que no disfrutas. Ahora bien, si disfrutas el juego del dinero, sigue jugándolo solo por jugar, sin presión ni expectativas.

Llegar a tu número es un proceso relativamente sencillo que involucra visualizar qué deseas para tu vida, combinando aspectos tanto filosóficos como financieros. Para esto puedes hacerte las siguientes preguntas:

¿Cómo visualizo mi vida?
¿Qué me gustaría tener?
¿Qué experiencias quiero vivir?
¿Cómo me gustaría que viviera mi familia?

Cada una de estas respuestas tiene un costo que, sumándolos, te arrojan un total de gastos básicos anuales.

Lo siguiente es definir el costo de los gastos no esenciales, como ir de compras, vacaciones y extras. Al sumar este total al de tus gastos básicos estarás definiendo la cantidad de dinero que necesitarás obtener idealmente de ingresos pasivos. Los ingresos pasivos son aquellos que no provienen de tu sueldo o de servicios profesionales prestados. En pocas palabras, son entradas de dinero que recibes por invertir en instrumentos financieros. Ahora te estarás preguntando cómo puedes generar ingresos pasivos. Como acabo de mencionar, puedes invertir en diversos instrumentos financieros con rendimientos de entre 3%, 5% y 8%, cada uno con un nivel de riesgo diferente.

Asumamos que inviertes en un instrumento de bajo riesgo que te genera el 4% de rentabilidad anual. Si tus gastos básicos y no esenciales suman 100 000 pesos al mes, esto supone un total de 1 200 000 de pesos al año. Así que para obtener rendimientos de 1 200 000 anuales a una tasa de 4% el monto de tu inversión se determina así:

$$\frac{1\,200\,000}{4\%} = 30\,000\,000$$

Esto significa que, si invirtieras 30 millones de pesos al 4% anual, los rendimientos generados cubrirían todos tus gastos básicos y no esenciales sin tener que trabajar.

Vence tus miedos

En el año 2013 hice un viaje con mi esposa y toda mi familia a Playa del Carmen. Me acababa de casar y Lucila, mi mujer, y yo pensamos en vivir una aventura diferente que desafiara la sensatez: decidimos bucear entre tiburones. Pero no cualquier tiburón, sino entre tiburones toro, considerados los más peligrosos para los humanos y cuya mordida es tres veces más poderosa que la del tiburón blanco. ¡Nada mal para una primera aventura de recién casados!

Llegamos al lugar y nos pusimos los trajes de neopreno, mientras que nuestro guía estaba ataviado de pies a cabeza con una especie de armadura de reminiscencia medieval a prueba de tiburones. Además, traía una caja llena de cabezas y tripas de pescado que dejaría una estela en el agua para atraer a los tiburones.

Llegado el momento, nos echamos al agua mientras el guía nos decía: "Nos vemos abajo". Pero en cuanto toqué el agua, mi regulador, la manguera que suministra el aire desde el tanque, empezó a moverse de un lado al otro y a perder oxígeno. Mientras los demás bajaban, tuve que quedarme arriba con Lucila para que solucionaran el problema.

Una vez arreglado mi equipo, llegó el momento de la verdad. No habíamos descendido ni tres metros cuando, al mirar hacia el fondo, vi algo que me dejó completamente helado. Debajo de nosotros había tres enormes tiburones toro rodeándonos. Volteé a ver a mi esposa y no supe qué hacer. Ignoro si tú alguna vez has sentido un miedo tan extremo que te paraliza y que te hace dudar en tomar decisiones. Si has experimentado un miedo así, entonces ya sabes cómo me sentí en ese momento. Me quedé ahí, inmóvil, sin tener idea de cómo actuar. Creo que esa ha sido la ocasión en la que más temor he sentido, y vaya que he pasado por varias...

Allí, Lucila y yo nos tomamos de la mano y tuvimos que elegir entre dos opciones: subir a la superficie o enfrentar nuestro miedo y unirnos a la gente que nos estaba esperando en el fondo del mar. Nos miramos y, como si nos comunicáramos por telepatía, reiniciamos nuestro descenso. Pasamos por el nivel en el que estaban los tiburones y seguimos descendiendo. Ya en el fondo, tomamos la cuerda que estaba allí como guía y nos reunimos con el grupo. Esa fue una de las experiencias más bonitas que hemos vivido juntos, la que más nos ha unido y la que más recordamos y mencionamos.

Si no lo enfrentamos, el miedo termina definiendo nuestra vida. Es una gran alerta para que te protejas de lo que puede dañarte, pero también puede ser una señal para que reacciones y crezcas, de algo oscuro que debe ser iluminado o de una puerta que necesitas abrir. Las cosas más bonitas, los momentos que más he disfrutado, las personas más increíbles que he conocido y los lugares más bellos en los que he estado han ocurrido gracias a que me hice la pregunta: "¿Qué es lo peor que podría pasar?".

En mi libro *Haz lo que importa* compartí un útil ejercicio que llamo "definición de miedos", que me gustaría recordarte. Esta es una herramienta que muchos otros cracks y yo usamos para contextualizar nuestros miedos y tomar decisiones que nos permitan seguir creciendo, aun a pesar de lo que sentimos.

Ejercicio de definición de miedos

El primer paso del ejercicio es pensar en esa decisión pendiente en tu vida; aquello que quieres hacer y no has hecho, y formularte las siguientes preguntas:

¿Qué es lo peor que podría pasar?
¿A qué le tengo miedo en realidad?

Llévalo al extremo. Húndete en tu miedo y entiende realmente qué es lo que te está frenando.

Una vez que tengas el peor escenario en mente, piensa en todas las cosas que podrías hacer para evitar que eso ocurra o, al menos, para disminuir las probabilidades.

El siguiente paso será crear un plan de contingencia. A veces, aunque hayamos tomado medidas preventivas, se presenta el peor escenario. Así que pregúntate:

¿Qué podría hacer si, efectivamente, mi peor miedo se hace realidad?

¿Cómo podría arreglarlo?

Ahora viene la última parte del ejercicio: entender los costos de tu miedo. Pregúntate lo siguiente:

**¿Qué costo podría tener en mi vida el hecho de no tomar acción?
¿Estoy dejando de ganar dinero o de tener un gran trabajo?
¿Qué frustraciones he acumulado por no atreverme a empezar antes?
¿Cómo cuantificar el costo de mi inacción?**

Si hoy tienes miedo de enfrentar una situación complicada o tomar una decisión difícil, considérate muy afortunado de sentir temor. Ármate de valor y acércate a lo que le temes. Acepta la oportunidad de disfrutar la experiencia de vencer el miedo. Porque, como bien decía **Paulo Coelho**: "No hay nada que mate más sueños que el miedo al fracaso". Es más, yo creo que el miedo al fracaso ha terminado con más sueños que el fracaso mismo.

Una de las principales características de los cracks es que gozan de un autoconocimiento pleno, el cual usan para agrandar su círculo de competencia mediante preparación y asociación. El ejercicio de definición del miedo es una de las tácticas de autoconocimiento más poderosas que yo he encontrado y a la que recurro regularmente.

Vuélvete inmune al rechazo

Si bien nuestros miedos más viscerales se relacionan con nuestro instinto de supervivencia, hoy la mayoría de los miedos que nos frenan tienen más relación con el miedo a no ser aceptados, a no ser amados y a no pertenecer. El miedo al rechazo es un obstáculo muy común en nuestra búsqueda del triunfo en el juego del dinero, pues vender, pedir aumentos, construir relaciones y hasta encontrar pareja requieren que nos expongamos a una respuesta negativa por parte de nuestra contraparte.

¿Se puede aprender del rechazo? Siempre he creído que podemos aprender de todas las experiencias, aunque el rechazo sea una de las más dolorosas. Sin embargo, Javier Mata ha convertido el rechazo en una terapia.

Javier me contó que llegó un momento en su vida en que empezó a cuestionarse muchas cosas, como por qué no había llegado más lejos o por qué no vivía como quería. Tras horas de análisis y reflexión, llegó a la conclusión de que la mayoría de sus razones no eran límites reales, sino más bien barreras autoimpuestas. Es decir, no había llegado más lejos, no había logrado lo que quería o no tenía la vida deseada no porque de alguna manera hubiera sido rechazado, sino porque no había pedido más, porque no se la había creído o porque ni siquiera lo había intentado. Había sido él mismo quien había limitado su crecimiento.

Basado en la TED Talk del chino **Jia Jiang**, a manera de experimento, Javier decidió establecer como meta personal una marca de 150 rechazos en un año, lo que implicaba llevar la contabilidad de todas las veces que hiciera una solicitud y obtuviera una respuesta negativa, y acumular tres rechazos por semana. La idea de este experimento era saber si la limitante provenía de la circunstancia o de él mismo. Los rechazos no tenían que ser solo relativos a los negocios, sino de cualquier tipo: personales, espirituales o sociales.

Mientras más buscas el rechazo, mayor confianza en ti mismo ganarás. La confianza en ti mismo genera una energía positiva que hace que las personas te digan que sí, por lo que cada vez a Javier le resultaba más difícil conseguir un "no".

Un viernes por la noche, Javier estaba en el aeropuerto cuando se percató de que esa semana no había recibido ni un solo rechazo, así que decidió hacer algo al respecto. Miró a su alrededor y vio a un hombre solitario esperando su comida en una mesa frente a la suya. El mesero le llevaba un rib eye espectacular que el comensal admiraba con cara de "te he estado esperando toda mi vida".

Lo que se le ocurrió a Javier sería un gran desafío. No se trataba solo de ser rechazado; el objetivo de su terapia era poner su mejor esfuerzo en arrancarle un sí a su "víctima", y, en ese caso, se veía francamente difícil. Se levantó de su silla y se aproximó a donde estaba el señor, a punto de hacerle los honores a su exquisito corte. No lo pensó mucho y empezó a hablar:

—Disculpe, señor, sé que es muy extraño lo que voy a decirle, pero le pido que, por favor, me escuche. Desde que vi que salió su carne, recordé una parte de mi infancia. En mi casa se comía muchísima carne, por lo que ver su platillo me dio mucha nostalgia. Y, de verdad, me apena decírselo, pero le quiero preguntar: ¿podría usted darme su carne?

El señor, sorprendido, lo miró como esperando a que le dijera algo como: "Esto es una broma. Está siendo grabado para *Cámara escondida*". Pero Javier permaneció serio, esperando la respuesta, a lo que el comensal respondió entregando su plato a Javier, quien no daba crédito a lo que acababa de lograr.

Por supuesto que Javier no se comió el rib eye solo, lo compartió con el señor mientras le explicaba el verdadero trasfondo de su petición. Entre risas, el generoso caballero confesó que había pensado que Javier era un psicópata al que prefirió no llevarle la contraria.

Esta historia demuestra qué tan lejos podemos llegar cuando nos deshacemos de las limitaciones autoimpuestas, cuando decidimos tener confianza en nosotros mismos al asignarnos tareas que a primera vista parecen difíciles o hasta imposibles, y nos lanzamos a la conquista de aquello que queremos, sin temor al rechazo que podamos recibir durante el proceso.

Domina tu juego interno

Hay momentos en que una situación se hace tan intensa que nos cuesta trabajo manejarla con nuestras herramientas habituales. En estos casos, echar mano de una personalidad alterna o *alter ego* puede ser una táctica extremadamente útil, sobre todo si lo que buscamos es desbloquear nuestro potencial de generar dinero.

En el libro *The Alter Ego Effect*, el autor, **Todd Herman**, habla de cómo muchas de las personas más exitosas logran deshacerse de sus miedos en momentos clave de sus carreras adoptando una identidad distinta, es decir, creando un personaje con cualidades específicas que les ayuda a actuar en un momento decisivo. Esta técnica ha sido usada por celebridades internacionales como Beyoncé, quien adoptaba la identidad de "Sasha Fierce" para subir al escenario sintiéndose confiada, atrevida y feroz.

Mucha gente no lo sabe, pero yo también tenía un *alter ego*. Yo era tímido, un tanto inhibido, pero en el entorno social me transformaba. Me convertía en una persona diferente. Incluso, ese otro yo llegó a tener un nombre: Emilio. Y la gente que me conocía podía diferenciar cuándo estaba hablando con Oso de cuándo con Emilio.

Cuando adoptaba el *alter ego* de Emilio salían a relucir algunas características mías que me gustaban, que me hacían sentir más confiado, más apreciado, más querido, más divertido, más ameno. Y pues así le puse a mi hijo: Emilio, tratando de darle las características que más me gustaban y me servían a mí.

En una conversación con **Humberto Herrera @humberto herreraoficial**, un especialista en *branding* personal, coincidimos en la gran utilidad de esta herramienta. Destacó que si un *alter ego* te ayuda a abrir puertas, si te es útil para la familia o te hace sentir bien, y, al final del día, puedes irte a dormir tranquilo, es un personaje del que deberías echar mano. No obstante, si al final del día tu *alter ego* te hace dudar o te causa inestabilidad, es mejor dejarlo. Existe un gran riesgo de que los efectos y resultados de un *alter ego* te seduzcan y termines perdiendo tu verdadera identidad, algo muy similar a lo que les ocurre a los actores del "método", que batallan para soltar un personaje al terminar de rodar una película.

Desarrollar un *alter ego* por medio del cual puedas mostrar el valor de tu verdadera personalidad es una técnica sumamente poderosa; pero, si desarrollas un *alter ego* que esconde tu verdadera esencia, más temprano que tarde perderás objetividad y con ello todo lo que has construido.

Cuida las historias que te cuentas

No eres lo que te ha sucedido,
eres lo que eliges ser.
Carl Gustav Jung

Si bien un *alter ego* nos puede ayudar a manifestar determinados atributos en situaciones específicas, nuestra mentalidad define los límites de lo que podemos lograr en todos los aspectos de nuestra vida.

Jo Canales, a quien he mencionado antes, me compartió una anécdota ocurrida en la carrera de Fórmula 1 en Singapur. El fin de semana de la competencia, Checo Pérez, a quien Jo entrena, se había quejado de molestias estomacales, para lo que había recibido medicamento. Sin embargo, justo antes de empezar la carrera, cuando ya estaban los corredores en la parrilla de arranque, Checo descendió del monoplaza y le dijo a Jo que seguía con el malestar estomacal y le pidió una de las pastillas que le habían recetado. Cuando Jo buscó las pastillas se dio cuenta de que se habían acabado. Utilizando su experiencia y sopesando la seriedad de la situación, tomó una decisión clave: cogió otra pastilla, regresó con Checo y se la dio. Jo sabía que, si bien la pastilla sustituta no le haría daño, tampoco le quitaría el malestar. Su intención fue usar el poder de la mente del piloto y ayudarle a contarse la historia de que todo estaría bien y que no perdiera el enfoque.

La mente humana es muy poderosa y las historias que nos contamos son el sistema operativo con el que evaluamos, filtramos e interactuamos con el mundo que nos rodea. Probablemente has escuchado la frase "Ya sea que creas que puedes o que no, estás en lo correcto", y son historias como la del Checo las que nos comprueban que nuestras creencias pueden traducirse en los obstáculos o en las herramientas más poderosas para cada uno.

Usa la adversidad como una oportunidad para crecer

A unos meses de comenzada la pandemia de covid-19 hice una pregunta en redes sociales a la que respondieron varios miles de personas: "Si pudieras borrar la pandemia y con ello todo lo malo que ha sucedido, pero también todo lo bueno,

¿lo harías?". La respuesta, aun cuando estábamos en el momento más álgido de la crisis, y las pérdidas humanas, económicas y de libertades eran masivas, fue un apabullante 86% para "NO". A pesar del sufrimiento, la gran mayoría de los encuestados encontraba algo bueno que rescatar de la crisis.

Soy de los que piensan que en las dificultades, los obstáculos y la adversidad siempre hay oportunidad de crecer, de expandirse y de crear una mejor versión de nosotros mismos. Esta opinión la comparten muchos de mis entrevistados, incluyendo a **María Ariza @maria_ariza**, directora general de la Bolsa Institucional de Valores (BIVA), quien vivió una experiencia traumática que cambió su visión de la vida.

María fue secuestrada cuando estaba en la universidad. Como podrás imaginar, sintió miedo, soledad y, sorprendentemente, culpa de pensar en el dolor de su familia.

A la distancia, cuando María rememora esa experiencia, está convencida de que, definitivamente, la persona que es ahora es el resultado de la suma de sus vivencias, incluido ese periodo de su vida. Descubrió un increíble amor por la vida y un deseo de vivirla intensamente, de entregarse al cien por ciento, de no arrepentirse y de no dejar nada sobre la mesa.

Actualmente, María vive cada día como si fuera el último y me comentó que, si tuviera hoy que elegir cuál ha sido la peor experiencia de su vida, contestaría que fue el secuestro, pero si tuviera que decir cuál ha sido la mejor experiencia de su vida, la respuesta sería la misma.

El caso de María ilustra lo que significa crecer a partir de situaciones difíciles, y como el suyo hay muchos más. **Lalo García @eduardogarciaguzman**, el chef y dueño de Máximo Bistrot, uno de los mejores restaurantes de México, ha vivido sus propios momentos de dificultad. A los 17 años, cuando vivía en Estados Unidos, se vio involucrado en una situación que lo llevó a la cárcel. Lleno de arrepentimiento, y luego de entregarse a las autoridades, pensó en sacar provecho de la situación y se matriculó en la universidad del reclusorio, lo que me cuenta con orgullo. Cuando perdió su libertad apenas sabía leer, pero en prisión leyó todo lo que pudo y consiguió un grado académico que antes ni siquiera hubiera imaginado. Por ello reconoce que fue una etapa que le cambió positivamente la vida.

El cambio es la única constante en el mundo, y ya sea que te enfrentes a una situación adversa derivada de tendencias macroeconómicas, pandemias o circunstancias catastróficas, la filosofía de un crack es obtener el mayor beneficio de cualquier experiencia. Son pocas las cosas que controlamos en el mundo, pero sí tenemos el poder de cambiar nuestra actitud ante la adversidad y capacidad de aprovechar los momentos de lucha para crecer. Son estas cualidades las que separan a las personas que viven vidas de impacto extraordinario de las que solamente sueñan con hacerlo.

Da y da mucho, pero también aprende a recibir

Estoy convencido de que el camino más directo para recibir es el de regalar. Algunos lo llaman karma, pero yo pienso que es simple psicología humana. Cuando alguien da, genera buena voluntad a su alrededor y se accionan los botones mentales de correspondencia que, tarde o temprano, llevan a las personas a sentir la necesidad de ser recíprocas.

La filosofía del dar y recibir es un tema recurrente en mi podcast *Cracks*. Se basa en la idea de que para recibir primero debes dar y es crucial estar abierto a recibir para no cerrar puertas a relaciones y oportunidades que podrían beneficiarte enormemente. **Héctor Sepúlveda @the_hect**, fundador del fondo de inversión Nazca Ventures, menciona, por ejemplo, que la única manera de salir adelante es dar, siempre y cuando sepas o aprendas a recibir. Héctor destaca que muchas personas se sienten incómodas al recibir, pero es esencial establecer un equilibrio entre el dar y el recibir para mantener un flujo positivo de valor y oportunidades.

Héctor se toma muy en serio esta lección y en su celular tiene un recordatorio diario que dice "hay que dar". Además, siempre tiene presente que el verdadero valor se determina por cuánto más se da en valor de lo que se recibe en pago, a lo que se refiere como la ley del valor.

Otras leyes que Héctor me mencionó son la ley de compensación, que afirma que tu ingreso se determina por el número de gente a la que sirves y qué tan bien les sirves; la ley de influencia, la cual se determina por cuántas veces pones el interés de otros por encima de los tuyos; y la ley de receptividad, que se refiere a que la clave de dar de manera efectiva es estar abierto a recibir.

Cipri Quintas @cipriquintas, un defensor apasionado de la generosidad, aborda también este tema. Cipri sostiene que cuanto más das, más tienes. Pero no tiene tiempo para analizar a quién le da, así que para él dar a manos llenas es más eficiente y menos desgastante que desconfiar y reparar en cada interacción. Cipri cree firmemente que la vida se trata de dar sin esperar nada a cambio; no obstante, también reconoce la importancia de estar abierto a recibir. Menciona que, cuando ayudas a los demás sin esperar nada a cambio, finalmente recibes recompensas inesperadas que enriquecen tu vida de maneras significativas.

La cultura latinoamericana y, en particular, la cultura masculina a menudo ven el pedir ayuda como una señal de debilidad. Sin embargo, cambiar esta mentalidad y estar abierto a recibir puede transformar tu vida. Cuando aceptas con gratitud lo que te ofrecen no solo fortaleces tus relaciones, sino que te abres también a nuevas oportunidades y recursos que te ayudan a crecer y prosperar. La capacidad de recibir es tan importante como la de dar, y es un componente esencial para mantener un equilibrio saludable en nuestras interacciones y relaciones.

Ábrete a recibir los regalos de la vida

Para **Mauricio Kirschner @mauriciokirschner**, un diseñador y arquitecto de eventos internacionalmente reconocido, todo cuanto existe es energía concentrada en diferentes grados y composiciones, y el dinero no es la excepción: se trata de una energía de la que todos queremos estar cerca.

Para Mauricio el éxito es energía que al final se manifiesta como dinero, es decir, se convierte en energía cuantificable. Este famoso arquitecto reconoce que sus clientes son sus maestros. Las experiencias que tiene con ellos son en espejo: él necesita a sus clientes para soñar y proyectar sus sueños, y sus clientes lo necesitan a él para proyectar los suyos. Esta misma "filosofía energética" la ha aplicado a todos los niveles dentro de su compañía.

Algo similar me mencionó **Michel Rojkind @rojkind**, fundador de Rojkind Arquitectos, un estudio creativo de diseño con sede en la Ciudad de México, a quien su madre le enseñó que "cuando te levantas, tienes que decirle al mundo que estás abierto y receptivo a todo lo bueno que te quiere dar". Desde que me lo dijo, he adoptado el hábito o ritual de detenerme con mis hijos de camino a la parada del transporte escolar y dar la cara al sol. En ese momento les recuerdo que la vida es muy buena, que debemos estar agradecidos por todo lo que tenemos y, sobre todo, que debemos estar atentos, abiertos y receptivos para recibir los regalos que la vida tiene para nosotros ese día.

En Cracks Mastermind tenemos un lema: "Agradecidos pero nunca conformes". La mentalidad de apreciación y apertura al crecimiento simultáneas es una táctica que aplico todos los días para ganar en el juego del dinero.

Entiende la diferencia entre ricos y adinerados

Mario Sicilia @mariosiciliab, socio fundador de Cerralvo Capital, una compañía que invierte en fondos de búsqueda (*search funds*), me explicó que para **Warren Buffett** hay una diferencia importante entre una persona rica (*rich*) y una adinerada (*wealthy*). Rico es quien tiene dinero, poder adquisitivo; mientras que *wealthy* es quien puede definir su propia agenda, interactuar con quien quiera y posee la capacidad de crear valor. Mario pertenece al segundo grupo, ya que se ha enfocado más en las tres últimas características que en solo conseguir dinero o poder adquisitivo.

Para Mario el dinero es solo una herramienta que da acceso a oportunidades. Todos deberíamos aspirar a tener el suficiente dinero, agradecerlo y cambiar el "hoy tengo que" por el "hoy puedo". Es decir, debe haber un equilibrio entre afirmar "estoy contento" y "quiero hacer más". Ese "quiero hacer más" para Mario es tener la capacidad de marcar una diferencia para la gente que trabaja con él.

7 TÁCTICAS DE CRACKS PARA GANAR EL JUEGO DEL DINERO

1. **Conoce "tu número".** Ten conversaciones sobre dinero y tu relación con él, e identifica la cantidad a la que necesitas llegar para conseguir la verdadera libertad financiera.
2. **Integra a tu día una práctica de apertura y receptividad.** Todas las mañanas enumera y reconoce la abundancia que existe en tu vida y fija tu atención en las oportunidades que pueden presentarse para ti ese día.
3. **Define tus miedos.** Detalla el peor escenario posible y define acciones para prevenirlo o repararlo.
4. **Busca un "no".** El fracaso es esencial en el camino al éxito. No tengas miedo a pedir esperando siempre un "no"; te sorprenderá cuán frecuentemente encuentras un "sí". Hoy ponte la meta de conseguir tres "no". Sal y ve qué pasa.
5. **Crea un *alter ego*.** Para cada momento de impacto identifica los atributos de personalidad que te ayudarían a ser más asertivo, y crea o inventa un personaje que los posea. Ponte en sus zapatos y déjate llevar por tu nueva identidad.
6. **Pon atención a las historias que te cuentas.** Toma el control sobre la narrativa de tu mente y adopta una que te empodere y sirva a tus intereses.

No creas todas las historias que te cuentas, solemos ser nuestro peor enemigo.

7. **Usa la adversidad como escalón y no como pared.** En cualquier situación difícil hay tesoros por recoger. Pregúntate cuáles son las pepitas de oro que podrían derivar de una situación subóptima o desfavorable y tómalas.

Genera riqueza verdadera

Cuando la gente piensa en éxito, la referencia más común para medirlo es el dinero. Al dinero le atribuimos la razón de nuestras preocupaciones y creemos que nuestros dolores, sufrimientos y vacío podrían solucionarse si tuviéramos una cuenta de banco más grande. Para ilustrar cómo el dinero se vuelve un símbolo que cubre carencias pasadas, observemos algunas de las muchas fotografías en revistas o en redes sociales de personajes como Floyd *Money* Mayweather, quien ostenta su éxito en imágenes en aviones privados, coches, joyas y propiedades, y recordemos los orígenes humildes de este personaje.

Hay que cerrar esa brecha entre el verdadero éxito y lo que creemos que es la verdadera satisfacción. El dinero no es malo; al contrario, es una herramienta increíble y definitivamente ayuda. Es cierto que, cuando no tienes el suficiente para cubrir tus necesidades, es muy difícil centrarte en crear y crecer. Pero tampoco hay que glorificarlo, ni darle el poder que tradicionalmente le hemos achacado como solucionador, el definidor de éxitos. Debemos verlo como lo que es, un medio más para lograr los objetivos que nos fijamos en cualquier aspecto de la vida.

Tenemos ideas muy equivocadas de cómo se genera la riqueza. Hace poco platiqué con **Pato Bichara @patobichara**, fundador de Collective Academy, y comentamos cómo mucha gente dice que no puede empezar un negocio o vender algún producto o servicio porque le falta tal o cual elemento. La realidad es que este es un pretexto autoimpuesto. ¿Por qué? Porque la gente gana lo que merece en función del valor que genera.

Si quieres generar riqueza verdadera, lo que debes hacer es encontrar eso que puedes dar al mundo y que le aporta algo que no existía o que lo hace mejor para que la gente viva con mayor satisfacción. Se trata de entender cuál es tu rol en esta cadena de generación de valor, porque en la medida en que lo entiendas, será mucho más fácil convertirte en un generador de bienestar, es decir, de valor.

Empecemos por algo básico. El tiempo no vale sino por el impacto que generas. El sistema financiero actual ya no nos retribuye por el tiempo o el trabajo duro. Piensa en las personas que más duro trabajan y cuestiónate si cada minuto de su esfuerzo se les retribuye de manera justa. El sistema financiero actual recompensa no a quien dedica más tiempo a su labor, sino a quien más valor genera. Ahora bien, ¿cómo se genera más valor? Al apalancar el conocimiento con recursos como tecnología, capital, personal y audiencias. Estas son las cuatro grandes palancas para impactar a un mayor número de gente.

David Vélez es una estrella del emprendimiento latinoamericano, fundador y CEO de Nubank, la compañía latinoamericana líder en tecnología financiera, valuada en más de 55 000 millones de dólares. David creció en un hogar en el que emprender era casi un deber. Siempre escuchaba de sus padres que había que crear un camino propio a través del emprendimiento. Del lado de su papá eran 11 hermanos y todos fueron emprendedores que iniciaron con negocios pequeños.

Tras graduarse de la maestría, David decidió que era tiempo de emprender. Tenía una lista con cinco ideas de negocios que le llamaban mucho la atención. Pero en realidad su mayor motivación surgió de una experiencia excepcionalmente mala que tuvo como cliente al tratar de abrir una cuenta bancaria en Brasil, cuando trabajaba en ese país.

Inspirado en el modelo de negocios del banco norteamericano Capital One, decidió retar todas las creencias del sector financiero brasileño: "los bancos en Brasil son intocables", "la industria bancaria está protegida por el Banco Central de Brasil", "las familias más poderosas de Brasil son dueñas de los bancos", "aunque la atención es mala, siempre ha sido así y siempre lo será", y entendió que su inexperiencia, lejos ser un factor negativo, le ofrecía una gran oportunidad.

Con recursos de titanes de Silicon Valley como el fondo Sequoia Capital y de inversionistas locales como el fondo Kaszek, reclutó a un equipo cuyas fortalezas eran las debilidades de David, y sumó como cofundadores a Cristina, con experiencia financiera en Brasil, y a Ed, un experto en tecnología.

Juntos desarrollaron el primer equipo con el que definieron la cultura de la empresa y que su único y principal enfoque sería la experiencia del cliente. Se asesoraron con grandes mentores y aprendieron las mejores prácticas, incluso de empresas líderes en otras industrias, entre ellas una dedicada a la venta de zapatos en línea. Los resultados fueron sorprendentes. La demanda de su primer producto, una tarjeta de crédito, generó enormes listas de espera que se transformaron finalmente en más de 100 millones de clientes y convirtieron a Nubank en una de las empresas más valiosas de América Latina.

La enseñanza de David aquí es haber convertido una experiencia desagradable en una empresa floreciente que capitalizó cada uno de los aspectos negativos priorizando la satisfacción del cliente.

Aprende, desaprende y vuelve a aprender

No soy un genio. Soy inteligente en algunos aspectos, pero me quedo en esos aspectos.
Tom Watson Sr., fundador de IBM

Aquellos que sigan aprendiendo seguirán subiendo en la vida.
Charlie Munger

Todo es cuestión de contexto

Una de las principales características de aquellos a quienes considero cracks es que tienen un profundo autoconocimiento. Los cracks son plenamente conscientes de sus fortalezas y debilidades, de sus círculos de competencia y de los límites que estos conllevan. Para expandir su área de influencia, las personas que logran cosas extraordinarias aplican dos estrategias:

---

1. Se capacitan y aprenden.
2. Se asocian y rodean de gente mejor que ellas.

Si en realidad queremos hacer dinero, vamos a tener que aprender algunas cosas nuevas. Pero lo que aprendemos solo es útil cuando lo usamos en el contexto adecuado. Estas no son mis palabras, sino las del doctor Alfonso Ruiz Soto.

Alfonso me dio un ejemplo espectacular sobre lo que significa "estar fuera de contexto". Me pidió que imaginara a un genio indiscutible del siglo XX, al gran Albert Einstein, en una cancha de baloncesto, con los pelos parados, en camiseta y tenis, sin saber dónde ubicarse o cómo botar el balón. No es capaz de recibir o de dar bien un pase y, mucho menos, de encestar el balón. Y, de pronto, la gente de alrededor empieza a gritar: "¡Saquen a ese pendejo de la cancha!".

Pero no es un pendejo. Es una de las mentes más brillantes de la humanidad. Aunque en la cancha de baloncesto sea un pendejo, es un genio en un laboratorio de física. Y algo similar ocurriría si pusieras a Michael Jordan como jefe de un laboratorio de física. En la cancha de baloncesto es un genio, pero en un laboratorio de física sería un pendejo.

Con este ejemplo podemos entonces afirmar que un pendejo es un genio fuera de contexto. En el mundo hay muchos genios con un gran potencial, pero están fuera de contexto. Y cuando estás fuera de contexto, lo haces mal, lo haces de malas, no brillas y los resultados nunca llegan.

Alfonso sostiene que, cuando una persona descubre su vocación, la asume y la ejerce, es decir, contextualiza su conocimiento, lo que la hace brillar naturalmente.

Ve el mundo por lo que es: el mapa no es el territorio

"No puedes conectar los puntos viendo hacia delante, solo los conectas si ves hacia atrás". Estas fueron palabras de Steve Jobs, y concuerdo plenamente con ellas.

"Osito, tú vas a ser ingeniero", proclamó mi mamá cuando yo tenía unos 9 o 10 años al ver que yo había construido algo con sus estambres (a ella le gustaba tejer y en casa había muchos). Y cual boca de profeta: me hice ingeniero. Nunca dudé sobre la carrera que estudiaría. Ni siquiera tenía otra opción en la mente.

Esta parte de mi vida me recuerda una breve historia que contó el escritor David Foster Wallace en un famoso discurso de graduación: dos pececitos jóvenes van nadando inocentemente, disfrutando del paseo, cuando se cruzan con un pez más viejo que los ve pasar y les pregunta: "Pececillos, ¿cómo está el agua?"; los pececillos voltean, sorprendidos, y le preguntan:

"¿Agua? ¿Qué es agua?".

Así como los peces ignoran que están en el agua por ser un elemento natural que pasa desapercibido para ellos, tu entorno impacta en ti, en quién eres y en cómo vives, y tal vez ni te lo imaginas, como los pececillos.

Todos tenemos una mamá o un papá que nos hizo un comentario inocente que de alguna manera definió nuestro futuro; o nacimos en una familia, dentro cierto contexto social, económico y religioso, que determinó cómo experimentaríamos este mundo sin que nos diéramos cuenta.

Estamos sujetos a modelos, patrones y prejuicios tan impregnados en nuestra mente que ni siquiera nos damos cuenta de su existencia. La manera en la que piensas respecto a la paternidad, el dinero, la igualdad, las mujeres, los hombres, la religión o las preferencias sexuales obedece a preconceptos y estos son parte del filtro con el que tu mente crea historias.

Es importante que reconozcamos nuestros modelos mentales, esas creencias que muchas veces nos llevan a actuar y a tomar decisiones basadas en premisas falsas, pero que damos por buenas.

Juan Alberto González, Beto, me contó de un ejercicio muy útil: consiste en poner por escrito todos los patrones que de alguna manera te limitan, patrones de papá y de mamá, de acuerdo con un concepto llamado "el amor negativo". Estos son los malos patrones heredados, sin querer, por tus padres; los cuales a su vez ellos heredaron de los suyos, y conforman así un legado transmitido a través de muchas generaciones.

Cuando Beto identificó sus propios patrones, se dispuso a "purgarlos" mediante una actividad física muy intensa. Golpeó un costal sin parar durante tres horas seguidas, hasta que ya no pudo más, y lloró, sufrió y se rio. Me explicó que el patrón limitante que más le benefició romper fue el de la perfección. Antes, todo lo que hacía debía salir perfecto; por muchos años esto le trajo buenos rendimientos, pero, al mismo tiempo, problemas de salud.

Los modelos mentales están implantados en lo más profundo de nuestra psique y se vuelven los instrumentos que mueven los hilos de nuestra identidad. Si quieres experimentar el mundo de una manera más real, empieza por darte cuenta de qué tipo de lentes usas para ver la vida; identifica cuáles son las reglas "incuestionables" con las que operas. Analízalas, trata de ponerte en los zapatos de otro, de platicar con alguien que tenga una visión completamente opuesta a la tuya. Busca constantemente el asombro, como dice **Jason Silva @jasonlsilva**, futurista y filósofo, conductor del programa *Brain Games*, en NatGeo, para que experimentes el mundo no por lo que te has contado de él, sino por lo que es en realidad.

Aprende como en la época de Alejandría

¿Cómo nos preparamos para estar listos el día que la suerte toque a nuestra puerta? La suerte es lo que pasa cuando la preparación se topa con la oportunidad. Y si queremos estar listos para esa suerte, para aprovechar nuestras oportunidades, la clave es el aprendizaje. Necesitamos aprender. Y necesitamos fallar.

Queremos ganar, ¡sí!, ¡la vida se trata de ganar! Pero si no estás aprendiendo, no estás creciendo. Y si no estás fallando, te estás quedando corto. Si siempre ganas, te quedas por debajo de tu verdadero potencial. Todos, tú y yo, hombres y mujeres, sabemos que hay que aprender, hay que leer, hay que ir a la escuela. Pero el reto no es aprender en sí, sino desaprender. Como decía Epicteto, "un hombre no puede aprender aquello que cree que ya sabe".

Vivimos en un mundo sin paralelos. En tu celular tienes acceso a toda la sabiduría, a todo el conocimiento de la historia. Si hacemos una extrapolación, vivimos como nuestros antecesores durante la época de apogeo de Alejandría. La biblioteca más grande del planeta está a un *swipe* o a un *tap* de distancia. El conocimiento es vastísimo; sin embargo, lo que es escaso es la voluntad de aprender, de adquirir sabiduría. ¿Y qué es la sabiduría? La sabiduría se adquiere al vivir momentos difíciles. La sabiduría se aprende del fracaso, de elevar el esquema e indagar en la experiencia de los demás, que es la premisa exacta de este libro.

En la entrevista que le hice a **María Asunción Aramburuzabala**, una empresaria mexicana considerada como una de las mujeres más influyentes de América Latina, me explicó lo que hacía cuando no entendía algo.

En sus inicios como inversionista, María Asunción se dio cuenta de que no contaba con los conocimientos para evaluar si una inversión era buena o mala, así que buscó gente que la asesorara. Tenía asesores que le hacían las valoraciones y abogados que le revisaban los contratos. Ella se sentaba en todas y cada una de las reuniones y preguntaba y cuestionaba a sus asesores, porque ahí era donde aprendía.

María Asunción también aprende leyendo. Lee muchas presentaciones y planes de negocio para los comités de inversión, e informes de resultados y de auditorías. La mayoría de lo que lee es información típicamente financiera, y siempre lo hace en el iPad: con la aplicación PDF Expert hace sus notas directamente sobre los documentos.

Su método preferido para aprender es buscando en Amazon todos los libros disponibles sobre el tema en el que quiere profundizar. Entonces, revisa los índices y los temas para enterarse de lo que cada libro puede aportar, y luego decide cuáles son los mejores, los más interesantes y los mejor calificados. Con esa base, Mariasún descarga tal vez tres o cuatro, siempre en Kindle, y si hay capítulos que no son relevantes para ella, se los salta y lee solo los que le interesan.

Mariasún, la mujer más rica de México, usa el poder de la tecnología para acceder a la sabiduría del mundo y afianza su aprendizaje con asesoría de primera mano por parte de expertos.

Asume la responsabilidad sobre tu vida

Para mí, las ideas no valen nada si no se ejecutan. Son solo un multiplicador. La ejecución vale millones.

Steve Jobs

Sin movimiento no hay efectividad y no hay idea o intención que por sí mismas conduzcan al éxito. Vivimos en una sociedad en la que la victimización está a la orden del día y pareciera que siempre hay un buen pretexto para no poner un plan en acción. Afortunadamente, cada vez somos más los que nos remangamos la camisa, tomamos al toro por los cuernos y decidimos el destino de nuestras vidas.

Hace unos años entrevisté a **Carlos Páez @carlitospaezr**, uno de los 16 sobrevivientes del accidente aéreo de los Andes en 1972. Carlitos me contó cómo la historia durante aquella aventura cambió el día que tuvieron que asumir su responsabilidad individual, según relata también en su libro *Después del día 10*.

Estando atrapados en las alturas de los Andes, rodeados de nieve, sus esperanzas de sobrevivir se habían mantenido porque en el transcurso de los primeros nueve días habían pasado por encima de ellos dos aviones de búsqueda y rescate, por lo que cabía la posibilidad de que los rescataran en cualquier momento. Al ver esos aviones pasar por allí, gritaron y festejaron. Pero empezaron a pasar los minutos, las horas y los días, y nada que llegaba el tan ansiado rescate.

Y así llegó el día 10, cuando Gustavo Nicolich, encargado de escuchar las noticias por la radio para saber cuál era el estado de la búsqueda, entró en el fuselaje del avión caído y le dijo:

—Carlitos, tengo una buena noticia para darte.

—¿Qué pasó, Gustavo? —le preguntó.

—Acabo de escuchar una radio chilena en la que el locutor dijo que dieron por finalizada la búsqueda del avión uruguayo y van a venir a buscar nuestros restos en febrero, cuando inicie el deshielo —anunció como con cierto entusiasmo.

—Pero ¿cómo me decís que es una buena noticia? Hijo de puta —lo increpó con ganas de asesinarlo.

—Carlitos, ¿sabes por qué es una buena noticia?

—¿Por qué? —contestó Carlitos sin entusiasmo alguno.

—Porque ahora dependemos de nosotros y no de los de afuera —dispuso, convencido de que eso era realmente algo positivo.

—¿Cómo dependemos de nosotros? —preguntó Carlitos sin entender lo que le estaba diciendo.

—Carlitos, tenemos que encontrar nuestros propios recursos —le respondió.

Su amigo Gustavo tenía toda la razón, porque a partir de ese día 10 ellos dejaron de sobrevivir para empezar a vivir.

Para Carlitos, un sobreviviente es aquel que está esperando a que lo vengan a rescatar, como lo harían con el náufrago de una isla. Pero cuando uno se convierte en el timonel de su propio destino, la historia cambia.

Ellos vivieron en carne propia lo que tal vez sea la peor experiencia para un ser humano: la sensación de haber dejado de existir, de saber que en tu casa habrá una fotografía tuya, que habrá una misa y todo lo que conlleva un funeral, cuando tú sigues con vida y eres consciente de ello.

En el caso de Carlitos, me expresó que era incapaz de entender que el mundo siguiera sin él. Ahora entiende que los seres humanos somos tan arrogantes que creemos que, cuando a uno le pasan cosas, el mundo se detiene. Pero él aprendió que no es así, que el mundo continúa andando.

Entonces, esa noticia, que a todas luces era terrible para ellos, fue la que disparó una serie de acciones que los llevaron a salir con vida de esa situación, acciones que fueron posibles a partir de que cada uno asumió la responsabilidad de su vida.

Convierte el fracaso en un aprendizaje

Lorena Ochoa @fundacionlorenaochoa atribuye su enorme éxito como golfista a que cada vez que fracasaba y regresaba a revisar su error obtenía una lección o un aprendizaje y daba la vuelta a la página. Cuántos de nosotros no nos anclamos en lo que hicimos mal y nos lo reclamamos todos los días.

Cuando desbaratamos, cuando discutimos, cuando desmenuzamos nuestros errores, generamos aprendizaje, y cuando recombinamos todas esas nuevas reglas, todos esos aprendizajes, generamos valor.

En ocasiones, las cosas no salen como esperamos. Por eso es tan importante mantener eso que llaman “mentalidad de crecimiento”, en la que todos los retos son oportunidades para crecer y todos los errores son oportunidades para aprender. Y para ello podemos usar una matriz llamada *post mortem*, que consiste en el análisis de una iniciativa que haya tenido un resultado “subóptimo”. Como decía Lorena Ochoa, esta herramienta nos permite aprender de nuestros errores para dar vuelta a la página sin desperdiciar la oportunidad de crecer.

Análisis *post mortem*

Se hace respondiendo cinco preguntas:

1. ¿Cuál era el objetivo?

Recuerda que un objetivo se puede definir como una meta, y, si tenemos un dato, la métrica que queríamos alcanzar.

2. ¿Cuál fue el resultado subóptimo?

Es decir, quería vender 100, pero vendí 50. Necesitamos poder cuantificar qué tan lejos estuvimos de esta meta.

3. ¿Qué acciones erróneas tomamos?

Debemos asumir responsabilidades. Un equipo de alto rendimiento es aquel que asume responsabilidades. Es un equipo que se empodera, pero que también tiene toda la responsabilidad cualquiera que sea el resultado. Entonces, teniendo el resultado óptimo en mente, ¿cuáles fueron esas acciones que tomamos y que contribuyeron al resultado subóptimo? Podemos reconocer y aceptar que no usamos el sistema correcto, que no hicimos la supervisión suficiente, que no definimos la meta con total claridad, que no dimos las herramientas necesarias o que no planeamos el tiempo adecuadamente.

4. ¿Cuál es el aprendizaje?

Cualquier lección derivada de las acciones que generaron el resultado incompleto es de gran utilidad. Por ejemplo, que para lograr ese tipo de proyectos no puedes delegar la supervisión, que tus instrucciones deben ser más claras, que es necesario organizar juntas de seguimiento quincenales o que necesitas contar con un presupuesto para las herramientas necesarias.

5. Genera nuevos primeros principios/reglas

Genera máximas de vida o reglas básicas aplicables la próxima vez que te enfrentes a una situación similar. Estos principios serán tu manual operativo creado a partir de tu propia experiencia.

Hay aprendizajes y hay reglas. Pero los aprendizajes se perpetúan en una manera de actuar cuando generamos reglas y podemos construir un *playbook* para el futuro. Al usar esta táctica evitarás rumiar el fracaso pasado o guardar sentimientos de culpa, y podrás operar con más agilidad y eficiencia en cualquier proyecto futuro.

Alimenta al campeón que llevas dentro

Algo que veo repetirse en conversaciones con muchos emprendedores o aspirantes a emprendedores es la idea de que el éxito está más lejos de lo que en realidad se encuentra. Cuando nos fijamos metas ambiciosas, el gran vacío que existe entre donde estamos hoy y donde queremos llegar nos hace dudar sobre si estamos preparados para dar el primer paso y si tendremos lo suficiente para llegar al otro lado.

Tras platicar con cientos de cracks, he llegado a la conclusión de que todos y cada uno de ellos piensan y actúan en grande. Y, si lo hacen así, no es irracionalmente. Al contrario, una de las grandes diferencias entre quienes tienen éxito y quienes no es que los triunfadores poseen un alto nivel de confianza en sí mismos. ¿Y qué es la autoconfianza? Es la convicción de que somos capaces de cumplir las promesas que nos hacemos.

Gabe Jaramillo @gabejaramillocoach es un reconocido entrenador de tenis internacional que ha entrenado a 11 de los jugadores número uno del mundo, incluidos André Agassi, Jim Courier, Pete Sampras, María Sharapova, Mónica Seles, Kei Nishikori y muchos otros. Como entrenador les dice que el primer mandamiento para un jugador es jugar sin miedo. Quienes juegan sin miedo toman riesgos, sí, pero riesgos calculados.

Gabe nunca compara a sus jugadores e invariablemente les refuerza lo que hacen bien. Después de los partidos, por ejemplo, adquiere las grabaciones y les hace un video de siete minutos donde les muestra los puntos buenos que ganaron, y no incluye ningún punto que hayan perdido; conoce la música que les gusta y la usa de fondo para los videos.

Lo ha hecho así porque los campeones aprenden y olvidan muy rápido. Un jugador que pierde un partido lo olvida enseguida y así es capaz de jugar el siguiente partido sin miedo. Gabe les enseña eso desde un principio. Lo que pasó, pasó. No hay forma de regresar el tiempo, así que no tiene sentido quedarse en el pasado. Sin embargo, es preciso reforzar lo bueno para mantenerlo en la memoria y alimentar al campeón que llevan dentro, por eso les prepara los videos.

Las afirmaciones y su repetición constante son una poderosa herramienta para cambiar patrones de conducta obsoletos y desarrollar nuevos más alineados con tus objetivos de vida. La constante repetición de afirmaciones crea nuevos patrones neuronales que se convertirán en creencias, acciones y resultados.

Sobre este tema platiqué con **Pablo Hernández @pablohernandezo**, un emprendedor serial que empezó haciendo páginas de internet desde los 14 años y que hoy dirige Ingenia, una de las mejores agencias digitales en México. Pablo me contó sobre una práctica que adoptó luego de leerla en un libro de **Zig Ziglar**, *Born to Win*, llamada *personal prayer*.

La oración personal es una composición motivacional que le recuerda todo lo que quiere ser y que se repite todas las mañanas, en tiempo presente y con la convicción de que, como lo dice Juan Lucas Martín, “hecho está”. La oración personal de Pablo dice así:

Soy el responsable de mi vida, de mis decisiones y de mis acciones; hago ejercicio seis veces a la semana porque soy una persona muy activa y tengo muchísima energía; soy una persona sumamente optimista...

Pablo me contó que empezó a pronunciarla a diario frente al espejo y que la fue enriqueciendo con más afirmaciones. Un poco más tarde, añadió algo que también promueve **Tony Robbins**, el gran orador motivacional, lo llama *triad* o tríada de psicología emocional y que consiste en dominar las tres fuerzas que controlan tus emociones: tu fisiología, tu lenguaje y tu concentración.

Crear una identidad de triunfo, de valía y de autoconfianza es una de las máximas tácticas de cracks para que pienses en grande y construyas riqueza. En lo personal descubrí que en la medida en que mi confianza en mí mismo crece y me hago consciente del valor que puedo aportar a cualquier persona o grupo, sin importar las grandes diferencias intelectuales, económicas o sociales, puedo tender puentes y abrir puertas al desarrollo de proyectos productivos en beneficio de todos los que nos involucramos.

La cadenita es muy fácil de poner en práctica una vez que la entiendes. Entre más crees que vales, más vales. Entre más vales, más puedes dar. Y entre más das, más estás destinado a recibir.

Aprende de quien ya lo hizo

Tanto por mis actividades como director del fondo de capital de riesgo Cracks Fund como por mi función como "shark" en *Shark Tank México* y las comunidades de emprendimiento que dirijo, constantemente estoy en contacto con emprendedores y empresarios a quienes les gustaría tener un mentor y no saben cómo conseguirlo. Si tienes la misma inquietud, aquí tienes la respuesta. Una relación de mentoría no se pide, es algo que se desarrolla.

Sin embargo, en una entrevista que le hice a **Gina Díez Barroso @ginadiezbarroso**, empresaria mexicana fundadora de Grupo Diarq y de la universidad CENTRO, me planteó una perspectiva diferente.

Gina ya era mentora de cuatro mujeres cuando recibió la llamada de alguien a quien ubicaba socialmente, pero no había tratado. En la llamada, la mujer le recordó sobre su último encuentro y le pidió que fuera su mentora. Gina declinó argumentando una severa escasez de tiempo. La mujer, insistente, le planteó con precisión lo que necesitaba de ella y le propuso un plan.

"Yo soy superordenada. Sería cosa de vernos cada dos meses. Te quitaría una hora y media, y llegaría con mis preguntas", le dijo.

La claridad de su solicitud y la precisión de su plan dejaron a Gina sin manera de negarse y, según me cuenta, la relación de mentoría ha sido increíblemente productiva e incluso se ha vuelto amiga de la emprendedora.

Gina me explicó que encontrar a un buen mentor es ya de por sí difícil. Así que, cuando estés verdaderamente convencido de haber elegido al ideal, cuando lo contactes, piensa que el "no" ya lo tienes; ve por el "sí", algo que ella misma ha aplicado en la búsqueda de sus propios mentores. Otra cosa que vale destacar es que es posible que encuentres personas que tienen un éxito profesional gigantesco, pero que no se caracterizan especialmente por su inteligencia emocional. Evalúa cuidadosamente a tus candidatos e identifica si en realidad quisieras desarrollar con ellos una relación que es eminentemente profesional, pero también personal.

El valor del mentor no está en discusión. Cuanto más cerca estés de tu mentor, más se reducirá tu curva de aprendizaje y mejorarán los resultados que esperas. Dicho esto, la mayor dificultad para conseguir a un buen mentor radica en qué tantas posibilidades tengas de acceder a él, es decir, en la proximidad. Y, en ese contexto, María Ariza, a quien ya mencioné anteriormente, me dio algunas luces al respecto.

María sabe que no es fácil acercarse a los personajes idóneos para una mentoría, pero tampoco es imposible... En su opinión, lo más sencillo es buscar mentores en tu círculo cercano, empezando con quienes tienes cosas en común. Si en tu primera línea de amistades no encuentras a un buen candidato a mentor, tendrás que buscarlo en una segunda línea de conocidos o hacer algo diferente para relacionarte con aquellos que creas que pueden añadir valor a tu vida a partir de una mentoría.

Aunque es difícil encontrar a un buen mentor, conozco personas que no solo tienen uno, sino que cuentan con una cartera de mentores. Una de estas personas es Mario Sicilia, a quien conozco desde hace más de 20 años y admiro por su manera de pensar y rodearse de mentores de altísimo calibre, a quienes recurre muy activamente.

Mario considera que el secreto de sus relaciones de mentoría es la gratitud. Y no solo se refiere a la gratitud expresada en palabras o regalos, sino a la gratitud que se demuestra en acciones, lo que considero la forma más efectiva para desarrollar una relación de mentoría. Cuando acudes a alguien para consejo y esa persona ve que ejecutas sus recomendaciones, cuando te ve dándoles seguimiento, cuando se da cuenta de que te pones en contacto con quien te haya sugerido, todos estos gestos le demuestran tu gratitud. Y eso es lo que hace la diferencia y motiva al mentor a volver a interactuar contigo.

Desarrollar una relación con un mentor potencial a veces funciona como si se tratara de enamorar a una mujer o a un hombre en un bar. Conocer a un potencial mentor y soltar directamente un "¿quieres ser mi mentor?" es el equivalente a conocer a una persona y preguntarle, sin más, si se quiere ir a tu casa contigo. No te conoce, no te tiene confianza, y el compromiso implícito es enorme. Lógicamente, podemos pensar que la respuesta más probable en esos casos será un rotundo "no". En cambio, si a quien que queremos como mentor le hacemos una pregunta que demuestra nuestro interés en su persona, industria o negocio, y entablamos una conversación al respecto, podemos empezar a bajar esas barreras defensivas iniciales para, llegado el momento, pedir un primer consejo. ¡Ojo! Un primer consejo podría ser el equivalente a tomarte un café o salir en una primera cita. No hay compromisos ni garantía de una relación duradera, pero es un buen comienzo. Según Mario, se trata de encontrar maneras inteligentes y efectivas de escribirles un WhatsApp, de hacerles una llamada o de buscar alguna reunión sin que exista ningún tema específico.

Y entonces llega tu momento de brillar. Toma el consejo que te dio tu "prementor", analízalo a conciencia, investígalo y, de ser posible, aplícalo a tu situación particular para entonces regresar con él o ella y compartir tus resultados. Es posible que decidas que su recomendación no es aplicable, pero, aun así, externa tus razones de una manera inteligente y bien fundamentada. Tu muestra de interés y la seriedad al considerar su recomendación hará que el mentor se sienta valorado y esté abierto a una segunda pregunta. Sigue así y en poco tiempo habrás establecido una relación de mentoría natural que en algún punto se formalizará si así lo quieres.

5 TÁCTICAS DE CRACKS PARA FOMENTAR EL APRENDIZAJE

1. **Reconoce y actualiza tus modelos mentales.** Cuando tomes una decisión importante, pregúntate qué creencia fundamental es la que te está llevando a decidir de cierta manera y analiza:
   a) ¿Es una creencia real?
   b) ¿Es una que elegiste creer conscientemente?
   c) ¿Es una creencia que te sirve o que te obstaculiza?
2. **Cura la lista de contenidos para consumir.** Para el tema sobre el que quieres aprender, sigue dos cuentas en redes sociales y dos *newsletters* que vengan bien recomendados. Aprovecha la tecnología y pregunta a ChatGPT o a Gemini de Google qué cuentas te recomendaría.
3. **Realiza una matriz *post mortem* y crea nuevos primeros principios.** Elige un resultado subóptimo reciente y haz el ejercicio que ofrece la matriz. Luego crea un nuevo mandamiento y con él inicia tu nuevo *playbook*.
4. **Crea tu oración personal.** Escribe un párrafo o frase empoderadora y repítela frecuentemente y con intención tres veces al día.
5. **Corteja a un nuevo mentor.** Haz contacto con una persona de quien puedas aprender usando la técnica del *dating*. Hazlo hoy: una buena pregunta en LinkedIn podría ser el inicio de una relación

tremendamente productiva.

Imagina que dominas el mundo

> **Si el reto no hace que te tiemblen las piernas, quizá no sea lo suficientemente grande para ti.**
> **Millán Ludeña**

Una de las características esenciales que la mayoría de los cracks comparten es su habilidad para pensar y ejecutar en grande. A diferencia de lo que muchos piensan, los grandes emprendedores no son personas irresponsables que toman riesgos desmedidos, sino que analizan las oportunidades, minimizan los peligros y apuestan a lo grande.

Germán Madrazo @german_madrazo, un emprendedor, conferencista y atleta de alto rendimiento mexicano, saltó a la fama en 2018 cuando se convirtió en el primer mexicano en calificar a los Juegos Olímpicos de Invierno en la disciplina de *cross country ski* o esquí a campo traviesa.

Su aventura comenzó cuando su amigo Alfredo minimizó sus esfuerzos como corredor y lo retó a impresionarlo practicando un deporte "duro", al tiempo que le mostró un artículo acerca del esquí a campo traviesa, del que Germán nunca había oído hablar. Tras leer el artículo, quedó cautivado por la dificultad del deporte y se propuso algo que parecía prácticamente imposible: representar a México en los Juegos Olímpicos de Invierno.

A sus 43 años, Germán se puso por primera vez unos esquís y 12 meses después logró clasificar para las Olimpiadas de PyeongChang 2018.

Toma el camino menos transitado

There is no traffic along the extra mile.
Roger Staubach

Para crear riqueza debemos deshacernos del ánimo de competencia y la mejor manera de hacerlo es creando un juego completamente nuevo en el que nosotros pongamos las reglas y fijemos la definición de éxito. **Sofía Niño de Rivera @sofffiaaa1**, quien hoy se dedica al *stand up comedy*, es alguien que hizo justo eso.

En un punto de su vida, Sofía se encontró en una especie de crisis existencial. No sabía si estaba en el lugar correcto, si lo que estaba haciendo era lo que quería hacer o si las decisiones que estaba tomando eran las adecuadas. Estaba enojada todo el tiempo y le causaba rabia la incomodidad de sentir que estaba siendo alguien diferente a quien en realidad era.

Preocupada por no cumplir las expectativas de su pareja, familia y amigos, y sin idea de cómo liberarse de esa situación, se juzgaba a sí misma en un ciclo que consumía sus días. Pero Sofía entendió que cuando te haces consciente de algo puedes mirarlo en su totalidad. Eres capaz de ver tus miedos, las manipulaciones a las que te han sometido, entender tus propias motivaciones y las de los demás. Y así lo hizo Sofía, quien por fin se liberó de esas ataduras y eligió un camino acorde con sus deseos y convicciones.

Luego de terminar su relación, Sofía optó por seguir un camino poco transitado y abrirse paso en el mundo de la comedia explorando el arte del *clown*. Este fue fundamental para desarrollar su capacidad de hacer reír a la gente por medio de la expresión corporal y le dio una base sólida para lanzarse al *stand up comedy* con un estilo único que la ha llevado a grandes escenarios. Hoy Sofía es una de las más exitosas comediantes latinoamericanas con varios especiales en Netflix y giras internacionales a las que asisten miles de personas.

Apunta a las estrellas para caer en la luna

Una característica muy frecuente de los cracks con los que convivo es que tienen altas aspiraciones que no se limitan únicamente al campo profesional. Soñar alto, sí, es una gran herramienta para hacer dinero, pero también para tener acceso a experiencias aún más valiosas.

El piloto de carreras y dueño del equipo HO Speed Racing, **Hugo Oliveras @hugooliveras11**, tiene más de 20 años de experiencia en el automovilismo y ha sido campeón de varias categorías internacionales, incluyendo la Fórmula Renault 2000 en el Panam GP Series.

Hugo siempre ha sido una persona de esas que viven al máximo. Hace algunos años, sin embargo, un día sufrió un derrame cerebral. Tras una serie de análisis, los doctores le presentaron dos opciones: podían esperar a ver si venía un nuevo derrame que acabara con su vida o hacer una arriesgada operación que también podría matarlo.

Hugo optó por la cirugía y, contra todo pronóstico, sobrevivió al procedimiento, aunque este le dejó varias secuelas como parálisis facial, disminución de la vista y dificultad para caminar. A Hugo le esperaba un arduo camino de recuperación; no obstante, cuando pensaba en el futuro, quería poder decir que había elegido la opción más arriesgada pero más promisoria, antes que arrepentirse por escoger la más segura pero que no le brindaba grandes posibilidades de mejoría. Su objetivo siempre fue regresar a correr autos de carrera y ganar más títulos, aun cuando todos, hasta los médicos, le decían que eso era imposible.

En esos momentos de incertidumbre, el pensamiento de Hugo jamás flaqueó y sus metas se mantuvieron intactas. "No hice nada para merecerme esto, pero me tocó. Y si no salgo adelante, si no me levanto, no solo estaré fastidiando mi vida, sino la de las personas que amo y que me aman. Porque, por más que llore, ni mi papá, ni mi esposa, ni mis hermanos van a poder cargarme para hacer los ejercicios. Yo tengo que hacer las cosas por mí mismo para que, en un futuro, mis hijos se sientan orgullosos de su papá".

Muchas veces, nos fijamos metas basadas en lo que ya hemos logrado en el pasado. Esto puede limitar nuestro potencial y reafirmar nuestros límites mentales. Es importante desvincularse del pasado y soñar en grande. Establecer metas que te desafíen y te saquen de tu zona de confort es crucial para el crecimiento.

Hugo regresó a las carreras y, aunque aún no ha ganado otro campeonato, está otra vez detrás de un volante, probándose que, si apuntamos a las estrellas, lo peor que podría pasar es que aterricemos en la luna.

Rompe los límites del dinero

Uno de los obstáculos más recurrentes que se interponen entre las personas y su potencial generador de riqueza son las cadenas de la escasez que a menudo limitan sus horizontes antes de siquiera haber comenzado a actuar. Pero hay que pensar en el dinero no como una barrera, sino como una invitación a soñar sin fronteras, a imaginar lo que podríamos lograr si los recursos fueran ilimitados. Esto nos impulsa a ser audaces, a plantear ideas que podrían parecer descabelladas para una mentalidad más conservadora.

Carlos García @carlosjgarciao, el emprendedor venezolano detrás de Kavak, la empresa líder en el mercado de compraventa de vehículos seminuevos en Latinoamérica, no piensa en el dinero como si fuera una limitante, sino como una excusa para soñar en grande y perseguir metas ambiciosas.

Cuando dejas de ver el dinero como una limitante, liberas tu creatividad y tu capacidad de pensar en soluciones innovadoras. De igual manera, te lleva a proyectar tus propósitos y a visualizar lo que realmente quieres lograr. Esto te prepara para cuando los recursos estén disponibles, ya que no tendrás que empezar desde cero en términos de visión y planificación.

Concebirlo así no solo es liberador, sino que también es una herramienta poderosa de innovación. En el mundo del emprendimiento, por ejemplo, el miedo a la falta de recursos financieros detiene muchas iniciativas antes de que florezcan. Sin embargo, si planificamos con la mentalidad de que el dinero no es un obstáculo, de repente se abren nuevas rutas y se nos ocurren soluciones que podrían ser más viables de lo que inicialmente pensábamos.

Además, adoptar esta mentalidad positiva supone una resiliencia extraordinaria. Nos enseña que los desafíos económicos no son insuperables, sino barreras que podemos vencer con creatividad y determinación. Esto enriquece nuestros proyectos personales y empresariales, y fortalece nuestro carácter y la capacidad para enfrentar adversidades en cualquier área de la vida.

Desterrar la creencia de que el dinero es una limitante es una estrategia poderosa para ampliar nuestras ambiciones y explorar potenciales que de otro modo quizá ignoraríamos. Es una práctica que, bien aplicada, impulsa el éxito en los negocios y promueve un crecimiento personal profundo y sostenido.

Si tu cerebro lo cree, hecho está

La visualización es una técnica muy valorada entre muchos de mis invitados al podcast. Personas como **Lorena Saravia @lorenasaravia**, diseñadora de modas mexicana, y Juan Lucas Martín, a quien llamo mi "senséi de la gratitud", han compartido cómo la visualización les ha ayudado no solo a definir sus metas, sino también a mantenerse enfocados en sus objetivos a largo plazo. Lorena asegura que visualizar sus metas ha contribuido a manejar mejor las presiones del emprendimiento y mantener una visión clara de lo que quiere lograr, independientemente de los obstáculos.

Esta práctica no es exclusiva de los emprendedores; se extiende a personalidades de distintos ámbitos que encuentran en la visualización una herramienta poderosa para materializar sus aspiraciones.

Paola Longoria @paolongoria, jugadora profesional de raquetbol mexicana, y la actual campeona mundial femenina tanto en individuales como en dobles en este deporte, me explicó cómo la visualización le ayudó a mantenerse en forma durante un periodo de inactividad.

Paola aprendió técnicas de visualización de su entrenadora Fran, quien le mostró cómo mantenerse enfocada y asertiva, incluso cuando no tenía acceso a canchas durante su estancia en Río de Janeiro como comentarista. Fran le enseñó a visualizar sus partidos y movimientos más exitosos para que conservara su nivel de rendimiento a pesar de las circunstancias. Paola se transportaba mentalmente a los momentos de los partidos que más le habían gustado: cómo hacía el punto, cómo festejaba, como si los estuviera viviendo nuevamente.

Para su sorpresa, cuando regresó a la cancha notó que no había perdido el ritmo y ganó, sin problema, el primer torneo en el que participó. Desde entonces incorporó la visualización en su vida. Me contó que ha aprendido a darse ciertos espacios en los que se desconecta del raquetbol para hacer otras cosas, y cómo la visualización le ha ayudado a facilitar esas transiciones.

En el mundo de los negocios, la visualización puede ser el catalizador de, literalmente, miles de millones de dólares. Carlos García también menciona la importancia de fijar metas gigantes y cómo la visualización desempeña un papel crucial en llevar una idea a una valuación de más de 9000 millones de dólares. La visualización ayuda a mantener el enfoque y la motivación en el camino rumbo al logro de metas ambiciosas.

3 TÁCTICAS DE CRACKS PARA FIJAR METAS

1. **Atrévete a ser diferente.** Identifica si el camino que estás siguiendo lo elegiste voluntariamente o si estás siendo víctima de la necesidad de cumplir expectativas externas.
2. **Rompe las cadenas del pasado.** La próxima vez que fijes una meta, hazlo pensando en que el dinero no es límite y que tus éxitos o fracasos pasados no son un condicionamiento para pensar en cosas más grandes. Hazte la pregunta: "¿Cómo se vería esto si fuera fácil?".
3. **Visualiza.** Tómate cinco minutos para hacer un ejercicio de respiración y calma, y visualiza tu escenario de triunfo con el mayor lujo de detalle posible. Involucra tus cinco sentidos en la experiencia y permítete probar a lo que sabe la victoria.

EMPRENDE UN NEGOCIO

No tienes que ser grande para empezar,
pero tienes que empezar para ser grande.
Zig Ziglar

¿Emprender o trabajar? ¿Por qué no las dos?

Si bien emprender no es la única manera de generar riqueza, es una que muchos de los escuchas de *Cracks* se plantean todos los días.

Patrick McGinnis @patrickjmcginnis, inversionista, autor y creador del término FOMO (*fear of missing out*), propone una perspectiva muy práctica y realista sobre el emprendimiento. Su idea del "emprendedor 10%" es una estrategia inteligente para aquellos que quieren explorar el mundo del emprendimiento sin dejar de lado la estabilidad de un empleo regular o de diversificar sus fuentes de ingreso. Esto es especialmente útil en tiempos de incertidumbre económica o cuando no se está listo para dar el gran salto para ser empresario de tiempo completo.

Al ponderar si es mejor iniciar un negocio propio o seguir trabajando para otro, debes considerar varios factores. Primero, ten en cuenta que la seguridad financiera es crucial y que emprender implica un riesgo, ya que no siempre ofrece un ingreso estable al principio. Segundo, evalúa la pasión y el interés que sientes por el proyecto empresarial; es importante sentirse motivado y apasionado por el problema que se está resolviendo, ya que esto puede llevar a un trabajo más satisfactorio y exitoso a largo plazo.

También sería bueno pensar en tu tolerancia al riesgo. No todos se sienten cómodos asumiendo los riesgos que conlleva iniciar y manejar un negocio propio. Además, hay que calcular la habilidad que requiere manejar múltiples responsabilidades; no es fácil cumplir cabalmente con un empleo mientras se inicia un negocio, ambas actividades simultáneas exigen una gran organización y buena gestión del tiempo.

Finalmente, determina el impacto a largo plazo en tu carrera profesional. Emprender puede abrir muchas puertas y expandir tu red profesional, pero de igual manera puede ser un camino con altibajos que no todos están dispuestos a navegar.

Cada uno de estos factores tiene un papel importante en la decisión de seguir siendo empleado o aventurarse en el emprendimiento. Es esencial que evalúes cuidadosamente tu situación personal, tus metas a largo plazo y tu capacidad para gestionar la incertidumbre y el estrés derivados de ser tu propio jefe.

Mi punto de vista es que cada situación es única y merece un análisis cuidadoso. No es necesario dejar tu trabajo de inmediato para iniciar tu camino como emprendedor. Como mencioné antes, puedes empezar dedicando una parte de tu tiempo a tu proyecto en tanto conservas tu empleo. Esto te permitirá explorar el terreno del emprendimiento sin sacrificar la seguridad financiera o, como lo ve Patrick, convertirte en un "emprendedor 10%", que usa el 10% de su tiempo para emprender y 100% en trabajar.

Por otra parte, es crucial definir cuánto estás dispuesto a arriesgar y cuánto compromiso le ofreces a tu nueva empresa mientras sigues trabajando. Muchos de los cracks que entrevisto empiezan proyectos con pocos recursos mientras trabajan. Si haces eso y llegas a un punto donde tu proyecto necesita más atención y recursos, si estás seguro de su viabilidad, tal vez sea el momento de considerar dedicarte a tu emprendimiento de tiempo completo.

Lo importante aquí es mitigar los riesgos tanto como sea posible y avanzar de manera calculada. Pero la gran lección resuena con la frase de T. Harv Eker:

"Los ricos piensan 'ambos'.
Los pobres piensan 'o esto o lo otro' ".

Financia tu sueño haciendo algo más

Para hacer lo que a uno le gusta y le apasiona en mayor o menor grado se necesita dinero. Y esto lo sabe muy bien Michel Rojkind.

Michel es un destacado arquitecto, pero no fue precisamente la arquitectura la que lo llevó a donde está, sino la música: trabajar antes como baterista de una banda de pop rock le dio la seguridad financiera para poder dedicarse a lo que era su verdadera pasión: la arquitectura.

Desde que se inició en la profesión, Michel tenía muy claro que no tomaría proyectos que no le gustaran. Eso lo aprendió de otro arquitecto, **Isaac Broid**, su gran amigo y socio por un tiempo, quien una vez le dijo: "Ten cuidado con los proyectos que aceptas, porque hay una línea muy delgada que puedes traspasar por hacer un proyectito del que, según tú, nadie se va a enterar. Pero resulta que ese alguien te va a recomendar con otro alguien, que también te va a recomendar, y, al rato, sin darte cuenta, esa raya que no querías traspasar quedó años luz atrás, y te la pasarás haciendo obras que no te gustan y te convertirás así en el arquitecto que nunca quisiste ser".

Michel les dice a sus alumnos: "Tienes que aferrarte a eso que sabes que quieres hacer. Y si se te complica por un tema de dinero, pesca una chamba de medio tiempo o búscate cualquier otro medio que te dé los recursos para que no traiciones tu ideal o la manera como te quieres expresar a través de tu arte, sea lo que sea".

Hablar de dinero incomoda a mucha gente, pero si queremos mejorar en el ámbito económico, tenemos que estar dispuestos a entablar conversaciones en torno a él. Los músicos hablan de música, los arquitectos hablan de arquitectura, los golfistas hablan de golf. No podemos ser buenos en algo sin entenderlo y hablar de ello. El sistema operativo de la sociedad capitalista en que vivimos es el dinero y hablar de él debe ser algo totalmente normal. Discute cómo lo invertirás, cómo lo perderás, cómo lo ganarás, cuánto dinero ganas hoy, y exige lo mismo de tus amigos. No puedes ser bueno en nada a menos que lo entiendas, y parte de entenderlo implica hablar de ello. Te hace más inteligente y sabedor del tema; así que con tus padres, con tus amigos y especialmente con tu pareja intenta sentirte cómodo hablando de dinero. El dinero no es un fin, pero sí es una gran herramienta que te permitirá enfocarte en lo verdaderamente importante en tu vida y potenciar tu impacto.

Emprende dentro de tu empresa

Emprender es la manera en que podemos cambiar una sociedad generando empleos, impulsando la actividad económica y promoviendo el bienestar en términos generales. Pero ese mismo impacto se puede crear dentro de una organización grande que ya esté en operación. A quien genera estos cambios se conoce como *intrapreneur*. Y en esto **Arturo Elias Ayub @arturoelias**, director de alianzas estratégicas y contenidos de América Móvil, director general de UnoTV y shark en *Shark Tank México*, tiene mucha experiencia, ya que forma parte de Grupo Carso, una empresa que tiene alrededor de 300 000 empleados, con gente muy valiosa en sus filas y extraordinaria en su trabajo.

Arturo está convencido de que, si quieres emprender, puedes hacerlo tanto fuera de una empresa como dentro de ella. Él se siente sumamente privilegiado de haber sido designado por su compañía para traer el internet a México de manera masiva. Eso es emprender, y lo hizo de una manera importante y significativa para su país.

Así como Arturo, muchos de mis invitados al podcast ven el *intrapreneurship* como una forma poderosa de innovar dentro de las empresas establecidas. Por ejemplo, en una conversación con **Miguel Mier @mmier**, director general de operaciones de la cadena de cines Cinépolis, destacó que ser un *intrapreneur* implica tomar riesgos calculados dentro de una organización, apostando por ideas nuevas que puedan transformar la empresa desde dentro. Según Miguel, este rol es esencial porque permite a las empresas grandes evolucionar y adaptarse a los cambios del mercado, manteniendo su relevancia y competitividad.

Lo que resuena en estas conversaciones es la idea de que el *intrapreneurship* no solo supone lanzar nuevos productos o servicios, sino fomentar una cultura de innovación y flexibilidad, que puede ser crucial para el crecimiento a largo plazo de cualquier organización.

La historia del divisor de palomitas de Cinépolis es un ejemplo fascinante de cómo una idea simple puede transformar toda una experiencia para el usuario. Todo comenzó cuando un empleado en Tijuana observó una frustración común entre los clientes: querían probar diferentes sabores de palomitas, pero no querían comprar dos porciones completas. Este empleado ingenioso tomó un cartón y creó un separador que dividía el contenedor de palomitas en dos, lo que permitió que los clientes pudieran consumir y disfrutar dos productos distintos en una sola compra.

Esta innovación no solo mejoró la experiencia del cliente, sino que también demostró cómo el *intrapreneurship* puede fomentar la creatividad y la solución de problemas dentro de una empresa. La iniciativa de este empleado, además de que fue adoptada en todas las salas de Cinépolis en México, se llevó a otros países, lo que demuestra el impacto global de una buena idea.

Transforma tu *hobby* en un negocio

Transformar un *hobby* o pasión en un negocio es una experiencia recurrente entre los invitados a *Cracks*. Esto requiere un equilibrio cuidadoso entre mantener la esencia de lo que te apasiona y el rigor requerido para dirigir un negocio exitoso. Muchos emprendedores afirman que es vital no perder el amor por la actividad mientras se atienden las demandas del mercado y la gestión empresarial. Por ejemplo, he visto que aquellos que logran conservar su pasión viva mientras implementan estructuras de negocio sólidas no solo prosperan más, sino que también disfrutan más del viaje.

Asimismo, la adaptabilidad es clave. La idea de involucrarte en comunidades y clubes será una excelente manera de empezar. Te permitirá entender mejor el mercado y adaptarte a él sin perder la pasión. Es fundamental que estés dispuesto a ajustar tu enfoque, aprender continuamente y escuchar con atención a tu audiencia.

La historia de **Joe y Moy @magosjm**, los hermanos magos, es realmente inspiradora y tiene mucho que enseñarnos sobre la perseverancia y la creatividad en el camino del emprendimiento. A muy temprana edad, estos hermanos descubrieron su pasión por la magia y decidieron convertirla en su modo de vida. Lo fascinante es cómo, con muy pocos recursos, fueron capaces de innovar y crear sus propios trucos, usando materiales simples como cajas de cartón que imitaban madera. Su capacidad para adaptarse a cada experiencia consiguió que dieran espectáculos frente a miles de personas, como cuando se presentaron para Coca-Cola ante 15 000 espectadores.

El caso de los hermanos magos destaca la importancia de la colaboración y el aprendizaje continuo. Aprovecharon cada oportunidad para aprender de sus amigos y de las circunstancias, y aplicaron las lecciones de negocios que escuchaban de manera informal. Esta habilidad para absorber conocimiento y adecuarlo a su contexto es un claro ejemplo de cómo la educación no convencional pero atenta puede ser extremadamente valiosa.

Finalmente, lo que resalta en su trayectoria es la actitud positiva y la autoconfianza resultante de trabajar en algo que verdaderamente amaban. Siempre creyeron en sí mismos y en su capacidad para hacer realidad sus sueños, y en el camino han cumplido los sueños de miles de personas alrededor del mundo.

Enamórate de un problema real

“Si no sabes en qué emprender, simplemente súbete a un transporte público tres horas y te llegarán ideas”. Estas son las palabras que David Vélez me explicó durante su entrevista en *Cracks*.

Para David, las mayores oportunidades para emprender, especialmente en mercados emergentes, están frente a nuestras narices. Lo dice porque los latinoamericanos estamos acostumbrados a sufrir mucho. Con el simple hecho de levantarse y subirse al transporte público se pueden ver muchos de los puntos de fricción, en ocasiones traumáticos, que existen en la sociedad. Abrir una cuenta bancaria, usar un cajero automático, manejar un celular, ir a un hospital... todo esto puede ser una experiencia terrible.

Estos puntos de fricción nos hacen exclamar: "¡Ah, qué experiencia tan frustrante!", pero también señalan oportunidades muy interesantes para emprender. La frustración nos indica que detrás tal vez haya otras 50 o 100 o millones de personas que sienten exactamente lo mismo, y la tecnología podría resolver ese problema para todos. El desafío quizá solo requiera abrir un poco los ojos, escuchar con atención y tratar de captar dónde están esas oportunidades.

El riesgo grande viene una vez que tenemos un producto, en el que invertimos tanto que nos enamoramos de él, aunque quizá no sea la mejor solución.

Julián Ríos Cantú @julianrioscantu, fundador de la empresa de *healthtech* Eden, antes Eva, compartió una perspectiva muy valiosa sobre este tema. Él hizo énfasis en la importancia de enfocarse en el problema por resolver más que en el producto mismo. Esta mentalidad hizo que él se adaptara y cambiara radicalmente su enfoque cuando descubrió nuevas tecnologías capaces de mejorar su misión de simplificar el diagnóstico de cáncer de mama. Me enseñó que, como emprendedores, debemos estar dispuestos a modificar y hasta abandonar nuestras soluciones iniciales si encontramos una mejor manera de resolver el problema central que nos apasiona.

La clave para emprender con éxito, más allá de cualquier herramienta o estrategia, radica, pues, en enamorarte del problema que quieras resolver, no solo del producto que ofreces. Esto es algo que he discutido ampliamente y que se refleja constantemente en las historias de emprendedores exitosos que he tenido el privilegio de entrevistar en *Cracks*.

Cuando te enamoras del problema, tu enfoque se vuelve más auténtico y tu motivación más sostenible. Esto te permite ser adaptable y estar abierto a cambios, porque lo que te mueve no es la solución específica, sino el deseo de resolver el problema de fondo.

Este tipo de flexibilidad y compromiso con el problema es lo que lleva a los emprendedores a navegar por los altibajos del viaje empresarial. No se trata solo de lanzar un producto, sino de iniciar un movimiento, de cambiar algo fundamental para la sociedad en general o para un sector específico. Cuando tus motivaciones están alineadas con un propósito mayor, cada obstáculo se convierte en una oportunidad de aprendizaje, y cada fracaso, en un paso hacia la solución definitiva.

Identifica a tu cliente ideal

Antes de juzgar a alguien,
camina una milla en sus zapatos.
Proverbio antiguo

Definir una audiencia para un emprendimiento o marca personal es crucial, y varios de mis invitados en *Cracks* han compartido su experiencia y estrategias al respecto. Por ejemplo, en una entrevista con **Raúl Ferráez @raulferraezp**, fundador de la revista *Líderes*, discutimos cómo es imprescindible entender profundamente quiénes son tus clientes potenciales para conectarte genuinamente con ellos. Esto implica no solo conocer los datos demográficos básicos, sino entender sus aspiraciones, desafíos y lo que realmente valoran.

Crear un buen avatar del cliente implica una combinación de investigación y empatía. Primero, reúne datos a través de encuestas, entrevistas y observación directa. Luego, usa esta información para construir personajes detallados que representen a tu público ideal. Estos avatares deben incluir características como edad y ocupación, así como intereses, hábitos y motivaciones profundas.

Un punto clave es la importancia de "entrar a conversaciones que ya existen en su mente". Esto significa que tu mensaje debe resonar con lo que ya están pensando o sintiendo tus clientes potenciales. Si logras esto, captarás su atención de manera más efectiva porque tu propuesta se alinea con sus preocupaciones o deseos actuales.

Por ejemplo, en una entrevista con **Alberto Lati @latitudlati**, autor y conductor de televisión, exploramos cómo la adaptabilidad y la comprensión profunda de las audiencias son cruciales para conectar de manera efectiva. Alberto, conocido por su capacidad para aprender idiomas y adaptarse a diferentes culturas, señaló que estas habilidades le han permitido entender y hacer eco en un público diverso a nivel global.

Cuenta historias y vende sueños

Doy fe de que hay consejos que te cambian la vida. Y uno de los que cambió la mía lo recibí de **Evaristo Babé @varis**, un emprendedor serial y CEO de la empresa de tecnología de manejo de flotillas Pulpo. Creó su primera empresa de internet a los 18 años, y en 2010 fundó con un amigo SinDelantal España y SinDelantal México en 2011, que fueron las dos primeras plataformas de *food delivery* en ambos países.

Evaristo me dijo hace unos años: "Habla del futuro. Aunque no lo pongas en papel, emociona con el sueño". Y gracias a él entendí que a veces tienes que ayudar a la gente a imaginarse un futuro que no sabe si existirá.

Estamos mal acostumbrados a que nos vendan —y a vender— exagerando las virtudes del producto o servicio en cuestión. Pero no es a eso a lo que se refiere Evaristo, sino a explicar de manera clara y concisa el valor que lo que estás vendiendo agrega a la vida del comprador. Porque, cuando tienes un emprendimiento y quieres financiación, lo que espera el inversionista es que se le multiplique el valor de su inversión en tu producto. Ellos, por un lado, no tienen por qué entender el sector tan bien como tú, por lo que aquí es clave contar una buena historia de lo que quieres construir, una que sea entendible y digerible; en opinión de Evaristo, esto es algo que deberían enseñar en los colegios. Además, los inversores desean saber también lo que harás mañana, cuáles son tus sueños y aspiraciones. Porque, si sueñas en grande, llegarás lejos.

Así pues, debes aprender a contar buenas historias que reflejen de manera precisa por qué deberían invertir en ti, y en esas historias debes incluir tus sueños y aspiraciones. Si no eres capaz de ver y transmitir el futuro que quieres construir, será muy difícil que los inversionistas consigan imaginarlo por sus propios medios, ya que no tendrán ni el incentivo ni el interés ni el conocimiento de la industria como para vislumbrar el potencial de tu emprendimiento. Además, si tú como CEO no eres capaz de verlo, tampoco serás capaz de hacerlo realidad.

Lo que Evaristo pretende transmitir aquí es lo mismo que entendí platicando con un gran cuentahistorias argentino, **Hernán Casciari @casciari**. Antes de entrevistarlo, leí algunos de sus libros y los interpreté de manera literal. Como eran historias que parecían estar tomadas de su vida, llegué a la entrevista dispuesto a preguntarle sobre esas situaciones. Pero él me detuvo y me dijo: "Bueno, mi trabajo no es contar las cosas como pasaron, sino comunicar el punto que quiero y que tú lo entiendas. Así que me tomo libertades creativas". Y esa fue una lección importantísima para mí.

Tienes que saber narrar una historia que transmita el mensaje deseado. Y poco importa que te tomes una licencia creativa, siempre que el impacto que quieres generar con la historia sea el adecuado y no caigas en falsedades. Sería más o menos como contar una parábola: te cuento esta historia para que te quedes con el aprendizaje, con la idea de que tu vida irá mejor si lo pones en práctica.

Crea y captura valor en el mercado

Cuando hablamos de generar riqueza, mi enfoque se centra en varios principios que considero esenciales para cualquier emprendedor. En primer lugar, la clave para generar riqueza radica en resolver problemas significativos. Cuanto más grande y relevante sea el problema que resuelvas, más valor generarás y, por consecuencia, mejor será tu posicionamiento para capturar parte de él.

Hay una realidad indiscutible en el mundo del capitalismo: las personas están dispuestas a pagar por soluciones que realmente mejoren su vida. Si logras resolver problemas importantes y lo haces para muchas personas de una forma eficiente, tu camino a la riqueza estará trazado.

Para capturar valor de manera efectiva es fundamental tener un modelo de negocio sostenible y escalable. Esto puede ser a través de ventas directas, suscripciones y publicidad, entre otros. Lo importante es que el modelo permita capturar eficientemente el valor generado. Además, la innovación y la diferenciación son cruciales para justificar un precio *premium* por tus productos o servicios.

Varios de mis invitados han hablado sobre la relación entre el precio y la percepción de valor. Un ejemplo destacado es **Alfonso Foy Urrea @foyurrea2**, CEO de la división de herramientas de Grupo Urrea, quien hace énfasis en que competir por calidad en lugar de precio es fundamental para diferenciarse en el mercado. Foy menciona que la calidad se paga y que no se trata solo de vender más, sino de generar utilidades. Al enfocarse en la calidad, una empresa no necesita vender tanto volumen para obtener buenas utilidades, ya que los productos de alta calidad pueden justificar precios más altos. Esto no solo vuelve a la empresa más rentable, sino también le brinda la posibilidad de reinvertir en capital de trabajo, activos fijos, mejorar sueldos y mantener contentos a los accionistas.

Otro ejemplo es **Carlos Ruiz Velasco, @carlosruizvelascot**, fundador de la marca de accesorios Clōe, quien explica cómo el diseño y la funcionalidad logran que una empresa no tenga que competir por precio. En su caso, al diseñar maletas con colores vibrantes y características ergonómicas, pudo diferenciar su producto en un mercado saturado de maletas negras y básicas. Esta diferenciación permitió a su empresa posicionarse como líder en el segmento medio-alto del mercado y demostró que los consumidores están dispuestos a pagar más por productos que perciben de mayor valor.

En resumen, la relación entre el precio y la percepción de valor es crucial en diferentes industrias. Competir por calidad y diferenciación, en lugar de solo por precio, permite a las empresas justificar precios más altos y generar mayores utilidades. La percepción de valor, influenciada por factores como el diseño, la funcionalidad y la calidad, tiene un papel fundamental en la disposición de los consumidores a pagar más por productos y servicios.

Generar riqueza y capturar valor implican resolver problemas significativos, impactar a muchas personas, tener un modelo de negocio sostenible, innovar y adoptar una mentalidad de abundancia.

Aprende a negociar

Nunca negocies por miedo, pero nunca tengas miedo de negociar.
John F. Kennedy

Todo en la vida es una negociación, ya sea que estés buscando cerrar una gran transacción comercial o que te encuentres en una discusión acalorada con uno de tus hijos acerca de a qué hora tiene que regresar esa noche de una fiesta. En *Cracks* hemos explorado mucho sobre negociación con diversos invitados.

Una de las claves que resuenan constantemente es la preparación, entender profundamente tanto tu posición como la de la otra parte. En opinión de **Ricardo Amper @rickyamper**, fundador del unicornio mexicano Incode, esto no solo se trata de números, sino también de comprender los intereses, miedos y preferencias del otro. Él menciona que la negociación se gana antes de que empiece, es decir, en la preparación. Es crucial entender por qué tu producto o servicio es mejor que el de la competencia y por qué el cliente lo necesita.

Arturo Elias Ayub agrega que el estudio previo de tu contraparte no es con el fin de derrotarla, sino de entenderla, de comprender cuáles son sus motivaciones desde su punto de vista. Por eso, antes de negociar lo que sea, Arturo suele buscar información sobre la persona con quien lo hará para conocerla. Mientras más información tengas, mejor comprenderás qué es lo que realmente mueve a tu contraparte y qué quiere para el negocio o el asunto que vayas a negociar.

Arturo también insiste en la importancia de la empatía en una negociación. Según él, la regla número uno es que ambas partes deben salir ganando. Cuando crece la empatía, logras que todos los involucrados busquen un resultado positivo, convirtiendo la negociación en un ejercicio de ganar-ganar. Esto es mucho más productivo que intentar "fregar" al otro, ya que las negociaciones basadas en la empatía y el beneficio mutuo tienden a ser más sostenibles y fructíferas a largo plazo.

No hay que subestimar nunca el respeto mutuo y la construcción de relaciones. Una negociación exitosa a menudo lleva a futuras oportunidades de negocio, por lo que mantener una buena relación muy posiblemente abrirá puertas que al principio ni siquiera estaban en el radar.

Saskia de Winter, una psicoterapeuta Gestalt y humanista, socia fundadora y directora general de Saskia de Winter Training, S.C. y experta en negociación, recalca la necesidad de tener un propósito claro y por escrito para la negociación. Al calor del momento, es fácil perder de vista tus objetivos iniciales, por lo que tenerlos anotados te ayuda a mantener el enfoque.

Saskia también menciona la importancia de hacer la primera oferta. Contrario a la creencia popular, Saskia argumenta que hacer la primera propuesta te permite establecer el contexto y los parámetros de la discusión. Esto ayuda a avanzar más rápidamente y a mantener el control sobre el rumbo de la negociación. Otro consejo esencial es la flexibilidad. Los buenos negociadores saben cuándo ceder y cuándo mantenerse firmes. Esto no significa perder de vista tus objetivos, sino saber adaptar tu estrategia según cómo se desarrolla la negociación.

Otra de las valiosas recomendaciones de Saskia tiene que ver con la ruptura de la negociación, que debe formar parte de la preparación. Tienes que saber muy bien en qué momento levantarte de la mesa. Porque es frecuente que la gente se siente a discutir un trato sin conocer cuáles son sus límites, su punto de reserva, aquel por debajo del cual no tiene sentido permanecer en la negociación, cuánto es lo mínimo o lo máximo que puede vender o bajo qué condiciones. Hay que tener todo lo anterior muy claro para definir cuál es el instante en el que debes retirarte de una negociación antes de cerrar un trato desfavorable.

Haz buenas preguntas

La calidad de tu vida está definida por la calidad de tus preguntas.
Tony Robbins

Desde muy chico, mis amigos me llamaban “el Preguntitas”. Mi insistente hábito de cuestionarlo todo podía resultar molesto para otros, pero a mí me dio una de las herramientas más poderosas con las que cuento todavía hoy. A lo largo de los años, mi costumbre de preguntar se ha convertido en un importante rasgo de mi personalidad y ha influido en mi enfoque hacia el emprendimiento y la vida en general.

Hacer buenas preguntas es un arte que tiene la virtud de poder transformar completamente una conversación, y es algo de lo que he platicado mucho con diversos cracks. Un consejo esencial es escuchar activamente; no solo esperes tu turno para hablar, sino realmente escucha lo que la otra persona está diciendo. Esto te permitirá hacer preguntas que profundicen en el tema y revelen información valiosa que no se hubiera descubierto de otro modo.

Prepararse adecuadamente antes de una conversación es crucial. Esto significa investigar de antemano sobre la persona o el tema para hacer preguntas informadas y significativas que demuestren que valoras el tiempo y la experiencia de tu interlocutor.

Otro punto relevante es hacer preguntas abiertas que inviten a una discusión detallada en lugar de respuestas de "sí" o "no". Por ejemplo, preguntas como "¿qué te llevó a...?" o "¿cómo manejas...?" abren el espacio para que la persona comparta su experiencia y perspectiva de manera más amplia.

Estas son algunas de las preguntas abiertas que uso en el podcast para extraer historias y sentimientos que le brinden profundidad a una conversación y que generan una enorme cercanía con mis invitados.

1. Describe el proceso que sigues para...
2. Puedes hablar un poco más acerca de...
3. Cuéntame sobre la vez que...
4. ¿Cuáles fueron los pasos que te llevaron a...?
5. ¿Qué es lo que deduces de eso?
6. ¿Cómo te sentiste en ese momento?

Y, como sugerencia, para que todas estas preguntas sean más efectivas, te recomiendo que luches contra el deseo urgente de llenar los espacios de silencio con tu voz. En mi mente juego a algo que llamo "el primero en hablar pierde", y dejo que sea mi invitado quien sucumba a la "incomodidad del silencio", con el fin de que comparta algo más profundo y detallado sobre el tema.

Finalmente, no tengas miedo de hacer preguntas difíciles o incómodas. A veces, estas son las que llevan a las revelaciones más profundas y a una verdadera comprensión del tema. Siempre he creído que la curiosidad es una de las herramientas más poderosas que poseemos, ya que nos impulsa a explorar, innovar y encontrar soluciones a los problemas. Así que, aunque en su momento el apodo de "el Preguntitas" era de broma, hoy me recuerda la importancia de mantener viva esa curiosidad infantil y nunca dejar de hacer preguntas.

Piérdele el miedo a deber

El crédito es un medio por el cual se puede aprovechar el futuro para mejorar el presente.

Thomas Jefferson

Hace poco me preguntaban: "¿Qué piensas de la teoría de hacerte rico usando dinero de terceros?". El tono en el que me hicieron la pregunta revelaba la intención de ver si mi respuesta sería sincera. La verdad es que obtener utilidades aprovechando el dinero de terceros es algo natural, siempre y cuando lo hagas conforme a las reglas.

En todo caso, poniéndolo en palabras de **Miguel Khoury X: @khourymiguel**, un emprendedor originario de Celaya, consejero en numerosas empresas y reconocido por ser el CEO y fundador de Hospitales MAC, la cadena de hospitales con mayor presencia geográfica en México: "El dinero no es más que un medio para un fin".

Miguel realmente destaca por su enfoque pragmático y estratégico hacia la deuda. Sugiere que, al considerar la deuda como una herramienta, es crucial evaluar el retorno potencial de cualquier inversión financiada a través de un crédito. Por ejemplo, en el caso de la "deuda buena", Miguel aconseja calcular meticulosamente cómo el dinero prestado puede potenciar un negocio, no solo en términos de expansión, sino de capacidad de innovación y competencia en el mercado.

Además, Miguel considera que es importante tener un plan sólido para la gestión de la deuda. Esto incluye entender las condiciones del préstamo, como las tasas de interés y los plazos de pago, y cómo estos factores se alinean con los flujos de ingresos esperados del negocio. Miguel recomienda usar herramientas de proyección financiera para prever el impacto de la deuda en las finanzas de la empresa a largo plazo y establecer un fondo de reserva para contingencias que pudieran afectar la capacidad de pago.

El concepto de "deuda mala", por otro lado, es un recordatorio en rojo de que no todas las oportunidades de crédito son beneficiosas. Miguel advierte sobre el peligro de acumular deudas que no generen retorno, como las destinadas a pagar gastos excesivos en aquello que no contribuye directamente al crecimiento o la sustentabilidad del negocio. Aquí, la disciplina financiera es clave para distinguir entre lo que es esencial y lo que es superfluo.

En resumen, la perspectiva de Miguel sobre la deuda se centra en usarla con un propósito claro y estratégico, siempre con miras a la sostenibilidad y el crecimiento del negocio a largo plazo.

Hacer dinero con el capital de otros no solo es legal, sino que es mucho más rápido para recuperar tu inversión. Por ejemplo, si compras un edificio y lo alquilas, te vas a tardar siete años en recuperar tu dinero. Si el banco te da la mitad y alquilas el edificio, le vas a pagar al banco el interés, pero solo tardarás tres años en recuperar tu capital, no siete. Tal vez creas que usar el capital personal es más seguro, pero probablemente no crezcas a los altos niveles que deseas.

Manolo Atala @manoloatala, fundador de la empresa Fairplay, y **Sebastián Kreis @sebastiankreis**, fundador de la *fintech* Xepelin, definitivamente aportan dimensiones interesantes al tema de las deudas y el financiamiento. Manolo, por ejemplo, tiene una perspectiva muy enfocada en el financiamiento basado en el desempeño para empresas de comercio electrónico. Él me habló sobre cómo este modelo puede ser una herramienta poderosa para escalar negocios sin caer en deudas que no generan retorno. Por otro lado, Sebastián es conocido por su enfoque en inversiones y la gestión de riesgos, aspecto crucial cuando se considera la estructura de financiamiento para una empresa.

Ambos tienen enfoques que complementan la visión más tradicional de la deuda y que se concentran no solo en cómo obtener financiamiento, sino en cómo hacer que ese financiamiento trabaje efectivamente para el crecimiento sostenible de un negocio.

Cuida tu activo más valioso: tu reputación

Se necesitan 20 años para construir una reputación y cinco minutos para arruinarla. Si piensas en eso, harás las cosas de manera diferente.

Warren Buffet

Arturo Elias Ayub hace mucho énfasis en la importancia de ser una persona de palabra, lo cual es crucial tanto en los negocios como en las interacciones personales. Argumenta que la integridad y la confianza son esenciales para construir y mantener relaciones duraderas y fructíferas. Ser confiable no solo mejora tu imagen ante los demás, sino que también incrementa las posibilidades de éxito en cualquier negocio que emprendas.

Arturo me contó cómo en ocasiones ha dejado ir oportunidades que representaban mucho dinero a cambio de mantenerse firme en sus valores. No es que desistiera porque vislumbrara alguna oportunidad mejor más adelante o porque se lo fueran a reconocer, sino tan solo para poder dormir tranquilo.

Cuando actúas de acuerdo con lo que prometes, demuestras responsabilidad y respeto hacia los demás, lo que a su vez fortalece tu reputación. Esta reputación de confiabilidad es invaluable, ya que las personas tienden a hacer negocios y a colaborar más frecuentemente con aquellos en quienes confían plenamente. En el ámbito del emprendimiento, donde cada relación puede ser la clave para nuevas oportunidades, mantener tu palabra se convierte en una ventaja competitiva significativa.

Además, Arturo sugiere que la integridad no solo beneficia las relaciones externas, también fortalece el carácter, la autoestima y el respeto propio. Cumplir con lo prometido es una muestra de respeto hacia los demás y hacia uno mismo. Esta coherencia entre lo que decimos y hacemos fomenta una vida más armoniosa y alineada con nuestros valores fundamentales.

Por lo tanto, más allá de la simple transacción de negocios, mantener tu palabra es un reflejo de quién eres como persona y como líder. Es un componente esencial que define el éxito a largo plazo, no solo en términos financieros, sino también en la calidad y profundidad de nuestras relaciones humanas.

8 TÁCTICAS DE CRACKS PARA EMPRENDER

1. **Emprende siempre.** Ya sea dentro o fuera de la empresa, tener responsabilidad absoluta de un proyecto en el que idealmente tienes exposición al *upside* es una de las mejores maneras de generar riqueza.
2. **Desarrolla un ojo para las oportunidades.** Haz el ejercicio de salir a la calle y observar los problemas que tiene la gente. Implementa en tu vida diaria la práctica de parar cuando algo te esté siendo difícil o tengas una mala experiencia y analiza cómo podrías beneficiarte de una solución.
3. **Suelta las cadenas del pasado.** Adopta el hábito de soñar en grande. Cada vez que fijes una meta hazte las siguientes preguntas:
   a) ¿Cómo se vería esto si fuera fácil?
   b) ¿Qué haría si el dinero no fuera un límite?
   c) ¿Qué tendría que pasar para que esta meta fuera 10 veces más grande?
4. **Atrévete a capturar valor.** Identifica el tipo de cliente al que más valor le genera tu producto y entonces diseña una estrategia de precios que te permita capturar al menos el 10% de lo que le estás generando. Aprende a comunicar una narrativa centrada en el valor que generas.

5. **Sé más generoso.** Todos los días haz algo bueno por alguien. Puede ser desde algo sencillo, que no te cueste a ti, hasta algo verdaderamente significativo. Es muy probable que tengas habilidades, contactos o activos que para ti sería sencillo prestar y que a alguien más podrían cambiarle la vida. Detente y ahora mismo haz algo bueno por alguien. Acepta ese proyecto *pro bono*, dona algo u ofrece ayuda a alguien a tu alrededor. Ve y hazlo.
6. **Domina el arte de la negociación.** Prepara tu próxima conversación como si fuera una negociación. Estudia a tu contraparte, analiza sus prioridades, identifica tu propósito y establece tu punto de reserva. La práctica hace al maestro.
7. **Ten conversaciones profundas.** Busca el momento para tener una conversación basada en preguntas que generen historias. Usa el poder del silencio a tu favor y, al terminar la plática, reflexiona sobre lo que sentiste y aprendiste.
8. **Lleva un registro de tus promesas.** Ya sean promesas que hayas hecho a alguien más o a ti mismo, apúntalas en una libreta y marca la fecha en que cumpliste lo prometido. Esta bitácora te ayudará a construir autoestima y a recordarte que tu palabra vale.

Sé un gran líder

El arte de liderar consiste en saber cuándo hay que seguir y cuándo hay que ir por delante.
John C. Maxwell

Enrique Beltranena X: @kikebeltranena, CEO de Volaris, enfrentó uno de los desafíos más grandes de su carrera durante la pandemia de covid-19. La industria de la aviación fue una de las más afectadas, con vuelos cancelados, restricciones de viaje y una drástica caída en la demanda. Sin embargo, en medio de esta crisis, Enrique demostró un liderazgo excepcional que no solo ayudó a la empresa a sobrevivir, sino que también fortaleció la cultura organizacional y la lealtad de su equipo.

Desde el inicio de la pandemia, Enrique entendió que la clave para superar la crisis era mantener una comunicación abierta y constante con su equipo. Llevó a cabo reuniones semanales con todos los colaboradores, donde no solo compartía los planes y estrategias de la empresa, sino que también respondía a las preguntas y preocupaciones de su equipo. Esta transparencia y apertura generaron un ambiente de confianza y seguridad, crucial en tiempos de incertidumbre.

En lugar de recurrir a despidos masivos, una medida que muchas empresas adoptaron como primera respuesta a la crisis, Enrique optó por una estrategia diferente. Decidió que todos en la empresa, desde los altos ejecutivos hasta el personal de base, se ajustarían el cinturón y compartirían el sacrificio. Esta decisión no solo evitó la pérdida de empleos, sino que también envió un poderoso mensaje cultural: en Volaris todos son parte de un equipo y se cuidan mutuamente.

Esta solidaridad y compromiso colectivo fortalecieron la cohesión del equipo y la lealtad hacia la empresa.

Además, Enrique se enfocó en la innovación y la adaptación. Entendió que la pandemia presentaba una oportunidad para reinventar la forma en que operaba la empresa. Bajo su liderazgo, Volaris puso en marcha nuevas medidas de seguridad y protocolos sanitarios para garantizar la seguridad de los pasajeros y el personal. También exploró nuevas rutas y servicios que se adaptaran a las cambiantes necesidades del mercado. Esta capacidad de adaptación y resiliencia permitió a Volaris no solo sobrevivir, sino también posicionarse como una de las aerolíneas más seguras y confiables durante la pandemia.

Enrique Beltranena es un ejemplo poderoso de cómo el liderazgo en momentos difíciles puede transformar una crisis en una oportunidad de crecimiento. Su capacidad para mantener la calma, comunicar de manera efectiva y tomar decisiones centradas en el bienestar de su equipo, además de salvar la empresa, fortaleció su reputación como líder. Enrique demostró que, incluso en los momentos más oscuros, el liderazgo basado en la empatía, la transparencia y la innovación puede guiar a una organización hacia el éxito.

Elige un buen socio

Si quieres ir rápido, ve solo.
Si quieres llegar lejos, ve acompañado.
Proverbio africano

Un crack conoce sus límites y expande su círculo de competencia mediante aprendizaje y asociación. En mi opinión, contar con un buen grupo de socios o colaboradores empoderados es fundamental para el éxito de cualquier emprendimiento. El camino del emprendedor es tan difícil que caminar en solitario puede llegar a ser demasiado demandante tanto física como emocionalmente para quien lo intenta.

Gastón Parisier, el emprendedor argentino fundador de la empresa de regalos Bigbox, me compartió uno de los planteamientos de su mentor y gran amigo, **Pablo Saubidet**, el fundador de Iplan, quien define una sociedad ideal como la que comparte las "3 C": la comunión de valores, la compatibilidad de personalidades y la complementariedad de capacidades. Alguna vez alguien más me dijo: "Oso, hazte amigo de tus socios, nunca socio de tus amigos", y aquel planteamiento me ha ayudado a aterrizar los fundamentos de dicho consejo.

Xavier López Ancona, fundador de Kidzania, destaca la importancia de elegir un buen socio local, especialmente cuando se trata de la internacionalización de tu empresa. Aunque en algunos casos es viable aventurarse solo, tener un socio local puede ser crucial para entender mejor el mercado y la cultura empresarial, como ha sido el caso en países como Guatemala, donde la presencia de un socio le ha resultado muy valiosa.

Además, en otra charla con **Héctor Troncoso @hectortroncosonavarro**, fundador de la cadena de gimnasios Sports World, resaltó que no hay mejor investigación que la que se hace preguntándoles a los allegados del posible socio sobre su comportamiento en diferentes ámbitos, porque al final vas a pasar mucho tiempo con esa persona y es esencial que compartan visión y valores. La calidad humana y la ética de trabajo son igual de importantes que las habilidades y el conocimiento que el socio pueda aportar al negocio.

Por último, Pablo Hernández enfatizó que escoger bien a los socios es, quizá, la parte más crítica del negocio. Muchos proyectos no prosperan por desacuerdos entre socios, por lo que concuerda con que hay que conocer bien a todo aquel con quien nos vayamos a asociar antes de formalizar cualquier trato. Pablo señala que en algunas culturas, como la japonesa, se dedica mucho tiempo a conocer personalmente a los socios potenciales antes de cerrar cualquier acuerdo.

En resumen, la elección de socios debe ser meticulosa y basada en confianza, en valores compartidos y en un compromiso mutuo hacia el objetivo del negocio.

Cuida a tu equipo, la sangre de tu empresa

Además de buscar mentores y elegir buenos socios, una gran forma de expandir tu círculo de competencia es formar un equipo de gente talentosa y alineada con tus valores. **Marisa Lazo @marisalazo.oficial**, fundadora de la cadena de pastelerías Marisa, me habló del poder que tiene crear comunidad con los empleados, un tópico del que sabe bastante.

Para esta empresaria, una característica que define a un buen líder es la cercanía con su gente, incluso en condiciones en las que parecería imposible hacerlo. Marisa me contó cómo, en sus inicios, se sabía el nombre de la mayoría de sus colaboradores, junto con sus historias de vida. Confiesa que su negocio ha crecido tanto que le resulta difícil saberse los nombres de todos, pero que no se olvida de sus historias y está pendiente de tenderles una mano cuando lo necesitan.

Una de las lecciones más destacables que me compartió don Roberto Servitje, socio fundador de Grupo Bimbo, fue la importancia de crear una empresa altamente productiva pero plenamente humana. Don Roberto enfatizó que el éxito de su empresa no solo se basó en la innovación tecnológica y la búsqueda de productividad, sino también en el cuidado y el respeto hacia las personas que forman parte de la empresa.

Él mencionó que uno de los secretos para lograrlo es realmente querer a la gente. No se trata solo de ver a los empleados como recursos para el beneficio de la empresa, sino de valorarlos como personas. Esta filosofía de liderazgo humano y participativo ha sido clave para Bimbo y le ha permitido construir una cultura organizacional sólida y leal, incluso a medida que crecían internacionalmente.

No sorprende que todo emprendedor quiera tener en sus filas a los mejores talentos disponibles en el mercado. Sin embargo, dentro de un equipo es normal que entre sus miembros haya diferentes niveles de capacidad y actitud. Para identificar a los miembros más valiosos, **Daniel Marcos @daniel.marcos.escalar**, CEO y fundador de Growth Institute, una empresa líder en capacitación en línea para ejecutivos de empresas en crecimiento, propone evaluarlos usando una metodología extraída del libro *Top Grading*, de **Brad Smart**.

La matriz de *Top Grading* es una herramienta poderosa para evaluar y optimizar tu equipo. Básicamente, clasifica a los empleados en tres categorías: A, B, y C. Los A son los empleados de alto rendimiento, los que están completamente alineados con los valores y la cultura del negocio y que generan alta productividad. Los B son empleados confiables que cumplen con sus roles de manera efectiva, pero que no tienen el mismo nivel de impacto o alineación que los A. Los C son aquellos que podrían estar desalineados con la cultura de la empresa o no cumplen con las expectativas de rendimiento; la idea es que estos empleados deberían ser revaluados o incentivados a mejorar.

En la matriz se mapea el desempeño de manera horizontal; y la alineación con los valores y la cultura del negocio, de manera vertical. Un empleado que es alto en ambos ejes es un A, mientras que uno que es bajo en ambos es un C. Lo innovador de esta metodología es que te obliga a evaluar y a capacitar constantemente a tu equipo, a fin de asegurar que siempre trabajes con los más alineados y productivos.

Esta matriz de evaluación no solo ayuda a mantener un equipo de alto rendimiento, sino que también fomenta un ambiente donde la mejora continua es valorada y esperada.

Daniel sugiere manejar a cada tipo de empleado de una manera muy estratégica para llevar al máximo tanto el rendimiento como la alineación con los valores de la empresa. Para los empleados tipo A, que son de alto rendimiento y están en sintonía con la cultura de la empresa, la estrategia es mantenerlos motivados y proporcionarles oportunidades de crecimiento continuo para que sigan siendo valiosos.

En cuanto a los empleados tipo B, que son confiables pero no necesariamente sobresalientes, Daniel recomienda proporcionarles formación y apoyo para que asciendan a la categoría A. Se trata de hacer una inversión en su desarrollo que resulte en un mayor compromiso y productividad.

Para los empleados tipo C, que no cumplen con las expectativas de rendimiento o no están alineados con los valores de la empresa, se requiere tomar una decisión más crítica. Daniel aconseja considerar la posibilidad de reubicarlos en puestos más adecuados para sus habilidades o, en última instancia, si no muestran mejora, desvincularlos de la organización para mantener la salud y la dinámica del equipo.

Estas estrategias están diseñadas para asegurar que el equipo no solo sea competente, sino que también esté cohesionado y alineado con la misión de la empresa.

Trabaja menos para hacer más

En mi libro *Haz lo que importa* introduje el concepto del "embudo del enfoque", una herramienta que, a través de cuatro pasos: eliminar, simplificar, automatizar y delegar, te permite liberar tiempo para hacer lo que más te importa. El último paso, delegar, es uno de los que tradicionalmente se abusa: erróneamente se usa como primera línea de respuesta, en lugar de verlo como la última opción.

Delegar es requisito esencial, pero también uno de los más complicados de dominar en el mundo empresarial. Hay un momento crítico en el crecimiento de cualquier líder que ocurre cuando te das cuenta de que no puedes hacerlo todo solo. Ese es el momento de empezar a delegar.

La clave está en saber qué, cuándo y a quién delegar. No se trata simplemente de pasar tareas para liberarte de cargas, sino de empoderar a tu equipo y permitirle crecer y desarrollarse.

Entonces, ¿qué es lo que debemos delegar?

1. **Tareas repetitivas y administrativas.** Las tareas que son repetitivas y no requieren de tu *expertise* específicamente son las primeras que deberías considerar delegar. Estas incluyen la gestión de correos electrónicos, la programación de reuniones y otras tareas administrativas. Delegar estas actividades te permite liberar tiempo para enfocarte en las decisiones estratégicas y en las áreas donde puedes aportar más valor.
2. **Áreas fuera de tu experiencia principal.** Si hay áreas en las que no eres experto, como contabilidad, marketing

digital o tecnología, es mejor delegarlas a profesionales que tengan la experiencia y el conocimiento necesarios. Esto no solo garantiza que el trabajo se haga bien, sino que también te permite aprender de los expertos y mejorar tus propias habilidades.

3. **Proyectos que requieren colaboración.** Los proyectos que requieren la colaboración de múltiples departamentos o habilidades diversas son ideales para delegar. Esto fomenta un ambiente de trabajo en equipo y asegura que cada aspecto del proyecto sea manejado por alguien con la experiencia adecuada.

Saber cuándo delegar es igual de importante. Si te encuentras constantemente trabajando horas extra y sientes que no puedes mantener el ritmo, es una señal clara de que necesitas delegar. La sobrecarga de trabajo no solo afecta tu productividad, sino también tu bienestar emocional y físico. Asimismo, si notas que la calidad de tu trabajo está disminuyendo porque estás tratando de hacer demasiado, es el momento de delegar. Enfocarte en menos tareas pero hacerlas bien es más efectivo que intentar hacer todo y no lograr la excelencia en ninguna. Pero, sin duda, el momento más relevante para delegar es cuando quieres escalar tu negocio. Para escalar un negocio, es crucial que el líder se enfoque en la visión y la estrategia a largo plazo. Delegar las operaciones diarias y las tareas más tácticas permite que te concentres en el crecimiento y la expansión de la empresa.

Cuando necesito validar un proyecto de inversión en Cracks Fund, a menudo recurro a mi red de inversionistas y expertos. En lugar de intentar hacerlo todo yo mismo, aprovecho el conocimiento y la experiencia de otros para tomar decisiones informadas.

Es importante rodearte de gente que no solo sea capaz, sino que también comparta la visión y los valores de la empresa. Debes tener claro el resultado que esperas y comunicarlo efectivamente. Así, tus colaboradores no solo sabrán qué es lo que se espera de ellos, sino también cómo su contribución se alinea con los objetivos mayores de la organización.

Durante el proceso de delegar, un emprendedor debe estar preparado para aceptar cierto margen de error. Delegar implica un aprendizaje tanto para quien delega como para quien recibe el encargo. Un buen líder debe convertirse en una herramienta para su equipo y ayudarle a solucionar problemas y a facilitar el camino para alcanzar los objetivos propuestos. Esto no significa hacer el trabajo por ellos, sino estar disponible para guiarlos y apoyarlos en su proceso. Delegar es un proceso que, gestionado correctamente, no solo incrementa la eficiencia, sino que también fortalece el equipo.

Asume y utiliza el poder a tu favor

El poder, en su esencia más pura, es la capacidad de influir, moldear y dirigir tanto recursos como decisiones. En el ámbito financiero, esta capacidad se traduce en la habilidad para generar riqueza no solo para uno mismo, sino también para los demás.

Al entender el poder como una herramienta para crear y distribuir riqueza, se abre un campo de posibilidades para innovar y liderar de manera ética y sostenible. **Altagracia Gómez**, presidenta de Grupo Minsa y asesora económica de la presidenta de México, Claudia Sheinbaum, destaca que el poder es dinámico y debe manejarse con responsabilidad; si no lo hacemos, alguien más lo hará por nosotros.

Altagracia resalta una realidad vital: que el poder no solo reside en la capacidad de actuar, sino también en la agilidad para anticipar y moldear los contextos antes de que estos nos moldeen a nosotros.

Desde su perspectiva, el poder es una herramienta de doble filo. Puede ser increíblemente constructivo cuando se usa para fomentar el desarrollo y el bienestar común, pero también puede ser destructivo si se deja en las manos equivocadas o si se ignora. La idea de que el poder vacante pueda ser "arrebatado" es un llamado a la acción para todos nosotros, un recordatorio de que debemos ser participantes activos en nuestra vida y en nuestras sociedades, no solo espectadores.

Esta visión invita a reflexionar sobre cómo cada uno de nosotros puede tomar la iniciativa en en nuestra propia vida y en nuestras comunidades. ¿Cómo estamos usando nuestro poder, ya sea grande o pequeño, para marcar una diferencia? ¿Estamos dejando vacíos que otros podrían llenar de maneras indeseadas? Altagracia nos invita a considerar estas preguntas no solo para beneficio propio, sino para el colectivo. Esto es esencial porque, en un mundo interconectado, el uso del poder de uno afecta el tejido de toda la comunidad.

Entender y aceptar esta dinámica puede ser transformador. Nos hace ver el poder no como algo que se posee, sino como algo que se ejecuta: una serie de acciones y decisiones que, colectivamente, son capaces de cambiar el curso de nuestra vida y la de las comunidades a las que pertenecemos.

Lidera desde el corazón

En el mundo del liderazgo, a menudo se habla de estrategias, tácticas y habilidades técnicas. Sin embargo, en *Cracks* varios invitados han destacado un enfoque menos convencional pero igualmente poderoso: liderar con amor. Este enfoque no solo revoluciona la dinámica de los equipos, sino que crea un ambiente de trabajo más positivo y productivo.

Uno de los temas recurrentes en las entrevistas es la importancia de la empatía y la conexión humana en el liderazgo. **José Manuel Arana**, CEO de Nadro, hace énfasis en que liderar con amor implica entender y valorar a cada miembro del equipo como individuo. Un líder debe preocuparse genuinamente por el bienestar de su equipo, como me lo mencionó también Marisa Lazo, lo que crea un ambiente de confianza y colaboración.

Alexandra Valentín @awaken_inner_courage, experta en desarrollo organizacional, recalca que un gran líder no solo dirige, sino que inspira y motiva desde la comprensión y la empatía. Ella mencionó que el verdadero liderazgo comprende escuchar, apoyar el crecimiento de los demás y, sobre todo, inspirar a través de acciones que demuestran preocupación genuina por el bienestar de las personas, no solo por los resultados.

Finalmente, Saskia de Winter destaca que liderar con amor implica ser vulnerable. Mostrar vulnerabilidad no es una señal de debilidad, sino de fortaleza. Al ser abiertos y honestos sobre sus propias luchas y desafíos, los líderes crean un ambiente donde los miembros del equipo se sienten seguros para ser ellos mismos y compartir sus propias dificultades.

Liderar con amor es un enfoque poderoso que transforma la dinámica de cualquier equipo. La empatía, la generosidad, el reconocimiento, la vulnerabilidad y la pasión son pilares fundamentales de este estilo de liderazgo. Al adoptar estos principios, los líderes no solo consiguen mejorar la productividad y el rendimiento de sus equipos, sino también crear un ambiente de trabajo más positivo y satisfactorio.

5 TÁCTICAS DE CRACKS PARA LIDERAR UN EQUIPO

1. **Asóciate correctamente.** Así como hablamos de buscar mentores, siempre que estés considerando empezar un nuevo proyecto evalúa incorporar un socio. Usa el modelo de las 3 C y date tiempo para conocer a los candidatos.
2. **Interésate por tu equipo.** Si bien tu rol como jefe no es ser el mejor amigo de tus colaboradores, la empatía es una gran herramienta para alinear intereses. Trata tu relación con tus compañeros como si fueran un cliente o prospecto. Usa un CRM (*customer relationship management*; yo uso Cloze) y registra fechas y detalles importantes para ellos.
3. **Implementa un sistema de evaluación de objetivos.** Lo que no se mide no se mejora, y establecer un sistema de evaluación formal para tus colaboradores les ayuda a tener dirección y la oportunidad de corregir cualquier desviación de las expectativas.
4. **Aduéñate del resultado.** El poder no se regala, se asume, y tu rol como líder no puede dejar vacíos en posiciones de poder. Asume la responsabilidad del liderazgo de tu proyecto y ejércelo con el

entendimiento de que tu fuerza en esa posición traerá beneficios y riqueza para todos los involucrados.

5. **Métele corazón.** ¿Cómo podrías incorporar más amor y empatía en tu estilo de liderazgo para mejorar la dinámica de tu equipo? Escribe una carta en la que te comprometas a ser un líder más sensible. De ser necesario, asume una identidad, por ejemplo, la de Patch Adams, el doctor interpretado por Robin Williams en la película del mismo nombre.

Construye una cultura ganadora

La cultura se come a la estrategia de desayuno.
Peter Drucker

Crea tu manifiesto de valores

En una soleada mañana de otoño, el equipo de Beek se reunió en un rincón escondido de la naturaleza, lejos del bullicio de la ciudad. Pamela Valdés, la visionaria CEO de Beek, había organizado un *offsite* que prometía ser diferente a cualquier otro. No habría alcohol, no habría distracciones digitales, solo la naturaleza y la oportunidad de conectar de manera auténtica.

Pamela había planeado cada detalle con una intención clara: fortalecer los lazos del equipo y alinear a todos con los valores y la misión de Beek. Desde el primer momento, se respiraba un aire de expectativa y curiosidad. Los miembros del equipo, acostumbrados a las dinámicas tradicionales de oficina, se encontraron en un entorno donde la colaboración y la empatía serían las protagonistas.

El primer día comenzó con una actividad que pocos esperaban: una caminata en silencio por el bosque. Pamela creía firmemente en que el silencio tenía el poder de revelar verdades ocultas y de conectar a las personas de una manera profunda. Mientras caminaban, cada miembro del equipo reflexionaba sobre su papel en Beek y sobre cómo podían contribuir al sueño latinoamericano que Pamela tanto promovía.

Al caer la noche, el equipo se reunió alrededor de una fogata. En lugar de las típicas bebidas alcohólicas, se sirvió agua de jamaica y té de hierbas. Pamela tomó la palabra y compartió su visión de una empresa donde el amor y la empatía fueran los pilares fundamentales. Habló de cómo las actividades que generan crisis compartidas, como caminar sobre fuego o sumergirse en hielo, pueden unir a las personas de una manera que el alcohol nunca podría lograr.

El segundo día estuvo lleno de actividades diseñadas para desafiar y fortalecer al equipo. Desde sesiones intensas de respiración hasta talleres de creatividad, cada momento estaba pensado para empoderar a los miembros del equipo y recordarles por qué estaban allí. Pamela creía que para construir una empresa exitosa, era crucial que cada persona se sintiera valorada y conectada con la misión de la empresa.

Uno de los momentos más memorables del *offsite* fue una sesión de respiración guiada. Mientras el equipo se sumergía en una respiración profunda, muchos encontraron una claridad y una paz que nunca habían experimentado antes. Algunos incluso lo describieron como transformador, al sentir una conexión más profunda con ellos mismos y con sus compañeros de equipo.

Al final del *offsite*, el equipo de Beek no solo había fortalecido sus lazos, sino que también había renovado su compromiso con la misión de la empresa. Pamela, con su liderazgo basado en el amor y la empatía, había logrado crear un ambiente donde cada persona se sentía valorada y motivada para dar lo mejor de sí misma.

El *offsite* de Beek no fue solo un retiro corporativo; fue una experiencia transformadora que les recordó a todos que, en el corazón de cada empresa exitosa, hay un equipo unido por valores compartidos y una misión clara. Y mientras el equipo regresaba a sus rutinas diarias, llevaba consigo no solo recuerdos, sino también una renovada pasión por construir el sueño latinoamericano.

Crear valores en una empresa es fundamental para su crecimiento y sostenibilidad a largo plazo. Los valores son el núcleo que guía la cultura empresarial y las decisiones estratégicas. **Amaury Vergara @amaury_vergara**, CEO de Grupo Omnilife-Chivas y shark en *Shark Tank México*, por ejemplo, compartió cómo la creación de valores en su empresa comenzó con la visión y los principios éticos de sus padres, enfatizando que una empresa construida sobre bases sólidas tiende a crecer de manera saludable.

La creación de valores no se trata solo de definir palabras bonitas que se cuelgan en la pared de la oficina, sino de integrar esos valores en cada proceso y decisión de la empresa. Es crucial que estos valores sean auténticos y que realmente reflejen las creencias y comportamientos del equipo de liderazgo, porque de esta manera se convierten en una parte viva del día a día de la empresa.

Hace unos meses, en mi empresa Cracks Media trabajamos con una consultoría para definir nuestros valores. Exploramos cómo ha sido el comportamiento de nuestro equipo a través del tiempo y analizamos el tipo de actitudes y personalidades que han sido comunes entre los colaboradores más efectivos y exitosos en la historia de la empresa.

Con los resultados aterrizamos un manifiesto de cinco valores esenciales que te comparto con mucho orgullo.

1. ***Be orca smart.*** Nos apasiona la curiosidad y la búsqueda del conocimiento. Adoptamos soluciones innovadoras y un pensamiento creativo, aprovechando tanto la visión individual como la sabiduría colectiva y manteniendo la sencillez.
2. ***Burn inside.*** Somos apasionados y estamos predispuestos a la acción. Nos encanta y nos divertimos poniendo a prueba nuestros límites.

3. ***Own it, drive it.*** Asumimos la plena responsabilidad de nuestras acciones y sus resultados. Aceptamos el cambio y encaramos los desafíos de frente. Sin excusas ni reproches.
4. ***No drama.*** Tenemos la piel dura. Aprendemos de los comentarios sinceros y progresamos sin guardar rencor. No nos quejamos, lo hacemos.
5. ***Head high.*** Sabemos lo que valemos y nos mantenemos firmes, haciendo que nuestra presencia sea conocida y sentida. Encarnamos la excelencia, la influencia y el impacto en todo lo que hacemos. Somos pioneros e inspiramos grandeza.

En resumen, los valores de una empresa deben ser claros, practicados y alineados con su misión, asegurando que cada miembro del equipo entienda y comparta estos principios. Esto crea un ambiente donde los empleados no solo trabajan por un salario, sino que se sienten parte de algo mayor, lo que a su vez potencia su compromiso y productividad.

Aterriza la cultura de tu empresa

Para construir a una cultura empresarial puedes usar las siguientes preguntas:

- Propósito:
  - ¿Cuál es el legado que tu empresa está dejando en tu país o en el mundo?
  - ¿De qué se perdería la sociedad si tu empresa no existiera?

- Visión:
  - ¿Hasta dónde quieres llegar?
  - ¿Qué te emociona lograr con tu empresa?

- Pilares:
  - ¿Cuáles son los tres elementos que tienes que cuidar para que tu empresa siga siendo exitosa?
  - Si hoy vendieras tu empresa, ¿qué le dirías al comprador que NO deje de cuidar?

- Promesa:
  - ¿Cuál es tu promesa de servicio?
  - ¿Qué estás resolviendo? Por ejemplo: "Te prometo que vamos a terminar tu obra en tiempo y con los costos acordados".

- Valores:
  - ¿Qué comportamientos debe tener tu equipo para lograr la visión?
  - ¿Qué características en común tienen los colaboradores más exitosos dentro de tu empresa?
  - ¿Qué valores personales son más importantes para ti y los reflejas en la gestión de tu empresa?

Abre un espacio para todos

Alejandro Ramírez @al_moreliano es director general de Cinépolis, la compañía más grande de salas de cine en Latinoamérica, con presencia en 19 países y más de 35 000 colaboradores. Alejandro se define a sí mismo como un líder bastante incluyente, en el sentido de que le gusta mucho escuchar la opinión de todos sus directivos.

Me contó que en Cinépolis manejan un sistema de gestión por comités, en donde la opinión de cualquier miembro del comité vale lo mismo: desde un gerente que puede llevar tres meses en la empresa hasta el director general o el director de finanzas. Alejandro considera que eso los ha ayudado a generar una cultura organizacional en la que se pueden expresar ideas y que propicia pensar fuera de lo establecido y cuestionar todas las suposiciones.

Cuando me mencionó lo de los comités, no pude evitar mencionarle una frase que he escuchado repetidas veces: "Un camello es un caballo diseñado por un comité". Al respecto, Alejandro me respondió que ellos tratan de evitar, en la medida de lo posible, lo que los estadounidenses definen como "parálisis por análisis" o el riesgo de sobreanalizar las cosas o de querer darles gusto a todos. También me dijo que eso no les restaba mérito a los comités, ya que se considera un gran creyente de la inteligencia colectiva. En su opinión, muchas cabezas piensan mejor que una, y contrastar ideas y discutirlas abiertamente ayuda mucho a entender pros y contras de esas ideas, lo que facilita la elección de la mejor.

Otro aspecto que vale la pena resaltar del estilo de liderazgo de Alejandro es que él se reserva su opinión hasta el final para no sesgar la conversación y evitar que las personas se cohíban y no expresen sus ideas. Pero no lo hace solo por eso, sino porque también sus propias ideas se van nutriendo de lo que va escuchando, debido a lo cual muchas veces termina cambiando de opinión. Y eso le ha sido sumamente útil en su gestión de liderazgo. Escuchar lo que las demás personas quieren decir siempre aporta algo importante a tu empresa, ideas frescas y novedosas que benefician a todos.

Sé feliz en el trabajo al tiempo que te retas

Hablar sobre la cultura de la felicidad en una empresa puede sonar incluso contradictorio. Pero ese no es el caso para **Simón Cohen @simoncohens**, CEO de Henco Global, quien es un líder que ha logrado crear una cultura empresarial única basada en la felicidad y la alta productividad. Simón me detalló cómo ha logrado equilibrar la exigencia con la felicidad en su empresa, y cómo esta filosofía ha llevado a Henco a ser reconocida mundialmente y a él como el empresario más feliz del mundo.

Simón ha desarrollado una filosofía llamada "High Performance Happy People", que se basa en cuatro pilares fundamentales: bienestar, *mindfulness*, felicidad y alto rendimiento. Esta no solo busca que los empleados sean altamente productivos, sino también que sean felices y estén en equilibrio en todas las áreas de su vida.

El empresario enfatiza la importancia de comer bien, dormir bien y hacer ejercicio. Todos los empleados de Henco toman un curso obligatorio sobre cómo dormir bien, impartido por especialistas en el sueño. Además, se les enseña sobre nutrición y se les motiva a hacer ejercicio regularmente. Simón cree que un cuerpo sano es esencial para un rendimiento óptimo en el trabajo.

Ser consciente del presente es otro pilar fundamental. Simón habla de vivir en ataraxia, un estado de tranquilidad y ausencia de miedo y ansiedad. Este enfoque ayuda a los empleados a estar presentes y a disfrutar de su trabajo, lo que a su vez mejora su rendimiento y satisfacción laboral.

En su empresa, Simón promueve un ambiente de trabajo donde la risa y la diversión son esenciales. Cree que reírse de uno mismo y disfrutar del trabajo es crucial para mantener un ambiente positivo. Las reuniones en Henco comienzan con bromas y momentos divertidos, lo que ayuda a relajar a los empleados y a crear un ambiente más ameno y productivo.

Aunque la felicidad es importante, Simón también exige un alto rendimiento y no se queda corto en su definición. Henco ha sido nombrada por J. P. Morgan como la empresa más eficiente del mundo en su industria. Simón cree que la clave para esta eficiencia es la combinación de felicidad y exigencia. Los empleados que se sienten valorados y felices suelen dar lo mejor de sí mismos y ser altamente productivos.

Un indicador clave del éxito de la cultura de Henco es el fenómeno de los "boomerangs", empleados que se van y luego regresan a la empresa. Simón sostiene que esto es una señal de que están haciendo las cosas bien, ya que estos empleados valoran tanto la cultura y el ambiente de trabajo que prefieren regresar a Henco, incluso si les ofrecen más dinero en otros lugares.

Simón logra exigir rendimiento sin sacrificar la felicidad al asegurarse de que su equipo no solo trabaje en lo que le apasiona, sino que también se sienta apoyado y valorado. Él entiende que un empleado feliz es más productivo y está más comprometido con la empresa, y ha diseñado sistemas para garantizar que así sea.

Para generar espacios de conexión personal, en mis empresas hemos organizado diferentes actividades, las cuales puedes intentar poner en práctica con tus equipos:

Gotcha
Go-karts
Hikes
Karaoke
Parrilladas
Catas de vino
Viajes a la playa

Exígele a quien respetas

Simón Borrero, CEO de Rappi, tiene una visión clara sobre la relación entre respeto y exigencia en su empresa. Me contó cómo logra equilibrar estos dos elementos para crear una cultura de alto rendimiento y crecimiento personal. Para Simón, dar *feedback* de manera directa y frecuente es fundamental. En Rappi, el *feedback* no es algo que tenga lugar cada seis meses de manera formal y politizada, sino que es un asunto intenso y serio que se trata todos los días. Hacerlo así es una muestra de respeto hacia los empleados, ya que no se les hace perder el tiempo y se les dice las cosas como son. La intención detrás de este *feedback* es que los empleados crezcan y alcancen su máximo potencial.

Simón también cree que exigir resultados no es incompatible con el respeto. De hecho, considera que no exigir excelencia es una falta de este. En Rappi, se trabaja con personas que comparten los valores de la empresa y que están dispuestas a salir de su zona de confort para crecer. Esta cultura de alta exigencia se basa en la confianza y el cariño mutuos, lo que permite que el *feedback* duro sea bien recibido y se vea como una oportunidad para mejorar.

Además, Simón habla sobre la importancia de ser claro y manejar las expectativas desde el principio. En el proceso de reclutamiento, Rappi es muy claro sobre la cultura de alta demanda y presión que existe en la empresa. Esto asegura que las personas que se unan a Rappi estén alineadas con los valores y expectativas de la empresa, y que estén dispuestas a enfrentar los desafíos que conlleva trabajar en un entorno tan exigente.

La cultura de Rappi se asemeja a la relación entre un atleta de alto rendimiento y su *coach*. Los empleados buscan ser desafiados y presionados para alcanzar su máximo potencial, así como un atleta espera que su entrenador lo aliente a dar una vuelta extra cuando cree que ya no puede más. Esta relación de exigencia y respeto mutuos permite que los empleados crezcan y se desarrollen tanto personal como profesionalmente.

En resumen, es posible crear una cultura empresarial donde el respeto y la exigencia coexistan de manera armoniosa. A través del *feedback* directo y frecuente, de la claridad en las expectativas y de una relación de confianza y cariño, Rappi ha logrado construir un entorno donde los empleados pueden alcanzar su máximo potencial, uno con muchas similitudes a lo que hemos creado en el grupo empresarial de Cracks.

3 TÁCTICAS DE CRACKS PARA CREAR UNA CULTURA GANADORA

1. **Aterriza tus valores.** Haz un ejercicio de definición de los elementos importantes que quieres imprimir en la cultura de tu empresa.
2. **Crea oportunidades para pasarla bien.** Establece momentos de conexión emocional ligera y divertida con tus colaboradores.
3. **Expresa con claridad tus expectativas y apégate a ellas.** Como lo dice el autor **don Miguel Ruiz** en su libro *Los cuatro acuerdos*, sé impecable con tu palabra y no te tomes nada personal. Puedes dar retroalimentación dura, pero con respeto, y exigirle excelencia a la gente en que has confiado.

Rodéate de los mejores

Tu red de contactos es tu mayor recurso.
Reid Hoffman

Las relaciones personales son fundamentales en el contexto de la generación de riqueza, no solo por el apoyo emocional que proporcionan, sino porque pueden abrir puertas a nuevas oportunidades. En mi experiencia, una red sólida de contactos te permite acceder a recursos, conocimientos y oportunidades que de otro modo estarían fuera de alcance. Además, las relaciones personales fomentan un intercambio de ideas que usualmente conlleva innovaciones y mejoras en los negocios. En el fondo, el capital humano es tan valioso como el financiero; cultivar y mantener relaciones personales sólidas es crucial para cualquier empresario o profesional que aspire a generar un impacto significativo y sostenible en su campo.

Cuida con quién te juntas

La idea de que somos el promedio de las cinco personas con las que más tiempo pasamos es más que una simple frase; es una verdad reveladora sobre cómo se moldean nuestra identidad y nuestras aspiraciones. En varios episodios de mi podcast, hemos explorado a fondo la manera en que nuestras redes y amigos cercanos influyen en nuestro rendimiento y visión del mundo. Como lo platiqué con **Enrique Hernández Pons @ehdzponz**, CEO de la compañía Aires de Campo, la proximidad es poder. Estar cerca de aquellos que poseen un alto nivel de rendimiento o habilidades específicas eleva tu propio nivel simplemente por la ósmosis de sus ideas, hábitos y actitudes.

Jim Rohn, quien fue mentor de Tony Robbins, popularizó esta idea que lleva un peso enorme en nuestra vida. Además de afectar nuestras decisiones cotidianas, configura lo que creemos que es posible para nosotros. Si te rodeas de personas innovadoras, valientes y comprometidas, es muy probable que adoptes estas características. Y no se trata de una adopción pasiva: es un proceso activo de intercambio donde hasta el 95% de tu éxito y de tu identidad podría ser producto de la influencia de este círculo.

Esta dinámica no se limita a las relaciones personales; se extiende a todos los ámbitos de la vida, incluyendo el profesional y el académico. Si quieres ser un líder efectivo, por ejemplo, considera la posibilidad de estar cerca de buenos líderes. Si tu objetivo es ser más innovador, sumérgete en ambientes donde la innovación sea la norma, no la excepción.

Evalúa la calidad de tu círculo

- ¿De qué temas hablan?
- ¿Cómo reaccionan cuando alguien propone una idea fuera de lo convencional?
- Analiza tu calendario de los últimos seis meses y pregúntate qué reuniones o personas te llenaron de energía y cuáles te restaron. De acuerdo con eso, agenda nuevas reuniones del primer tipo y define límites para las del segundo.

Estar cerca de personas que me inspiran, me motivan, me enseñan y me hacen crecer como persona es una de las principales razones por las que creé Cracks Mastermind, mi comunidad cercana de empresarios y empresarias con mentalidad de crecimiento, en la que he encontrado grandes amigos y ejemplos a seguir para convertirme en mejor persona, construir una mejor empresa y desarrollar mi vida familiar.

Vuélvete un maestro del *networking*

Es muy fácil decir que deberías mejorar tu círculo cercano; la cosa se complica cuando se trata de ubicar y acercarte a esas personas valiosas. Para eso existe el *networking*.

La importancia del *networking* es inmensa; es una de las herramientas más poderosas para el crecimiento personal y profesional. No implica solo acumular contactos, sino cultivar relaciones significativas que pueden abrirte puertas a nuevas oportunidades, ofrecerte perspectivas diferentes y potenciar tu desarrollo. En mi experiencia, un buen *networking* se basa en la autenticidad y en el valor mutuo. No es simplemente tomar, sino también dar. Debes enfocarte en cómo puedes agregar valor a los demás antes de pensar en lo que puedes obtener.

Para hacerlo más efectivamente, es importante ser estratégico y genuino. Primero, identifica a qué tipo de personas necesitas acercarte según tus objetivos actuales y futuros. Luego, piensa en cómo puedes ser útil para ellos antes de pedir algo a cambio. Utiliza herramientas como LinkedIn para conectar y participar activamente en conversaciones relevantes, mostrando tu experiencia y sincero interés por aquello que se discute.

Además, no subestimes el poder de los encuentros cara a cara. Organizar reuniones informales o asistir a eventos del sector puede ser esencial. Recuerda, la clave está en la consistencia y en mantener viva la relación, no solo en hacer una conexión inicial y luego olvidarte de ella.

Cipri Quintas, **Blanca Juana Gómez @blancajuanagm** (creadora de contenido y ex CEO de Grupo Expansión) y **David Samra @davidsamraa** (fundador de Hero Group) comparten diversas herramientas, tácticas y técnicas específicas para hacer *networking* de manera efectiva.

Cipri lleva una agenda detallada con información sobre sus contactos, como cumpleaños y datos personales, y se apoya en las redes sociales para mantenerse conectado y compartir sus contactos con otros.

Blanca Juana prefiere las reuniones personales, ya sea con café, tequila o vino, dependiendo de la situación, y destaca la importancia de la honestidad y la congruencia en todas las interacciones.

Blanca, al igual que David, usa WhatsApp como una herramienta clave para mantenerse en contacto, enviando mensajes breves y directos a primeras horas de la mañana para asegurarse de que sean leídos por personas ocupadas.

David, por su parte, es un maestro del *networking* físico. Recomienda estar cerca del anfitrión en los eventos, ya que este siempre tiene la virtud de conocer a la mayoría y puede generar conexiones valiosas. También sugiere identificar a las personas clave y acercarse a ellas en el momento adecuado. Él usa Facebook para recordar los cumpleaños de sus contactos y felicitarlos de manera personalizada, lo que ayuda a mantener las relaciones frescas y significativas.

Estas estrategias se basan en la generosidad, la honestidad, el uso estratégico de las redes sociales y aplicaciones de mensajes, y la identificación de personajes relevantes para construir relaciones genuinas y valiosas.

Conviértete en un conector

Hace un par de años mi esposa Lucila y yo, al sentir que habíamos “saltado” la parte más absorbente de ser papás, decidimos reconectarnos socialmente con el mundo. Siempre habíamos disfrutado mucho recibir gente en casa y por unos años simplemente dejamos de hacerlo.

Las cenas de Mesa de Cracks surgieron como el mecanismo para reactivar nuestra vida social y se convirtieron en una extensión natural del deseo de conectar a personas que están haciendo cosas extraordinarias en diferentes industrias y disciplinas. La idea es simple pero poderosa: reunir a figuras interesantes en un ambiente íntimo y exclusivo donde puedan compartir ideas, desafíos y experiencias, pero, principalmente, donde puedan conectar con otros individuos igualmente interesantes a los que tal vez no habrían tenido oportunidad de conocer de otra manera. Estas cenas no solo son un espacio para *networking*, sino un laboratorio de ideas donde los participantes encuentran inspiración y apoyo en sus pares.

Si bien lo que sucede durante la cena es muy sencillo y puede ser replicado por cualquiera, el secreto está, como con todo, en la preparación. Durante el transcurso de mi vida diaria voy recolectando nombres de personas a quienes conozco y me gustaría tratar más, así como de gente a la que no tengo el gusto de conocer personalmente pero que me resulta interesante. Con dos o tres semanas de anticipación, elijo a ocho de ellas, procurando que el grupo sea diverso, sin relaciones previas entre los asistentes, buscando que posean experiencias de vida únicas, y las contacto directamente vía WhatsApp o redes sociales usando este mensaje:

Hola, (invitado), voy a organizar una cena en mi casa en CDMX el (fecha) a las 20:00 con algunas conversaciones para romper el hielo. Me encantaría presentarte a algunos amigos y gente interesante.

Esto es algo que hago para un pequeño grupo (sin parejas) cada mes y le llamo Mesa de Cracks. ¿Estás libre entonces?

Así, claro, directo y sencillo. No todos responden, pero te sorprendería la cantidad de personas que no me conocen personalmente que aceptan mi invitación.

Y te preguntarás por qué lo hago sin parejas y la respuesta es para poder enfocar el poco tiempo que tenemos en conocernos más profundamente, dejando las formalidades a un lado. Cada cena está cuidadosamente curada para incluir a individuos que no solo son líderes en su campo, sino que también están dispuestos a compartir y crecer juntos.

Previo a la cena, le pido una pequeña biografía a cada uno de los invitados, acompañada de un dato curioso, y eso se lo hago llegar a todos en un recordatorio un par de días antes de la reunión. De esta manera todos pueden conocer un poco a los asistentes y, como lo hacen los cracks, prepararse para tener una conversación más intencional.

Con el fin de hacer la experiencia replicable de forma sencilla, todo en la cena está estandarizado. Siempre es la misma comida, los mismos horarios y prácticamente la misma dinámica. Todo está diseñado para que las estrellas de la noche sean los invitados, quienes, habiéndoles insistido en la puntualidad, suelen llegar a tiempo.

Estoy convencido de que hablarle a alguien por su nombre es la puerta a una relación profunda. Por ello, al darles la bienvenida, a todos les pido que porten una etiqueta con su nombre para que los asistentes los identifiquen con más facilidad. Tras una breve introducción en la que agradezco su presencia e insisto en el ambiente de confidencialidad que buscamos, arrancamos con la dinámica de la noche. Cada invitado tiene 10 minutos para contarnos quién es, qué lo trajo hasta aquí y qué es lo más importante que está viviendo en este momento. Al terminar, normalmente hay un espacio de preguntas. Y, finalmente, les pido que respondan una pregunta más profunda, que eligen de una serie de tarjetas que preparé con anterioridad. Así de sencillo, uno por uno, hasta que hayamos terminado.

Lo que hace especial a estas cenas es la calidad de las interacciones. No se trata solo de intercambiar tarjetas de presentación, sino de formar conexiones humanas, reales y duraderas que trasciendan el evento mismo. Esta atmósfera de apertura y confianza facilita un intercambio más profundo y significativo, lo que puede ser extremadamente valioso para alguien como tú, que está buscando no solo expandir su red de contactos, sino también encontrar inspiración y apoyo real en otros.

A pesar de que el valor real lo aportan los propios asistentes, el simple hecho de que hayas fungido como un facilitador de conexiones tan interesantes es altamente valorado por todos ellos. Las cenas tipo Mesa de Cracks te ofrecen una oportunidad única para conectar en un nivel más personal y profundo, lo que es casi seguro que dé como resultado colaboraciones y oportunidades que de otro modo difícilmente surgirían. Prueba tu propia versión de Mesa de Cracks. Puedes hacerla más pequeña y no requieres hacer una inversión grande. Es más, podrían incluso reunirse en un restaurante y que cada quien pague su consumo. Lo importante es brindar una oportunidad para conectar y aprender.

Te comparto algunas de las preguntas que hago en la cena para romper el hielo con los invitados. Esto lo hago por medio de tarjetas aleatorias que cada invitado selecciona:

Facilita una conversación profunda

- Si pudieras pedirte perdón por algo, ¿de qué sería y por qué?
- ¿Cuál ha sido la experiencia más difícil de tu vida?
- ¿Cuál ha sido un momento decisivo en tu vida y cómo te ha moldeado?
- ¿Qué es lo que más te apasiona y por qué?
- ¿Cuál es el mayor desafío que has enfrentado y cómo lo superaste?
- ¿Qué te gustaría lograr en los próximos cinco años y qué te inspira a perseguir ese objetivo?
- ¿Cuál es una lección de vida importante que has aprendido y cómo te ha cambiado?
- ¿Cuál ha sido tu cambio de pensamiento más reciente y qué lo causó?
- ¿Cómo te gustaría que te recuerden y qué legado quieres dejar?
- ¿Qué valores consideras más importantes y cómo los aplicas en tu vida diaria?
- ¿Hay algún libro, película o evento que haya cambiado tu perspectiva de la vida? ¿Por qué?
- ¿Qué es lo que más valoras en una amistad y por qué?
- ¿Cuál es tu mayor miedo y cómo lo enfrentas?

3 TÁCTICAS DE CRACKS PARA FORTALECER TU *NETWORK*

1. **Cura tu círculo interno.** Evalúa a las personas de las que te rodeas y pregúntate si te limitan o te hacen crecer.
2. **Actívate en LinkedIn.** Busca conectarte con líderes en tu industria o áreas de interés en LinkedIn.
   a) Sigue a gente interesante y escribe comentarios o preguntas inteligentes a las publicaciones que hagan.
   b) Dedícale tiempo. Las relaciones no se crean de la noche a la mañana. Lanzar invitaciones como metralleta no significa que tu red esté creciendo con solidez.
3. **Organiza una Mesa de Cracks.** Haz una lista de 10 personas que te parezcan interesantes e invita a cinco a compartir una comida. Prepáralos para llegar con una mente abierta y pasen un poco de tiempo conociéndose más profundamente.

Incrementa tu productividad

La forma más efectiva de hacerlo es hacerlo.
Amelia Earhart

Gerardo Gaya @gerardo_gaya, fundador de Iluminemos por el Autismo, es un emprendedor social dedicado a mejorar la calidad de vida de las personas con autismo y sus familias.

Gerardo enfrentó un desafío significativo al intentar equilibrar las demandas de su vida personal con las responsabilidades de dirigir una organización sin fines de lucro, lo que resultó ser una tarea abrumadora.

Para superar este desafío, Gerardo adoptó varias estrategias de productividad que le permitieron maximizar su tiempo y enfocarse en sus prioridades. Una de las primeras técnicas que aplicó fue la de *time blocking*. Esta consiste en dividir el día en bloques de tiempo dedicados a tareas específicas, lo que le permitió concentrarse en una cosa a la vez y evitar la multitarea. Gerardo reservaba así bloques de tiempo para actividades importantes como reuniones, planificación estratégica y tiempo de calidad con su familia.

Gerardo reconoció que no podía hacerlo todo solo y que para que su organización creciera necesitaba confiar en su equipo, lo que le permitió concentrarse en la visión y la estrategia a largo plazo de la fundación. Esta decisión no solo mejoró su productividad, sino que también empoderó a su equipo y fomentó un ambiente de colaboración y crecimiento.

Otra práctica fundamental en la rutina de Gerardo fue la revisión semanal. Cada semana dedicaba tiempo a revisar sus objetivos y evaluar su progreso. Esta revisión le permitió ajustar sus planes según fuera necesario y asegurarse de que estaba en el camino correcto para alcanzar sus metas.

También usaba este tiempo para reflexionar sobre lo que había funcionado bien y lo que podía mejorar, lo cual le permitió aprender y crecer continuamente.

En *Haz lo que importa*, mi enfoque es proporcionar un método práctico y efectivo para mejorar la productividad, pero desde una perspectiva holística. No se trata solo de ser más eficiente en el trabajo, sino de diseñar una vida que realmente resuene con tus valores y aspiraciones.

Para las personas más exitosas del mundo, la vida no es algo que sucede y a lo que simplemente reaccionan. Los cracks, por definición, son personas que viven de forma intencional. Conocen sus objetivos, definen sus prioridades y crean planes de acción que ejecutan despiadadamente para hacer que la vida se despliegue para ellos, por lo que se vuelven personas hiperproductivas en las áreas que les son más importantes.

En *Cracks* he tenido la fortuna de conversar con muchos invitados que aportan perspectivas únicas sobre productividad. Una idea recurrente es que la productividad no solo se mide en términos de cantidad de trabajo realizado, sino en la calidad y el impacto de ese trabajo. Muchos de mis invitados insisten en la necesidad de una clara alineación entre las tareas diarias y los objetivos a largo plazo, para asegurar que cada acción contribuya de manera significativa a la visión general. Esto concuerda con la idea de que para crear verdadera riqueza y observar progreso en cualquier área de la vida debemos enfocarnos no solo en estar ocupados, sino en ser efectivos.

Vive por tu calendario

Manejar mi agenda es clave para mantenerme productivo y enfocado en lo que verdaderamente importa. Soy un "obsesionado del calendario", como suelo decir, porque realmente creo que si algo no está en mi calendario, simplemente no existe. Este enfoque me ayuda a asegurarme de que mi tiempo esté perfectamente alineado con mis prioridades.

Utilizo Google Calendar como mi herramienta principal porque me permite integrar todos mis calendarios y ver exactamente qué tengo programado en cada momento. Además uso Calendly, que me ahorra tiempo en coordinar encuentros y reuniones. Con esta herramienta establezco bloques de tiempo disponibles para diferentes tipos de actividades, y las personas pueden elegir un hueco libre que se ajuste a sus agendas.

Este mandato de "si no está en mi calendario, no existe" me obliga a ser muy deliberado sobre cómo y con quién paso mi tiempo. Me aseguro de que cada actividad programada tenga un propósito claro y contribuya de alguna manera a mis objetivos a largo plazo. Esto no solo mejora mi productividad, sino que también me ayuda a mantener un equilibrio saludable entre el trabajo y mi vida personal, con lo que aseguro que también haya tiempo para lo que más valoro fuera del trabajo.

Otra táctica útil es resaltar cada evento o tarea en mi calendario con diferentes colores para cada tipo de actividad, lo que me permite evaluar rápidamente cuánto tiempo estoy dedicando a cada área de mi vida, ya sea trabajo, familia, amigos o tiempo personal. Este sistema de codificación por colores me ayuda a mantener un equilibrio y a asegurarme de que estoy dedicando suficiente tiempo a lo que realmente importa.

Un aspecto clave de mi manejo del tiempo es la priorización de actividades. Reviso mi calendario regularmente, especialmente los domingos, para planificar la semana y asegurarme de que estoy enfocado en lo que quiero que suceda en mi vida. Este proceso de revisión y ajuste constante me permite eliminar, simplificar, automatizar o delegar tareas, y mantener así mi enfoque en lo relevante.

Los invitados de *Cracks* comparten una variedad de trucos y herramientas para mejorar su productividad. Por ejemplo, **Patricio Villalobos @pvilla**, fundador de *Mediotiempo*, *Juanfutbol* y Sonder.mut, destaca el uso de Superhuman para gestionar correos electrónicos de manera eficiente. Esta plataforma permite usar *snippets* o plantillas para responder rápidamente correos comunes, y también incluye funciones de inteligencia artificial para resumir hilos largos de correos.

Pavo Gómez @pavogomezorea, fundador de GoLaunch, agencia de lanzamientos, practica la técnica Pomodoro para enfocarse en tareas específicas durante intervalos de tiempo definidos, y emplea la aplicación AppBlock para bloquear redes sociales y evitar distracciones. Para este mismo fin yo uso Opal. Además, Pavo hace una *checklist* diaria de prioridades para evaluar su progreso al final del día.

Recursos para aumentar tu enfoque

- **Google Calendar.** Calendariza todo, y me refiero a TODO... hasta el ejercicio y la comida.
- **Calendly.** Crea tipos de citas diferentes con límites específicos que puedes compartir y agendar con colaboradores y clientes.
- **Opal.** Bloquea distractores en tu celular para enfocarte profundamente en las actividades que has programado.
- **Superhuman.** *Turbocarga* el uso de tu correo electrónico, filtrando y simplificando el tiempo que te toma estar al día.

Date tiempo para pensar

¿Qué es lo que no estoy viendo? Esa es una pregunta que debemos hacernos constantemente todos los emprendedores y empresarios. Pero, con frecuencia, las ocupaciones del día a día no nos dejan mucho tiempo para la introspección. Los invitados de *Cracks* suelen establecer periodos de reflexión enfocada como una herramienta esencial para mejorar su productividad y generar riqueza. Estos momentos de contemplación les permiten desconectarse del ruido cotidiano y concentrarse en lo que realmente importa.

Muchos de mis invitados son personas sumamente intencionales con su tiempo, planean sus actividades con anticipación y recurren a estos momentos de reflexión para diseñar su vida alrededor de lo que quieren lograr.

Pamela Valdés se da dos días completos de *thinking time* a la semana, en los que se dedica a cuestionar las decisiones tomadas y a explorar nuevas posibilidades para su negocio. Utiliza herramientas como la aplicación Notion para documentar sus pensamientos y estructurar sus ideas, lo que le permite profundizar en asuntos específicos y encontrar soluciones creativas a los desafíos que enfrenta.

Pablo Hernández, a quien ya he mencionado, entiende lo importante que es dedicar tiempo a pensar. Pablo lo hace al menos una vez a la semana. Unas de las preguntas que se plantea son: "¿qué pasa si en México hay una crisis?", "¿qué clientes de Ingenia van a recortar?", "¿cuáles van a quedarse?". Gracias a ese ejercicio diseñó una estrategia que le permitió convertir en clientes a algunos de sus prospectos más importantes.

Otro gran ejemplo es **Raúl Romero X: @rromerohavaux**, fundador de Integralis Consulting, quien practica la meditación y el *mindfulness* durante tres días completos una vez al año para reconectar con su propósito y planificar sus próximos

12 meses. Este tipo de prácticas lo hacen detenerse y reflexionar profundamente en su vida y sus objetivos, y asegura que sus acciones estén alineadas con sus valores y metas a largo plazo.

Finalmente, **Terry Gutiérrez @teresagutierrezsmith**, CEO de Tesla en México, llama a esta práctica *thinking space*. Ella agenda un espacio de una hora, de dos a tres veces por semana; como ella dice, es su espacio sagrado, inamovible, en el que se cuestiona todo tipo de cosas, desde retos profesionales hasta temas familiares que tiene que resolver.

Estos periodos de reflexión no solo ayudan a los invitados de *Cracks* a ser más productivos, sino que también les permiten tener un impacto significativo en diferentes áreas de sus vidas. Al dedicar tiempo a pensar estratégicamente, pueden identificar oportunidades, anticipar problemas y tomar decisiones más informadas, lo que contribuye a su éxito y aumenta su capacidad de generación de riqueza.

Haz de la acción tu religión

El genio es 1% inspiración y 99% transpiración.

Thomas Edison

La transición de las ideas a la acción es un componente fundamental del éxito y la realización personal. En un mundo donde la creatividad y la innovación son altamente valoradas, la capacidad de transformar pensamientos en acciones concretas no solo determina el progreso individual, sino también el colectivo.

El movimiento inteligente es uno de los tres pilares del Método DMS que presento en mi libro *Haz lo que importa*.

Tomar acción masiva es parte de mi ADN; quien me conoce sabe que, si en una conversación surge una buena idea que pronto se convierte en un "deberíamos de", lo más probable es que antes de que termine la reunión yo ya haya contactado a alguien, comprado algún boleto, hecho alguna reservación o hasta adquirido un nuevo dominio de internet con el nombre del nuevo proyecto.

La diferencia entre tener ideas y tomar acción es algo que resuena mucho en las conversaciones con mis invitados en *Cracks*. **Felipe Gómez @felipe_gomez_virtuoso**, un emprendedor y conferencista internacional, tiene una frase poderosa: "Una visión sin acción es un sueño que jamás alcanzarás. Una acción sin visión no tiene sentido, pero una visión con acción puede cambiar el mundo". Esto encapsula perfectamente la importancia de no solo soñar grande, sino también actuar de manera concreta y dirigida hacia esos sueños.

Muchos tenemos ideas, pero la diferencia la hacen aquellos que ejecutan esas ideas. No es suficiente con planear; la ejecución es lo que transforma las ideas en realidades tangibles y medibles. La acción es lo que separa a los soñadores de los realizadores. Es fácil quedarse atrapado en la fase de ideación, pero el verdadero cambio y progreso vienen con la acción.

Uno de los principales obstáculos en este proceso es la procrastinación. La tendencia a posponer tareas importantes en favor de actividades más fáciles o placenteras es un formidable enemigo de la productividad y el logro de objetivos. La procrastinación no solo retrasa el progreso, sino que también genera estrés y disminuye la calidad del trabajo realizado. Entender las causas y encontrar métodos efectivos para combatir la procrastinación es esencial para cualquier individuo que aspire a transformar sus ideas en resultados concretos. Vencer la procrastinación es un desafío que requiere un enfoque multifacético, pero aquí te doy algunas estrategias que podrían ayudarte.

Cómo vencer la procrastinación

1. **Identifica la raíz de tu procrastinación.** A menudo, la procrastinación es un síntoma de miedo al fracaso, perfeccionismo o simplemente falta de interés. Identificar el origen del problema es el primer paso para superarlo.
2. **Usa la técnica de "divide y vencerás".** Fragmenta tus grandes proyectos en tareas pequeñas y manejables. Esto reduce la sensación de agobio y hace que cada tarea parezca más accesible. Además, establecer pequeños objetivos te permite celebrar logros frecuentes, lo que aumenta tu motivación.
3. **Establece plazos claros.** Tener plazos específicos puede ayudar a crear un sentido de urgencia y responsabilidad.
4. **Aplica la regla de los dos minutos.** Si una acción puede llevarse a cabo en dos minutos o menos, hazla de inmediato, y, si no, dedica dos minutos a algo más que estés postergando.
5. **Elimina las distracciones en tu entorno.** Rodéate de un ambiente que favorezca la productividad y asegúrate de que tienes todo lo necesario a la mano antes de comenzar tus tareas.
6. **Busca apoyo o un socio de responsabilidad.** Tener a alguien con quien compartir tus progresos puede proporcionar apoyo y motivación adicionales.

3 TÁCTICAS DE CRACKS PARA AUMENTAR TU PRODUCTIVIDAD

1. **Optimiza tu calendario.** Usa tu agenda como un panel de control visual para identificar a qué le estás dedicando tu tiempo y usa tecnología para ayudarte a hacerlo más eficiente.
2. **Programa tiempo para pensar.** Siéntate religiosamente media hora; selecciona una pregunta y, sin interrupciones, sin ir al baño, sin nada, contesta todo lo que venga a tu cabeza. Después, dedica 15 minutos a definir las acciones que vas a tomar.
3. **Vence la procrastinación y enfoca todo hacia la acción.** Combatir la procrastinación puede ser un desafío, pero hay varias técnicas efectivas que pueden ayudar.

HAZ CRECER TU DINERO

El mejor momento para plantar
un árbol fue hace 20 años.
El segundo mejor momento es ahora.
Proverbio chino

En el mundo actual, la importancia de invertir no debe subestimarse. Una vez que has logrado generar ingresos, la siguiente etapa crucial es hacer que ese dinero trabaje para ti. La inversión es la herramienta que permite multiplicar tus recursos y construir una base financiera sólida para el futuro. Desde la bolsa de valores hasta los bienes raíces, pasando por fondos mutuos y emprendimientos, las opciones de inversión son variadas y accesibles para diferentes perfiles y objetivos financieros.

En un pequeño pueblo de Vermont vivía Ronald Read, un hombre sencillo cuya vida aparentemente común ocultaba un secreto extraordinario. Conocido por sus vecinos como el conserje amable y el franelero del estacionamiento local, Ronald parecía llevar una existencia modesta. Usaba la misma chamarra vieja y manejaba un automóvil que parecía haber visto mejores días. Sin embargo, tras esa fachada humilde, Ronald escondía una astucia financiera que cambiaría la percepción que todos tenían de él.

Cada mañana, Ronald comenzaba su día barriendo las aceras y limpiando los vidrios del pequeño mercado local. Saludaba con una sonrisa a los clientes que lo conocían de toda la vida, sin que nadie sospechara que detrás de esa sonrisa había un inversor meticuloso y perseverante. Ronald tenía un don: la paciencia y la sabiduría para invertir su dinero de manera prudente y efectiva.

Desde joven, Ronald se había interesado en el mercado de valores. No tenía una educación formal en finanzas, pero poseía una curiosidad innata y un instinto para identificar empresas sólidas. Con cada dólar que ganaba, Ronald compraba acciones y reinvertía los dividendos. No buscaba hacer dinero rápido; en lugar de eso, adoptó un enfoque a largo plazo, confiando en el poder del interés compuesto.

La vida de Ronald transcurrió en su pequeño pueblo, sin lujos ni extravagancias. Nadie, ni siquiera sus amigos más cercanos, tenía idea de que estaba construyendo una fortuna. Continuó trabajando como conserje hasta una edad avanzada, fiel a su rutina y a su filosofía de vida frugal. Su secreto permaneció oculto hasta su muerte en 2014, cuando el mundo finalmente descubrió la magnitud de su riqueza.

Ronald había acumulado una impresionante fortuna de ocho millones de dólares, un legado construido pacientemente a lo largo de décadas. Al revelarse su testamento, se supo que había dejado gran parte de su dinero a la biblioteca local y al hospital, instituciones que habían sido parte integral de su vida y comunidad. Su historia no solo sorprendió a sus vecinos, sino que también inspiró a muchos a reconsiderar el poder del ahorro y la inversión a largo plazo.

La vida de Ronald Read es una lección de cómo la disciplina, la paciencia y la inversión inteligente pueden transformar vidas. El miedo y la desinformación a menudo impiden que las personas inviertan, a pesar de que es una herramienta clave para el crecimiento financiero a largo plazo. Usando los principios fundamentales de la inversión puedes, al igual que Ronald, hacer crecer tu dinero y asegurar un futuro financiero sólido.

Toma riesgos

En el mundo del emprendimiento y las inversiones, la perspectiva sobre los riesgos es fundamental. La tercera gran característica de los cracks es que piensan en grande y, para eso, están dispuestos a tomar riesgos. Pero, contrario a lo que la mayoría de la gente podría pensar, los emprendedores no son personas descuidadas que se meten en problemas sin medir las consecuencias, sino que calculan y analizan los posibles escenarios para minimizar las probabilidades de un resultado negativo.

La historia del primer hospital de Miguel Khoury, fundador de Hospitales MAC, es un relato de audacia y visión, marcado por obstáculos y triunfos, pero sobre todo por haber asumido un enorme riesgo. Tras una muy mala experiencia de su madre durante un procedimiento médico, Miguel le dijo muy decidido a su papá que construiría el mejor hospital en Celaya, ciudad donde vivían. Miguel no sabía nada de hospitales y su papá se lo hizo notar, a lo que Miguel le respondió: "Solo sé que Celaya no tiene buenos hospitales".

Miguel vendió dos terrenos y hasta la casa en la que él y su familia vivían para financiar el inicio del proyecto, pero, aun así, enfrentó grandes retos financieros. No encontraba socios interesados hasta que conversó con amigos cercanos que decidieron invertir en su visión.

A pesar de la muerte de su padre antes de que el hospital estuviera completamente terminado, y, más tarde, la de su madre, Miguel siguió adelante, motivado por su deseo de servir a su comunidad. Con el tiempo, su esfuerzo dio frutos, y lo que comenzó como un proyecto bajo grandes incertidumbres se transformó en MAC, una cadena de hospitales que aspira a ser la número uno en México y que atiende a millones de pacientes cada año.

Los proyectos más transformadores a menudo tienen inicios inciertos, pero nuestra capacidad de evaluar y asumir riesgos puede ser la táctica que nos permita acceder a la prosperidad más grande de nuestra vida.

Invierte inteligentemente

No todos los tipos de inversiones son adecuados para todo inversionista. Para entender qué oportunidades de inversión pueden ayudarte a cumplir tus objetivos financieros es importante conocer tu perfil de riesgo. El perfil de riesgo de un inversionista es una evaluación de su capacidad y disposición para asumir riesgos financieros. Es una combinación de factores individuales como la tolerancia al riesgo, los objetivos financieros, el horizonte temporal de inversión y la situación financiera personal.

Pedro de Garay @pedrodegaray es CEO de GBM, una empresa que busca potenciar a los mexicanos a través de herramientas de inversión óptimas. En una de nuestras conversaciones mencionó que cada persona tiene un perfil de riesgo que puede variar en el corto, mediano y largo plazo. En el corto plazo es esencial tener un portafolio líquido y sin riesgo para cubrir emergencias como perder el trabajo o enfrentar una enfermedad. En el mediano y largo plazo se pueden asumir más riesgos para alcanzar metas como los sueños personales, la educación de los hijos o la jubilación.

En una conversación con **Jaime Rogozinski @jaimerogozinski**, inversionista y creador del foro de Reddit WallStreetBets, famoso por la contribución a **Keith Gill** en el caso GameStop, discutimos cómo el riesgo asimétrico es una estrategia clave en las inversiones. Esta idea se centra en situaciones donde la pérdida potencial es limitada, pero las ganancias pueden ser enormes. Es como apostar poco para ganar mucho, y es una táctica que muchos inversores exitosos, como Paul Tudor Jones, ejecutan frecuentemente.

Ángel Sahagún también explica que, al tomar decisiones importantes, siempre pone en la balanza los riesgos y analiza el *upside* (ganancia potencial) contra el *downside* (pérdida potencial). Busca decisiones donde la ganancia sea potencialmente infinita y la pérdida sea limitada, como ocurre en las inversiones en *startups*, con las cuales puedes perder lo invertido, pero también la ganancia puede ser exponencial.

Determina tu perfil de riesgo

- Evalúa tu horizonte temporal. ¿En cuánto tiempo esperas necesitar el dinero que estás invirtiendo?
  - Corto plazo (1-3 años)
  - Mediano plazo (3-10 años)
  - Largo plazo (más de 10 años)

- Determina tu tolerancia al riesgo. ¿Cómo reaccionarías si tu inversión disminuyera un 20% en un año?
  - Entraría en pánico y vendería.
  - Me preocuparía, pero esperaría a ver si se recupera.
  - No me preocuparía mucho y podría incluso invertir más.

- Analiza la situación financiera actual. ¿Cuál es la tuya?
  - Tengo deudas significativas y pocos ahorros.

- Tengo algunas deudas y ahorros modestos.
- No tengo deudas y tengo ahorros considerables.

▶ Identifica tus objetivos de inversión. ¿Cuál es tu principal objetivo al invertir?
- Preservar el capital.
- Generar ingresos regulares.
- Aumentar significativamente el valor de la inversión a largo plazo.

▶ Completa el cuestionario previo y clasifícate en una de las siguientes categorías:
- **Conservador.** Prefieres inversiones de bajo riesgo con rendimientos moderados.
- **Moderado.** Aceptas un nivel moderado de riesgo a cambio de rendimientos potencialmente mayores.
- **Agresivo.** Estás dispuesto a asumir altos niveles de riesgo para maximizar los rendimientos a largo plazo.

▶ Revisa y reflexiona. ¿Tus resultados se alinean con tu comportamiento financiero y tus expectativas? Considera hablar con un asesor financiero para obtener una segunda opinión y ajustar tu estrategia de inversión según sea necesario.

Aprovecha el poder del interés compuesto

Javier Morodo, inversionista y fundador de la plataforma educativa La Revolución de la Riqueza, compartió una anécdota reveladora sobre la importancia de la inversión para hacer crecer tu dinero. Javier explicó que el interés compuesto ha sido una herramienta fundamental en su vida financiera.

Según Javier, Warren Buffet llegó a ser una de las personas más ricas del mundo no por ser el más inteligente, sino por haber comenzado a invertir a los 15 años y haber mantenido sus inversiones a lo largo del tiempo. Este concepto de *compounding* o interés compuesto no solo se aplica al dinero, sino también a otros aspectos de la vida como las relaciones personales, el estilo de vida, la alimentación y el ejercicio. Javier recalcó que pequeñas inversiones constantes pueden generar grandes resultados con el tiempo, y que la clave está en empezar temprano y ser consistente.

Einstein llamaba al interés compuesto "la octava maravilla del mundo", pero, como todas las cosas, existen dos lados de la moneda. El que invierte se beneficia, mientras que el que pide crédito termina pagando mucho más. Desafortunadamente, en la estructura del sistema financiero en México, la mayoría de las personas están del lado del crédito y muy pocas están del lado de la inversión.

Aunque es un concepto simple, el impacto que puede tener en el tiempo es impresionante, y esta es justamente la razón por la que Warren Buffet generó el 99% de su fortuna después de los 55 años.

Para entender el poder del interés compuesto considera el siguiente ejemplo. Imagina que tienes 100 dólares, y esos 100 dólares te dan un 8% de rendimiento anual. Al terminar el primer año contarás con los 100 dólares que invertiste más los ocho que te generaron de rendimiento.

$$100 + (100 \times 0.08) = 108$$

Después de esto, el segundo año, tu base no será de 100 dólares, sino de 108 dólares, por lo que el rendimiento que se generará es de 8.64 dólares.

$$108 + (108 \times 0.08) = 116.64$$

Comparemos esto con una inversión nominal en la que no se generan intereses sobre los intereses ganados el periodo anterior.

$$108 + (100 \times 0.08) = 116$$

Al tercer año tu inversión se vería de la siguiente manera:

Con interés compuesto:

$$116.64 + (116.64 \times 0.08) = 125.97$$

Sin interés compuesto:

$$116 + (100 \times 0.08) = 124$$

Aparentemente, no es mucha diferencia pero, si inviertes 100 dólares a una tasa de interés anual compuesto del 8% durante 30 años, tendrás aproximadamente 1 006 dólares al final del periodo; mientras que, sin el efecto del interés compuesto, solo habrías generado 340 dólares, ¡una diferencia de casi el triple! Esto demuestra el poder del interés compuesto a lo largo del tiempo.

Conoce los principales tipos de activos

Los invitados de *Cracks* invierten de forma diversificada en muchos activos, cada uno con sus propias características y beneficios. Aquí te explico algunos de los principales tipos de activos en los que invierten y cómo funcionan:

Activos públicos

- **Acciones.** Representan una participación en la propiedad de una empresa. Los inversionistas compran acciones con la esperanza de que el valor de la empresa aumente con el tiempo, lo que incrementará el valor de sus acciones. Además, algunas acciones pagan dividendos, que son una parte de las ganancias de la empresa distribuidas a los accionistas.
- **Bonos.** Son instrumentos de deuda emitidos por empresas o gobiernos. Al comprar un bono, el inversionista presta dinero al emisor a cambio de pagos de intereses periódicos y la devolución del principal al vencimiento del bono. Los bonos suelen ser menos volátiles que las acciones y proporcionan ingresos regulares.
- **ETF (fondos cotizados en bolsa).** Los ETF permiten a los inversionistas comprar una canasta de acciones o bonos en una sola transacción. Para mí los ETF son una buena opción para diversificar sin invertir todo en una sola compañía y recomiendo ETF de industrias completas o el Standard & Poor's 500 (SPY).

Activos alternativos

- **Capital de riesgo (*venture capital*).** Inversiones en *startups* y empresas emergentes con alto potencial de crecimiento. Este es el espacio en el que invierte mi propio fondo de inversión, Cracks Fund, así como los fondos de mis invitados DILA, Nazca, Wollef y Kaszek.
- **Capital de inversión (*private equity*).** Inversiones en empresas privadas que no cotizan en bolsa. **Arturo Saval @ajsaval**, presidente de Nexxus Capital, explica que el *private equity* implica comprar participaciones significativas en empresas con el objetivo de mejorar su rendimiento y en el futuro venderlas a un precio más alto.
- **Bienes raíces.** Inversiones en propiedades inmobiliarias, tanto comerciales como residenciales. **Gus Marcos @gus.marcos**, socio de Grupo DAGS, es uno de mis invitados que se mueve en el mundo de este tipo de inversiones.
- **Criptomonedas.** Activos digitales como Bitcoin y Ethereum basados en la tecnología de *blockchain*. Este es uno de los tipos de activos alternativos de más reciente creación y que, si bien presentan una gran oportunidad, vienen acompañados con una alta dosis de volatilidad y riesgo. Te recomiendo escuchar los episodios con **Daniel Vogel @vogelbit**, fundador de la plataforma de intercambio de criptomonedas Bitso, y de **Allan Cassis @allancassis**, fundador del fondo de inversión Lvna Capital, para entender más de ellas.

Fondos de inversión

- **Fondos de fondos.** Instrumentos que invierten en una variedad de fondos, como fondos de *venture capital*, *private equity* y bienes raíces.
- **Fondos de cobertura (*hedge funds*).** Fondos que usan estrategias avanzadas de inversión, como el apalancamiento y la venta en corto para obtener rendimientos superiores. Pedro de Garay explica que los *hedge funds* son una parte importante de los portafolios diversificados, especialmente para aquellos con un perfil de riesgo más alto.

En resumen, los invitados de *Cracks* invierten en una combinación de activos públicos y alternativos para diversificar sus portafolios y maximizar sus oportunidades de crecimiento. La diversificación permite mitigar riesgos y aprovechar diferentes oportunidades de mercado, asegurando un rendimiento más estable y sostenible a largo plazo.

No pongas todos tus huevos en una canasta

La diversificación en las inversiones es vital para gestionar el riesgo y maximizar el rendimiento a largo plazo. Diversificar significa distribuir tus inversiones en diferentes activos, sectores y geografías para reducir la exposición a cualquier riesgo específico. Este enfoque permite que, si una inversión no va bien, las otras puedan compensar las pérdidas, lo que mantiene así la estabilidad de tu portafolio. Patrick McGinnis destaca que la diversificación adecuada del portafolio es esencial para dimensionar el riesgo y el rendimiento que se busca. Un portafolio diversificado no se disparará un 200%, pero tampoco caerá un 80%, lo que proporciona una mayor consistencia y seguridad en las inversiones.

En lo personal, yo recomiendo diversificar no solo en términos de activos financieros, sino también en fuentes de ingresos. Esto es especialmente relevante para emprendedores y empleados, ya que cualquier cambio en el mercado o en su situación laboral puede afectar significativamente sus ingresos.

Para Pedro de Garay todo emprendedor aprende que su proyecto es una apuesta que puede valer cero, ya que está creando algo nuevo que no está seguro de que la gente lo quiera. Poner todo tu dinero en tu proyecto suena bastante romántico cuando te cuentan historias de éxito. Pero ¿qué pasa cuando lo pierdes todo? ¿Qué tan difícil será para ti regresar?

En opinión de Pedro, la mejor estrategia para cualquier persona, para cualquier patrimonio, es la diversificación adecuada del portafolio a corto, mediano y largo plazo. La diversificación es una estrategia fundamental para proteger tu capital y asegurar un crecimiento sostenible. Al distribuir tus inversiones, puedes mitigar los riesgos y aprovechar las oportunidades en diferentes áreas, lo que te permite construir un portafolio más robusto y resiliente.

Hackea tu libertad financiera

La libertad financiera no necesariamente viene de tener más o de ganar más, sino de gastar menos. Muchas personas han decidido vender sus casas o ahorrar durante varios años para luego vivir como nómadas por el mundo, con un presupuesto que normalmente se consideraría insuficiente. La clave está en no desear más de lo que realmente necesitas; el sufrimiento viene de querer cosas más allá de lo indispensable.

Bosco Gutiérrez Cortina @bosco_gutierrez_cortina, el destacado arquitecto mexicano que pasó 257 días secuestrado, habla sobre vivir "ligerito", es decir, no esclavizarse a los bienes materiales como una necesidad extrema. Él hace énfasis en la importancia de desprenderse de los bienes y adoptar más una actitud de servicio y menos una de soberbia. Esta mentalidad no solo reduce las preocupaciones, sino que también aumenta la libertad y la calidad de vida.

Sofía Macías @sofiamaciasliceaga, autora de *Pequeño cerdo capitalista*, y yo también planteamos que vivir por debajo de tus medios no tiene que ser una experiencia de privación, sino una estrategia inteligente para alcanzar la libertad financiera. Sofía enfatiza la importancia de establecer sistemas automáticos de ahorro justo al recibir tus ingresos, lo que facilita vivir con menos y acumular riqueza a largo plazo.

Es crucial revisar constantemente en qué se está gastando el dinero. Es conveniente hacer una evaluación periódica de tus gastos personales y empresariales para asegurarte de que realmente son necesarios y te generan felicidad. Lo que generas debe ser siempre mucho mayor a lo que gastas, y es importante tener claro en qué estás usando el dinero para así evitar gastos innecesarios.

Vivir por debajo de tus medios y llevar una vida sencilla es una estrategia frecuentemente ignorada para alcanzar la libertad financiera y reducir el estrés. Esta mentalidad permite enfocarnos en lo que realmente importa y disfrutar de una vida más plena y libre de preocupaciones innecesarias.

4 TÁCTICAS DE CRACKS PARA HACER CRECER TU DINERO

1. **Conecta con el poder del interés compuesto.** Empieza a invertir ya. El mejor día para empezar fue ayer, y el segundo mejor es hoy. Abre una cuenta de inversión en una o varias de las siguientes plataformas, que son reguladas y seguras: GBM, Bitso, Cetes Directo.
2. **Define tu perfil de riesgo.** Un buen ejercicio para definir el perfil de riesgo de un inversionista es hacer una autoevaluación detallada que considere varios factores.
3. **Busca oportunidades asimétricas.** Tu experiencia, conocimientos, información o contactos son una ventaja competitiva al momento de invertir. Ya sea que, como Bill Watson, te quedes cerca de tu zona de genio o te asesoren expertos, la mejor manera de invertir es limitando tus pérdidas y potenciando tus ganancias.
4. **Haz tu propia investigación.** En el mundo de las inversiones anglosajón se usa el acrónimo DYOR: *do your own research* o haz tu propia investigación. Si vas a poner tu dinero en riesgo, sería sabio hacer el trabajo correspondiente para evitar tomar una mala decisión impulsado por la desinformación, la emoción o el pensamiento de manada.

A M

OR

Donde hay amor, hay vida.
Mahatma Gandhi

El amor, en todas sus expresiones, es un pilar central en la vida y en la forma en que veo el mundo. Para mí, el amor va más allá del sentimiento romántico; es una fuerza que impulsa la conexión, el respeto y el crecimiento mutuo. Amar a alguien significa desear lo mejor para esa persona, incluso si eso significa ser duro a veces para impulsar su crecimiento. El amor es ayudar a los demás a alcanzar su mejor versión, no solo estar presente en los buenos momentos, sino también en los retos y las adversidades. El amor busca el bienestar integral, no solo la satisfacción momentánea.

Antes de encontrar al amor de mi vida, tuve una relación de cuatro años, que, con el tiempo, he podido entender como un vínculo codependiente y muy pasional debido a la inmadurez de ambos y a nuestras propias heridas y traumas.

Así como nos construimos, también nos lastimamos en una relación alimentada de inseguridades que limitaba que cualquiera de los dos desarrolláramos nuestro potencial al máximo; esto nos llevaba a desperdiciar oportunidades por "consideración" al otro y sembraba dudas acerca de lo que en realidad queríamos en nuestras vidas.

Todo se hizo aún más evidente con la distancia, pues, a los pocos meses de mudarme a Estados Unidos para estudiar mi maestría, empezaron las infidelidades. Recuerdo quebrarme por completo en un llanto desconsolado mientras estaba esperando mi turno para tomar mi examen de manejo, desbordado por la sensación de soledad y por la decepción.

A partir de ese momento, todo fue sumamente caótico en aquella relación; aun así, decidí continuar. Nos peleábamos y nos arreglábamos, una y otra vez, haciéndonos mucho daño. Yo me manejaba en una especie de "piloto automático", sin cuestionarme nada, y me limitaba a hacer lo que se esperaba de mí. Una prueba de ello es que, cuando se acercaba el final de la maestría, decidí que era momento de dar el siguiente paso en la relación, no porque en realidad estuviera convencido de que comprometerme era la decisión correcta, sino porque era lo que correspondía después de tanto tiempo juntos y ese había sido el plan original. Ahora que lo veo en retrospectiva, entiendo que estaba actuando por inercia, no por convicción.

Aproveché un viaje a Nueva York, donde tenía una entrevista de trabajo con el banco suizo UBS. Antes de mi reunión fui a la calle 34, el Diamond District de Manhattan, para comprar un anillo de compromiso. Recuerdo que durante la entrevista sentía que el anillo me quemaba en la bolsa. Intenté apaciguar ese ardor imaginario con un diálogo interno que me repetía en mi cabeza: "Es lo que toca. Es lo que prometí hace un par de años, así que eso es".

Dos semanas antes de la fecha que había fijado para entregar el anillo, en la boda de uno de mis amigos, la vida me mandó un mensaje que no pude ignorar. Aproveché un momento en que mi novia se levantó al baño para contarles a todos mis amigos acerca de mis planes, pero lejos de las expresiones de apoyo y alegría que yo esperaba, todos mostraron su descontento y me pidieron encarecidamente que no lo hiciera. Esa misma noche, hasta una persona con la que había tenido un *crush* desde chico, ¡me pidió que no me casara!

Mi mente hizo un corto circuito y, en cierta forma, me ayudó a romper el paradigma que había formado de cómo sería mi vida de pareja. Poco después de la sacudida, decidimos terminar la relación, en un proceso que duró casi un año de reconciliaciones y rupturas subsecuentes.

Para fortuna de ambos, pudimos entender que ella y yo no estábamos hechos el uno para el otro. Estoy convencido de que, de habernos casado, probablemente nos habríamos divorciado al poco tiempo o habríamos vivido en una relación carente en la que habríamos limitado nuestro crecimiento personal y mutuo, además de nuestra capacidad de ser felices.

Septiembre del año 2009 marcó mi regreso a México y, a las pocas semanas, Beatriz, una amiga mía de Nueva York, me invitó a una boda con la intención de presentarme a su amiga Lucila, a quien, de hecho, no le había comentado nada sobre su idea. Como era de esperarse, Lucila no tenía ninguna intención de permitir que le arruinaran la fiesta con una cita a ciegas, así que me ignoró durante toda la noche. Pero la historia no acabó ahí.

Seis meses más tarde, Lucila y yo coincidimos en una fiesta de solteros, de esas que se hacían antes, cuando todavía no había aplicaciones de citas, y en esa ocasión hicimos *clic*. Platicamos, bailamos, brindamos y saltamos de pista en pista, juntos toda la noche.

Al día siguiente nos vimos de nuevo, y así ha sido todos los días a partir de ese momento. Durante las semanas que siguieron pude experimentar una relación que fluía, en la que todo eran risas, curiosidad y admiración mutua. Lucila era una mujer con grandes valores que sacaba todo lo bueno que había en mí y que me hacía sentir que yo podía ser mejor.

Estar junto a ella era como estar en el cielo y, 11 meses después, con toda la convicción en el corazón, le pedí que fuera mi esposa.

El día de nuestra boda ha sido uno de los días más felices de mi vida, y esa felicidad la experimento todos los días que estoy cerca de ella. En Lucila he encontrado a una persona que comparte la misma visión de vida que yo tengo. Ella viene de una familia muy unida, es una mujer muy inteligente y una gran profesional.

Lucila me ha apoyado en mis momentos más difíciles, en mis días más oscuros como emprendedor, y en los que me llegué a convertir en una persona amargada, frustrada y enojada con la vida. En esos momentos, fue Lucila quien me hizo ver lo bueno que había en mí y que me rodeaba. Ella siempre ha confiado en mí y me ha empujado para ver las cosas desde una perspectiva diferente. Me ha ayudado a salirme de mis marañas mentales y a controlar la voz en mi cabeza para poder ver un mejor panorama. Lu es alguien a quien admiro profundamente y a quien considero la mejor de las consejeras.

Como cualquier pareja hemos vivido momentos difíciles, pero nuestra mirada está en la construcción. La construcción de nosotros como personas, como pareja; la construcción de una familia unida, con valores; y, finalmente, la construcción de un impacto positivo en el mundo. Lu y yo conversamos mucho sobre el momento en el que nuestros hijos se vayan de la casa y volvamos a estar solos. Ambos estamos de acuerdo en que no queremos tener que empezar a conocernos de nuevo después de haber superado nuestra etapa de padres, sino, más bien, queremos sentir que nunca hemos parado de construirnos y de crecer juntos. Creemos que estamos nosotros, como pareja, antes que nuestros hijos.

Cuando Lucila me hizo papá, y con ello entramos a una sociedad en el emprendimiento más difícil que existe, nos enfrentamos a este nuevo reto justo en uno de los momentos más difíciles que habíamos tenido financieramente. No obstante, gracias a que siempre hemos buscado nuestro desarrollo, cada uno siguiendo su propio camino, pero sin perder de vista los objetivos comunes que tenemos como familia, pudimos hacer frente a este y a muchos otros desafíos en el camino con nuestros hijos.

Por eso creo que a este amor de pareja que hemos construido le sigue el amor que sentimos por nuestros hijos. Ese amor que nos lleva a preocuparnos y a ocuparnos de ellos, a luchar contra la tentación de querer que sean aquello que nosotros no pudimos ser, a evitar transmitirles nuestras inseguridades, deseos y frustraciones. Ese amor nos impide cuidarlos en exceso o dejarlos desprotegidos; darles en demasía o criarlos en escasez. El amor que sentimos por nuestros hijos nos impulsa a levantar y mantener unida a nuestra familia; y a inculcarles los mismos valores que tenemos Lucila y yo.

Soy de los que piensan que nunca te llegas a conocer tanto como cuando estás criando a alguien, viviendo su dolor y su alegría como si fueran tuyos. Para mí, son el amor de pareja y el amor de padre lo que me conecta con los sentimientos más intensos y más reales del ser humano.

Pero hay un amor incluso aún más fuerte y trascendente que esos dos, y ese es el amor propio. Sin duda, uno de los fundamentos más importantes para vivir una vida plena y satisfactoria. El amor propio es más que simplemente sentirte bien contigo; es la aceptación incondicional de ti mismo, es reconocer tu valor intrínseco y tratarte con respeto y dignidad en todas las situaciones. Si no te valoras a ti mismo y te respetas, ¿cómo esperas que los demás lo hagan?

Por eso debemos priorizar en nuestra vida el cultivar el amor propio, lo cual significa tomar acciones que reflejen un compromiso contigo, como mantener una rutina de autocuidado, establecer y perseguir objetivos personales, y rodearte de personas que te apoyen y te valoren.

Uno de los pilares fundamentales del amor propio es la autoestima, que influye directamente en cómo enfrentamos los desafíos de la vida y en nuestra relación con los demás. Una autoestima saludable te permite establecer límites, perseguir tus metas con determinación y, sobre todo, mantenerte fiel a tus valores y a lo que realmente importa para ti. Es esencial para desarrollar relaciones sanas y la resiliencia necesaria para superar los obstáculos.

Así entonces, el amor de pareja, amor de padre y amor propio son los tres tipos de amor que debemos nutrir y cultivar permanentemente, porque sientan los fundamentos para una vida plena y feliz. Pero no son los únicos tipos de amor: además puedes sentir amor por tu trabajo, tu profesión, por tus amigos, empleados, socios, por tu país, y la lista no termina. Y con base en esta filosofía es que se construye la tercera parte de este libro.

AMA EN PAREJA

Amar profundamente a alguien nos da valor; ser amado profundamente por alguien nos da fuerza.
Lao Tse

"Hijo, a las mujeres, ni todo el amor, ni todo el dinero, porque se lo acaban". Esa era la frase que le repetía su padre a Arturo Lomelí, fundador de Clase Azul Spirits, la empresa detrás del mundialmente conocido Tequila Clase Azul, quien se formó bajo un esquema sumamente machista.

Arturo vivió su vida bajo esos preceptos hasta que, hace unos 12 años, en una boda, tuvo un instante de iluminación. Mientras su padre bailaba con la novia de Arturo, este se acercó y le dijo: "Papá, has estado equivocado toda tu vida, porque el dinero y el amor son infinitos. Puedes dar todo lo que tienes y nunca se va a acabar".

Elegir a quienes te rodean, asociarte con personas que puedan ayudarte a llevar tu vida personal y profesional al siguiente nivel, es una característica de un verdadero crack; esto es expandir tu círculo de competencia por medio de la asociación. E incluye, sin duda alguna, elegir a tu pareja de vida, ya que es, probablemente, la decisión más importante que vas a tomar. Mis invitados de *Cracks* tienen diversas perspectivas sobre la decisión de elegir una pareja; destacan la importancia de la elección consciente, la comunicación constante y la alineación de valores y objetivos.

Javier Mata, fundador de Yalo, cree que el 90% del éxito de una relación radica en la elección mutua. Por eso, para maximizar la probabilidad de encontrar a la persona adecuada, Javier hizo un experimento: tuvo 50 primeras citas, lo que le permitió conocer un universo más amplio de personas y, a partir de ahí, evaluar compatibilidades antes de comprometerse con alguien; se basó en una matriz de características que previamente había definido.

Silvia Olmedo @silviaolmedo, la famosa sexóloga y terapeuta de parejas, destaca que una relación exitosa requiere estar en la misma frecuencia de objetivos y tener conversaciones honestas y oportunas. No todas las relaciones están hechas para toda la vida, pero pueden transformarse y evolucionar si ambas partes están dispuestas a crecer juntas. Una perspectiva similar me compartió el doctor Alfonso Ruiz Soto, quien cree que una pareja debe permitir el crecimiento personal y cuestionar la vida de manera constructiva. Ponchilingas, como también le llaman, me contó que los problemas en la pareja son oportunidades para el crecimiento personal y la reconciliación con uno mismo.

Una pareja es en realidad un socio o socia de vida, como lo entiende Gina Díez Barroso, especialmente en tiempos de convivencia intensa, por ejemplo, como el que vivimos durante la pandemia. Un socio de vida apoya y comparte los sueños y proyectos del otro, manteniendo una relación basada en el respeto y la admiración mutuos. Un proyecto de vida en pareja implica un compromiso constante y la disposición de enfrentar juntos los obstáculos. La comunicación y el diálogo son esenciales para mantener la alineación y el crecimiento de ambas partes.

Crea una línea de vida conjunta

Entender y aplicar las tres líneas de vida en pareja, la individual, la compartida y la interacción entre ambas, como lo describe el doctor Alfonso Ruiz Soto, es crucial para el equilibrio y la felicidad en una relación. Este modelo no solo promueve la individualidad y el crecimiento personal, sino que también fortalece la unidad y la conexión entre ambos.

Primero, la línea de vida individual es esencial porque cada uno debe tener su propio espacio para crecer, explorar y desarrollarse. Esto incluye seguir intereses personales, mantener amistades propias y tener tiempo para sí mismo. Es fundamental para sentirse completo y satisfecho, lo cual se traduce en una mayor contribución a la relación.

Segundo, la línea de vida compartida es igualmente importante. Esta es la que construyes junto a tu pareja, incluyendo metas comunes, actividades compartidas y apoyo mutuo. Es aquí donde se cultivan la intimidad y el compromiso, trabajando juntos hacia objetivos comunes y apoyándose el uno al otro en los desafíos.

Finalmente, la interacción entre estas dos líneas de vida es donde se encuentra la magia de una relación saludable. Debe haber un equilibrio dinámico en el que la individualidad y la unidad coexistan de manera que se complementen mutuamente, no que se restrinjan.

Para el doctor Alfonso, toda relación de pareja es dinámica y de crecimiento. Por tal razón, tu pareja es una figura descomunalmente importante porque cuestiona tu vida de una manera espectacular. De ahí que en semiología se diga que "tu verdadera pareja es aquella que te conduce al centro de tu ser".

El doctor propone diferenciar los problemas de los conflictos. Con la pareja tenemos problemas, y los problemas se resuelven. Pero un conflicto no es algo relacionado con tu pareja, sino contigo mismo, y lo estás proyectando en tu pareja. En este escenario, tienes que lograr que tú o tu pareja se reconcilien con ese proceso de significación íntimo personal, para que puedan abrazarse con todo su ser.

Este enfoque no solo es aplicable a las relaciones amorosas, sino a cualquier tipo de relación interpersonal significativa. Promueve un entendimiento profundo de que el amor verdadero no se trata de poseer o depender, sino de apoyar y celebrar la individualidad dentro de una unión.

Crea una visión de pareja

Aborda las siguientes preguntas con tu pareja:

- ¿Cuántos hijos quieren tener?
- ¿Cómo quieren criar a sus hijos?
- ¿Qué rol desempeñará cada miembro de la familia?
- ¿Cómo tienen pensada la contribución económica por parte de cada miembro?
- ¿Qué rol tendrán las familias de cada uno en su vida de pareja?
- ¿Cuáles son los valores fundamentales de la familia?
- ¿Qué piensan de la libertad, la fidelidad y otros temas?
- ¿Cómo decidirán dónde vivir?

Aprende a comunicarte efectivamente usando "la red"

Uno de los pilares del éxito en una relación es la comunicación. Sabernos comunicar o interpretar lo que la otra persona está diciendo puede ser un gran catalizador; pero, si no lo hacemos de forma correcta, puede ser una gran amenaza. Y esto no aplica únicamente para una relación de pareja, sino para todo tipo de relaciones.

En el ámbito de las relaciones interpersonales y la comunicación efectiva, **Carole Robin @carole.robin11**, profesora de la Universidad de Stanford y coautora del libro *Connect: Building Exceptional Relationships with Family, Friends, and Colleagues*, introduce un concepto fundamental conocido como "la red". Este modelo, que ha sido enseñado en el famoso curso "Touchy-Feely" de Stanford, ofrece una estructura clara para entender y mejorar la comunicación entre individuos. Aquí te explico en qué consiste "la red" y cómo puede transformar tus interacciones personales y profesionales.

Carole me explicó que en cualquier conversación entre dos personas existen tres realidades distintas:

1. **Realidad 1: la intención personal.** Esta es la razón por la cual una persona dice lo que dice. Incluye sus expectativas y lo que espera lograr con su comunicación. Por ejemplo, si digo: "Estoy orgulloso de ti", mi intención podría ser fortalecer nuestra relación y mostrarte mi apoyo.
2. **Realidad 2: lo que se dice y se hace.** Esta es la realidad observable, lo que cualquier persona presente podría ver y escuchar. Es el contenido explícito de la conversación. En el ejemplo anterior, la realidad 2 es la frase "Estoy orgulloso de ti".

3. **Realidad 3: la reacción del otro.** Esta es la manera en que la otra persona interpreta y reacciona a lo que se ha dicho. Incluye tanto la interpretación cognitiva como la reacción emocional. Por ejemplo, la otra persona podría sentirse valorada y apreciada, o podría interpretar el comentario de manera diferente dependiendo de su estado emocional y el contexto.

Uno de los puntos clave que Carole enfatiza es la necesidad de comunicar no solo lo que se dice (realidad 2), sino también la intención detrás de ello (realidad 1). Esto es crucial para evitar malentendidos y asegurar que el mensaje se reciba de la manera deseada. Por ejemplo, si digo: "Es la tercera vez que me interrumpes y me siento irritado", es importante añadir: "Te digo esto porque valoro nuestra conversación y quiero que sea más fluida". De esta manera, la otra persona entiende no solo el hecho observable, sino también la intención positiva detrás del comentario.

Carole sugiere, además, que para implementar "la red" de manera efectiva es esencial practicar con personas con quienes ya se tiene una buena relación antes de intentar aplicarlo en situaciones más conflictivas. Además, recomienda que los líderes (o las parejas) empiecen dando y aceptando *feedback* como un regalo, no como un castigo. Esto crea una cultura de confianza y apertura donde todos se sienten seguros para expresar sus sentimientos y opiniones.

Un buen truco para evitar "saltar la red", es decir, cruzar a un territorio donde asumes cosas sobre la otra persona, es hablar sobre uno mismo. Imagina que llegas a casa después de un día largo y quieres compartir algo importante con tu pareja, pero sientes que no te está prestando atención. En lugar de decir: "Siento que nunca me escuchas", que es una interpretación y puede generar que tu pareja se ponga a la defensiva, podrías sustituirlo por: "Cuando hablo y no me miras, me siento ignorado y eso me duele porque valoro nuestra comunicación". Este enfoque mantiene la conversación en tu lado de "la red" y facilita una respuesta más empática y constructiva.

"La red" es una herramienta poderosa para mejorar la comunicación y fortalecer las relaciones. Al entender y aplicar las tres realidades en nuestras conversaciones, podemos evitar malentendidos, reducir conflictos y construir relaciones más auténticas y efectivas. Practicar este modelo requiere tiempo y esfuerzo, pero los beneficios en términos de relaciones más profundas y satisfactorias valen la pena.

Ve a las personas por quienes son y no por quienes esperas que sean

Para desarrollar relaciones de pareja profundas debemos eliminar las expectativas y etiquetas que solemos imponer a las personas, una perspectiva que Eric Descombes y yo compartimos durante una gran plática. Eric piensa que al liberarnos de las expectativas preconcebidas, podemos ver a las personas como realmente son, no como esperamos que sean. Esto no solo reduce la decepción y el estrés, sino que también nos permite apreciar y valorar más genuinamente las cualidades y contribuciones únicas de cada individuo.

En nuestra conversación nos centramos en los arquetipos de padre y madre, aunque el concepto es perfectamente aplicable para cualquier otro arquetipo, como el de esposo y esposa. Eric me contó cómo, a través de la terapia, descubrió que los arquetipos traen consigo una especie de máscara que no permite reconocer y apreciar a los seres humanos que la portan.

Eric se dio cuenta de que, debajo de los arquetipos de papá y mamá, se encontraban André y Sylvia, dos seres humanos reales. Descubrió, por ejemplo, a una Sylvia que de joven tenía ciertos gustos y preferencias en novios, y a un André que creció en Francia con los traumas de la Segunda Guerra Mundial. Es decir, empezó a ver a sus padres por lo que realmente eran, y no por lo que sus respectivos arquetipos demandaban.

Eric decidió dejar de llamarlos "papá" y "mamá", lo que causó que dejaran de ser sus padres y se convirtieran en sus amigos. En otras palabras, Eric logró separar el arquetipo del ser humano, y así pudo disfrutar de esas personas, conocerlas y entenderlas desde sus respectivas historias. En sus propias palabras, ese ejercicio "te hace ser una persona que ve las cosas como son y no como una idea que podría no ser real y que invariablemente terminará decepcionándote".

Así como los poderosos arquetipos de papá y mamá, de los que se esperan grandes cosas, como ser guía, apoyo y dar amor, entre otras, existen otros arquetipos igualmente importantes, como los de esposo y esposa, o marido y mujer, que traen consigo grandes expectativas que condicionan el comportamiento de las parejas.

Tony Robbins dice que si cambias las expectativas por gratitud, todo en tu vida se transforma. Si logras separar el arquetipo de la persona y la miras como el ser humano que es, podrías eliminar esa capa de anhelos producto de las expectativas asociadas al arquetipo, lo que te liberará de la carga emocional que te suponen.

Lidera tu vida con un co-CEO

Para muchos de mis invitados, y particularmente para las mujeres a quienes he entrevistado, dirigir sus vidas desde la perspectiva de un CEO es algo que produce grandes resultados. El concepto de co-CEO de vida en relación con la pareja ha surgido como un tema fascinante y multifacético. Tener un co-CEO de vida implica mucho más que compartir responsabilidades domésticas o financieras; se trata de compartir una visión de vida y apoyarse mutuamente en el crecimiento personal y profesional.

Por ejemplo, Pamela Valdés describe a su esposo como su co-CEO personal, una figura clave en la gestión de la "empresa" más importante: su vida. Esta perspectiva resuena profundamente conmigo, ya que da cuenta de que las parejas deben funcionar como verdaderos socios estratégicos, no solo en el amor, sino en todos los aspectos de la vida.

Teresa Gutiérrez me contó que todos sus planes familiares los hace con su pareja, o sea, su co-CEO, lo que para ella es una experiencia espectacular en la que pueden construir juntos. Esto es algo que llevan haciendo los últimos tres años.

Cuando le pregunté sobre cómo hacían para mantenerse alineados, Terry me confesó que eso, sin duda, era un desafío y que una de sus medidas era ir recalibrando su relación continuamente. Para ella, se trata de construir la relación, de ser libre de expresar con honestidad brutal lo que se desea. Con una honestidad que es real, pues, cuando conectas con realidades y no con fantasías, suposiciones o expectativas, es más fácil llegar a acuerdos, y es por eso que ambos trabajan mucho en sus técnicas de comunicación.

Además de la honestidad, Terry y su pareja trabajan mucho en la manera de decirse las cosas, procurando hacerlo con cariño y respeto, diciendo incluso las cosas más difíciles desde un lugar de amor que expresa el deseo de un bienestar mutuo.

Un tercer elemento de éxito de Terry es que ella y su co-CEO han construido una relación divertida en la que, como cómplices, la pasan muy bien juntos.

Este modelo de co-CEO no solo fortalece la relación, sino que también fomenta el respeto y la admiración mutuos al reconocer y valorar las contribuciones de cada uno. Invita a las parejas a pensar en su relación no solo como un compromiso romántico, sino como una colaboración continua que requiere comunicación, negociación y, sobre todo, un compromiso compartido hacia metas comunes.

Planea como si tu vida dependiera de ello

Tener un co-CEO es una clara muestra de cómo los cracks viven sus vidas de forma intencional, manejando todos los aspectos de ella con estructura, planeación y metodología, tal como lo harían con una empresa. La relación de pareja no es la excepción.

Mis invitados tienen enfoques únicos y efectivos para llevar a cabo planeaciones anuales de pareja, con las que se aseguran de mantener una relación sólida y alineada con sus objetivos personales y compartidos. Javier Morodo, por ejemplo, menciona que él y su pareja hacen un retiro anual de fin de semana para planificar el año. Durante este retiro, se desconectan del mundo exterior y se enfocan en reflexionar sobre el año que pasó y en establecer metas y objetivos para el próximo. Este ejercicio les permite reconectar y asegurarse de que ambos estén alineados en sus metas y expectativas.

Por otro lado, **Karla Berman @karlitaberman**, inversionista, *board member*, experta en ventas y shark en *Shark Tank México*, tiene una metodología más estructurada para la planeación anual con su pareja. Me contó que, antes de casarse, ella y su prometido hicieron una especie de junta de planeación para hablar de las cosas más importantes de su vida en pareja y sobre cómo querían diseñar su familia. Escribieron todo en un manifiesto: sus acuerdos, incluyendo cuántos hijos querían tener y cuál sería el proceso de toma de decisiones con respecto a cuándo tener esos hijos.

Karla y su esposo también planean muy bien sus finanzas y hacen un presupuesto anual detallado cada diciembre en el que desglosan todos sus gastos, desde el entretenimiento hasta las vacaciones y las clases de sus hijos. Este ejercicio no solo les ayuda a manejar sus finanzas de manera efectiva, sino que también les permite sentirse cómodos hablando de dinero, un tema que suele ser conflictivo en muchas parejas.

Karla y Carlos decidieron juntar el dinero de ambos en una misma cuenta y tomar recursos de ella para pagar los gastos de la casa. El dinero restante lo dividen en tres partidas: el ahorro común, el ahorro de él y el ahorro de ella.

El ahorro común está a nombre de ambos, con metas de ahorro bien definidas. El excedente es colocado en un fondo de emergencia con el objetivo de tener dinero suficiente para cubrir al menos un año de gastos. Lo mejor: este sistema les sigue funcionando aun después de 20 años de casados.

Finalmente, Karla menciona que tienen un sistema logístico muy detallado para organizar las actividades de sus hijos, lo que les permite tener todo en orden y reducir el estrés familiar, ¡incluso con cinco hijas!

Aunque parecería que una planeación tan detallada podría quitarle espontaneidad a la vida, sobre todo si pretendemos mantener la llama de la relación encendida, en realidad ofrece mayor libertad. En mi caso, mi calendario está planeado con 18 meses de anticipación, lo que en ocasiones me resta flexibilidad cuando me sale un plan de último minuto. Sin embargo, pienso que, si está en mi calendario, es porque es algo que de verdad quiero hacer, y así garantizo que con intención mis días estén ocupados con las actividades que son realmente importantes para mí, como lo son mis momentos de conexión y viajes con Lucila.

Haz una planeación financiera

- Proyecta un escenario optimista de ingresos y uno pesimista:
  - ¿Qué pasa si uno de los dos se queda sin trabajo?
  - ¿Qué pasa si no llegan a tener el 100% de su compensación variable?
- A partir de ahí haz dos presupuestos:
  - El base
  - El frugal, en el que prevén qué podrían cortar si lo necesitaran
- Piensa en cuatro cubetas:
  - Lo que necesita la familia
  - Los “quiero” (viajes, experiencias)
  - Capex o gastos de capital (¿qué inversiones fuertes van a hacer?, cambio de coches, compra de computadora, etcétera)
  - Proyectos personales (inversión en un negocio, viaje con alguno de sus padres, donación a alguna causa que sea personal)

Juega al largo plazo con personas de largo plazo

Se dice que, cuando te casas, estás eligiendo a la pareja con la que quieres pasar el resto de tu vida. Pero yo creo que es una idea incorrecta, y hasta podría decir que imposible. En los 10 años que llevo con Lucila, que no es tanto comparado con lo que nuestros padres o abuelos han durado juntos, puedo decir que he elegido al menos unas tres o cuatro parejas diferentes con quienes he querido estar. Y, afortunadamente, esas parejas también me han elegido a mí. O, bueno, no a mí precisamente, sino a la persona que he sido en esos momentos. ¿De qué hablo?

Me refiero a que la gente cambia y es impensable que a los 70 años seamos las mismas personas que fuimos el día de nuestra boda. Crecemos, evolucionamos, nos descubrimos y nos reinventamos, y, si queremos mantenernos juntos como pareja, entonces debemos hacer todo eso juntos, una, y otra, y otra vez.

Hay una frase del escritor francés Antoine de Saint-Exupéry que dice: "El amor no consiste en verse mutuamente a los ojos, sino en mirar juntos en la misma dirección". Y eso es precisamente de lo que estoy hablando.

La longevidad de una relación no solo depende del amor o la pasión inicial, sino de la capacidad de ambos para crecer juntos, adaptarse a los cambios de cada uno y mantener una comunicación abierta sobre sus metas y expectativas. Es un trabajo diario que requiere compromiso, respeto y, sobre todo, mucha comunicación.

Como individuos podemos cambiar, pero mientras compartamos el mismo objetivo, mientras nuestras miradas se dirijan hacia el mismo lugar, la elección de estar juntos siempre va a ser la más plena. Y para mí ser consciente de que

Lucila y yo crecemos juntos, que llevamos el mismo camino, hace que me sienta cada día más afortunado y agradecido por tenerla a mi lado.

Al abrazar esta idea, nos abrimos a un espectro más amplio de experiencias y sabiduría, lo cual es crucial para nuestro desarrollo personal y profesional. Es una invitación a ver más allá de las etiquetas convencionales de las relaciones y a reconocer el valor en cada persona que se cruza en nuestro camino.

Cultiva tus rituales y pasiones

Mantener el vínculo y la cercanía en las relaciones de pareja es un tema recurrente en las conversaciones con invitados en *Cracks*, y varios de ellos me han compartido tácticas y rituales que fomentan esta conexión vital a pesar de las exigencias de sus carreras. Por ejemplo, **Luis Cervantes**, CEO del fondo de inversión General Atlantic, compartió que él y su esposa hacen escapadas regulares, al menos una vez al trimestre, las cuales les permiten reconectarse y revitalizarse como pareja. Estos momentos dedicados exclusivamente a la pareja son cruciales para mantener la chispa y el apoyo mutuo.

Lu y yo tenemos muchos rituales. Aun cuando la vida se pone difícil por momentos, cuando nuestra atención se centra en nuestros hijos y en nuestros trabajos, buscamos siempre regresar a nuestro centro: viajamos juntos una o dos veces al año; tenemos por costumbre tocarnos pie con pie por debajo de la sábana, tan solo para sentir que ahí estamos el uno para el otro; nos damos un beso de seis segundos cada día; y, cuando nos peleamos, a veces nos escribimos un mensaje largo por WhatsApp para dejar claro que, más allá de la razón de la pelea, nosotros nos queremos, nos admiramos, nos amamos, y lo que hacemos siempre lo hacemos buscando el bien de la pareja, desde el amor y el respeto hacia el otro.

Pero no todo es tan sobrio y solemne entre nosotros. Aunque personalmente creo que el alcohol no debe ser un elemento central en cómo nos conectamos con nuestros seres queridos, mi relación con mi esposa se fortalece en esos momentos cuando nos soltamos un poco y compartimos risas juntos o con los amigos, ya sea en casa o de fiesta. Claro que también expresamos nuestras pasiones, nuestros miedos y nuestros sueños sin necesidad de irnos de fiesta; sin embargo, cuando lo hacemos... lo bailado ya nadie nos lo quita.

Manuel Arango X: @manuelarangoa es un reconocido empresario y filántropo mexicano, quien me compartió parte de su fórmula para mantener un matrimonio de casi cinco décadas: compartir pasiones. Manuel piensa que, cuando la pareja tiene una pasión por algo, esto les ayuda a mantenerse unidos. La pasión es lo que lleva a un ser humano a levantarse de la cama cada día, a querer hacer cosas, a transformar su curiosidad en experiencias.

Manuel y su esposa compartían una profunda pasión por la filantropía, y enfatiza que esta debe ser una parte integral de la vida de cualquier empresario exitoso. Él nos recuerda que, a fin de cuentas, lo que realmente importa no es cuánto dinero ganamos, sino cómo usamos ese dinero para mejorar el mundo que nos rodea.

Además, Manuel tiene historias e intereses fascinantes: por ejemplo, dio la vuelta al mundo en una avioneta y es fan del pádel tenis, lo que demuestra que una vida plena y significativa se llena de experiencias diversas y enriquecedoras. Su capacidad para equilibrar el éxito empresarial con una vida dedicada a la filantropía, a la pareja y a la aventura es una lección poderosa para cualquier persona.

Estos rituales y tácticas no solo fortalecen la relación, sino que también aseguran que ambos miembros de la pareja se sientan valorados y entendidos. ¿Qué aspectos de la cercanía con tu pareja consideras más importantes para fortalecer la conexión en tu relación?

Ten conversaciones profundas y significativas

1. Preguntas sobre el pasado y los recuerdos:
   i. ¿Cuál es uno de tus recuerdos favoritos de nuestra relación y por qué?
   ii. ¿Puedes contarme sobre un momento en tu infancia que te hizo muy feliz?
   iii. ¿Qué es algo que siempre quisiste hacer de pequeño y que aún no has hecho?

2. Preguntas sobre sueños y aspiraciones:
   i. ¿Cuál es un sueño o meta que tienes para nuestro futuro juntos?
   ii. Si pudieras vivir en cualquier parte del mundo, ¿dónde sería y por qué?
   iii. ¿Qué es algo nuevo que te gustaría aprender o experimentar en los próximos años?

3. Preguntas sobre la relación y el amor:
   i. ¿Qué crees que podemos hacer para fortalecer aún más nuestra relación?
   ii. ¿Hay alguna manera en la que te gustaría que te apoye más?
   iii. ¿Qué es lo que más valoras de nuestra relación?

4. Preguntas sobre la vida y la filosofía:
   i. ¿Qué es lo más importante para ti en la vida y por qué?
   ii. ¿Cómo describirías el sentido de la vida?
   iii. ¿Qué crees que es lo más importante para lograr la felicidad?

5. Preguntas sobre el presente y la gratitud:
   i. ¿Cuál es la parte de nuestra vida que más disfrutas en este momento?
   ii. ¿Qué es algo por lo que te sientes especialmente agradecido hoy?
   iii. ¿Hay algo que te gustaría hacer más juntos que no hacemos a menudo?

Habla el quinto lenguaje del amor

En su libro *Los cinco lenguajes del amor*, que es uno de los que yo más he recomendado durante los últimos años, **Gary Chapman** presenta una guía para entender cómo cada persona expresa y recibe amor de maneras distintas, lo cual puede transformar completamente nuestras interacciones y fortalecer nuestros vínculos.

Chapman enlista cinco lenguajes: palabras de afirmación, tiempo de calidad, recibir regalos, actos de servicio y contacto físico, como las vías con las que podemos llegar a una comprensión más profunda de las necesidades y expectativas de nuestros seres queridos, evitando malentendidos y conflictos innecesarios. Esta perspectiva nos ayuda a construir relaciones más sólidas y significativas, donde cada individuo se siente verdaderamente comprendido y valorado.

Si bien cada lenguaje es único y requiere de su propia atención, el quinto lenguaje, contacto físico, es uno de los que he abordado en diversas ocasiones con especialistas en *Cracks*.

Silvia Olmedo sugiere varios ejercicios para mantener la atracción y la conexión emocional. Uno de sus consejos es crear momentos de prohibición, como decidir no tener relaciones sexuales durante una semana y vestirse de manera atractiva para aumentar el deseo. Además, recomienda generar adrenalina y hacer que la pareja se vea atractiva para otros, como ir a un lugar donde nadie los conozca y no parecer una pareja, lo que puede despertar el instinto de caza y el deseo mutuo. Otro ritual importante que menciona Silvia es tener espacio de calidad sin los hijos, donde la pareja pueda disfrutar y jugar sin hablar de problemas o responsabilidades. También sugiere hacer actividades nuevas que ninguno de los dos haya probado antes, lo que puede reavivar la admiración y la atracción al descubrir nuevas habilidades y facetas del otro.

Bibi Brzozka @planetbibi, una innovadora *coach* de bienestar sexual, facilitadora de tantra y especialista en la vida consciente, me contó sobre su novedoso y disruptivo enfoque para crear espacios para la conversación y plantar semillas para la exploración de la sexualidad consciente. Le pedí que nos compartiera una táctica para mejorar la vida sexual en pareja y me sugirió empezar por hacernos conscientes de la respiración.

El ejercicio consiste en sentarse uno al frente del otro viéndose a los ojos mientras se hacen respiraciones profundas, inhalaciones y exhalaciones más o menos de la misma duración. En la exhalación, ella propone abrir la boca, produciendo un sonido personal que ella llama "sonido del mar", sincronizando tu respiración con la de tu pareja. De acuerdo con Bibi, este ejercicio calma tu mente para sentir más y mejor, ya que el cuerpo se hace más sensible y la experiencia se vuelve más sensual.

Esto que Bibi propone es realmente una meditación, en la que el mantra es la respiración. Ella opina que con solo implementar esta práctica de respiración consciente, sin necesidad de entender nada más, cambiarán para bien muchas cosas en tu vida y en la relación con tu pareja.

La sexualidad es un componente esencial de la vida en pareja y mantener una vida sexual saludable requiere comunicación, innovación y tiempo de calidad para fortalecer la conexión emocional y física en la relación.

Ve tu relación por lo que es en realidad

Los psicólogos con los que he conversado en el podcast han abordado con profundidad la diferencia entre las relaciones sanas y las tóxicas, enfatizando cómo el apego puede tener un papel crucial en ambas. Una relación sana se caracteriza por el respeto mutuo, la comunicación abierta y el apoyo incondicional, donde ambas partes se sienten valoradas y comprendidas. Por otro lado, las relaciones tóxicas a menudo involucran patrones de comportamiento dañinos, como la manipulación, el control y un apego insano que puede llevar a la dependencia emocional.

El apego en las relaciones puede ser saludable cuando promueve la interdependencia, es decir, cuando cada persona mantiene su individualidad mientras se apoya mutuamente. Sin embargo, el apego se vuelve problemático cuando se transforma en una dependencia emocional que limita el crecimiento personal y la libertad individual. Los expertos subrayan la importancia de reconocer estos patrones y trabajar en tener relaciones más equilibradas y saludables, en las que el apego no signifique renunciar a la propia identidad o bienestar.

Silvia Congost @silviacongost, psicóloga española, experta y referente mundial en autoestima, dependencia emocional y relaciones, recomienda que, cuando una relación se vuelve tóxica, hay que cortar el vínculo de raíz y mantener contacto cero, siempre que sea posible. La excepción se da en relaciones familiares directas, donde sugiere mantener el mínimo contacto necesario para preservar la paz mental.

¿Cómo saber cuándo mantener una relación y cuándo terminarla? En su opinión, si tienes que luchar para que tu relación funcione, ya estás ante un mal diagnóstico, porque una relación que funciona es una relación que fluye. Esto no significa que no haya conflictos en absoluto o que no tengas que trabajar para que fluya: habrá problemas y tendrán que trabajar en ellos. Debes poner de tu parte, al igual que tu pareja, pues una relación es un edificio que se construye entre ambos. Tendrán que crear cimientos sólidos que sostengan ese edificio a través del tiempo, y deberán hacerlo de la mano.

Estar con alguien con quien no eres compatible implica dejar de ser tú y aceptar situaciones que tal vez no van contigo: quizá te veas obligado a renunciar a cosas que para ti son importantes o te sientas forzado a dejar pasar gestos y conductas que te duelen y no te hacen bien.

Por supuesto, esto puede parecer algo muy subjetivo, como ocurre en el emprendimiento. ¿Cómo saber en qué momento rendirnos si hemos invertido tanto, si todavía nuestro corazón emprendedor es optimista y pensamos que la oportunidad gigante que estamos buscando está detrás de la siguiente puerta? En una relación de pareja podría ocurrir algo similar. Entonces, ¿cómo saber que no nos estamos engañando?

Silvia piensa que hay ciertas relaciones que nunca funcionan. Solo basta con echar un vistazo atrás para darnos cuenta de que, más allá del enamoramiento inicial, esa relación realmente nunca fue buena. Es decir, fuera de esa primera etapa en la que idealizamos a la otra persona, que la vemos perfecta y que la hacemos encajar con nuestras expectativas, podemos darnos cuenta de que nunca hemos estado bien. No obstante, es común que sigamos alimentados por esa fantasía de cómo algún día será la relación con esa persona, de esa vida soñada que vamos a tener, de las cosas que vamos a hacer y de todo lo que vamos a vivir. Cuando nos damos cuenta de que todo era una fantasía, es momento de irnos; porque, cuando esa venda se cae de los ojos, es imposible colocarla de nuevo.

En el caso de relaciones que han funcionado durante un tiempo, pero que se han deteriorado, debes determinar qué es aquello que te está causando dolor, si esa relación en este momento te aporta algo o si están implicados ambos en partes iguales como para conseguir que la pareja vuelva a funcionar. Ya que, si solo una de las partes está interesada en trabajar en ella, será mejor dar esa relación por terminada.

Silvia es de las que piensan que, antes de renunciar a una relación que ha funcionado durante un tiempo, es bueno intentar reconstruirla o enderezarla de alguna forma para que no te quedes con la sensación de que tal vez podrías haber hecho algo más. Dicho esto, no es poco común mantener una relación "conectada a un respirador" más de lo prudente.

Lo que no es sano, claro, es quedarte en una relación que ya no tiene sentido, solo por la dependencia emocional, que es un tipo de apego extremo. Silvia compara esa dependencia con una adicción, donde el primer paso que hay que dar para superarla es la aceptación. Destaca la importancia de fortalecer la autoestima y hacer un trabajo de introspección para entender las creencias y patrones que nos han llevado a esa situación. Este proceso incluye identificar nuestros valores personales y determinar por qué la relación no encaja con dichos valores.

Por su parte, Juan Lucas Martín aborda el tema del apego desde una perspectiva espiritual. Señala que el sufrimiento proviene del apego a lo material y a las personas. Propone el desapego como una forma de amar incondicionalmente, sin expectativas ni deseos de control. Este enfoque, según él, elimina la frustración y el sufrimiento, lo que favorece una conexión más profunda con nuestra parte divina.

Es importante reconocer y cortar los vínculos tóxicos, trabajar en la autoestima y practicar el desapego para mantener relaciones sanas y equilibradas. Esto contribuye además a nuestro bienestar emocional y espiritual.

6 TÁCTICAS DE CRACKS PARA FORTALECER TU VIDA EN PAREJA

1. **Crea una visión de pareja.** Tengan una conversación profunda con la finalidad de llegar a acuerdos; plásmenlos en un documento que firmen los dos y pueda ser revisado periódicamente.
2. **Desarrolla prácticas de comunicación efectiva.** Sé consciente de que en la comunicación existen tres perspectivas: la tuya, la de otra persona y lo que realmente está ocurriendo. Así que procura expresar claramente tu perspectiva, desde tu lado de "la red".
3. **Planea las finanzas de la relación como si fuera una empresa.** Haz una tabla de Excel con tus gastos anuales, crea un presupuesto en pareja, tengan un fondo de ahorro y de emergencias. Revisen sus finanzas periódicamente.
4. **Elimina las etiquetas en tu relación.** Puedes sacar de tu mente todas las expectativas asociadas al arquetipo de esposo/esposa, marido/mujer, novio/novia si decides mirar a tu pareja por la persona que es y no por la función que tiene que cumplir para ti.
5. **Practica rituales de intimidad.** Busca momentos para conectar profundamente con tu pareja, compartiendo *hobbies*, facilitando el contacto

físico o simplemente conversando sobre los temas de interés de cada uno, más allá de la operación de la vida diaria.

6. **Ve a terapia.** El mejor momento para asistir a terapia de pareja es cuando no se necesita. La terapia preventiva puede ser de gran ayuda para liberar pequeñas tensiones antes de que sean demasiado grandes y para mantener la comunicación fluida conforme ambas partes evolucionan.

ELEVA TU PATERNIDAD

El corazón de un padre es la obra maestra de la naturaleza.
Antoine François Prévost

El amor de padre es un compromiso inquebrantable, no solo de cuidado y provisión, sino de guía y enseñanza. Es fundamental entender que ser padre va más allá de la responsabilidad básica; se trata de moldear el futuro a través de las generaciones. La paternidad implica descubrir y nutrir las pasiones y habilidades de nuestros hijos, más que imponer un camino determinado.

La función de padre se manifiesta no solo en los momentos de alegría y celebración, sino también en los desafíos, proporcionando un soporte que permita a los hijos enfrentar sus propios obstáculos con confianza y resiliencia. Este rol nunca descansa, debe estar presente día a día, con cada acción y decisión que tomamos, mostrando con el ejemplo cómo navegar la vida con integridad y valentía.

La paternidad, desde mi perspectiva, es una aventura de crecimiento continuo y una oportunidad de aprendizaje enorme para padre e hijo.

En una conversación con Gerardo Gaya, discutimos cómo, a veces, asumimos que la educación de los hijos es responsabilidad exclusiva de las escuelas, pero en realidad el núcleo familiar desempeña un papel crucial. Aquella vez hice énfasis que ser padre es cansado, pero es una fatiga que vale la pena si se hace de la manera correcta, combinando intuición y teoría para realmente hacer una diferencia en la vida de los hijos.

La ausencia física de una figura paterna puede impactar fuertemente en la vida de una persona, ya que cada quien construye internamente un modelo de "padre ideal". Y, a falta de este, dicho modelo podría construirse con muchas carencias emocionales. Por esta razón es que la paternidad también involucra entender y llenar los vacíos emocionales que pudieran existir en los hijos, adaptando nuestro rol para nutrir su crecimiento integral.

Creo que ser padre es mucho más que proveer; es enseñar con el ejemplo, aprender de los errores y, sobre todo, estar presente. Es un viaje donde cada día es una nueva página en la historia de vida de nuestros hijos, y nosotros tenemos el privilegio de ser coautores de ella.

Crea vínculos fuertes con tus hijos

Crear vínculos fuertes con nuestros hijos es esencial para su desarrollo emocional y para construir una relación sólida y duradera. La importancia de la atención y la presencia en sus vidas no puede ser subestimada y para ello debemos eliminar los obstáculos que se interponen entre nosotros y ellos. Para mí, uno de los mayores ladrones de tiempo de calidad con mis hijos es el celular. Dejar de lado el teléfono y dedicarles tiempo de enfoque no solo los hace sentir valorados, sino que también fomenta una relación sana de autoestima y respeto.

Para lograr momentos de verdadera conexión, tengo algunos años haciendo actividades individuales con cada uno de mis hijos. Esta práctica me la presentó **Jesús Lanza X:**

@jesuslanzalosa, fundador de Lottus Education, cuando me recomendó el libro *The Family Board Meeting*, de **Jim Sheils**. Este libro propone una estrategia poderosa: dedicar tiempo exclusivo y de calidad a cada uno de tus hijos, de manera regular, sin distracciones tecnológicas. Estos encuentros, además de mejorar la comunicación, fortalecen los vínculos familiares y les muestran a tus hijos que son una prioridad en tu vida.

Lo que más me gusta de esta herramienta es que se enfoca más en la calidad del tiempo juntos que en la cantidad. Estos momentos se convierten en una oportunidad para entender mejor a tus hijos, sus pasiones, sus preocupaciones y, sobre todo, para que ellos sientan que tienen un espacio seguro y atento para expresarse.

Pamela Cassis @pamelacassiskaram, mi terapeuta de paternidad y especialista en asesoría familiar, sugiere que la validación y la empatía son fundamentales para construir una conexión fuerte. En lugar de simplemente dar soluciones a los problemas de nuestros hijos, es importante validar sus emociones y mostrar empatía. Por ejemplo, si un niño se siente herido por algo que sucedió en la escuela, en lugar de minimizar sus sentimientos, los padres deben reconocer su dolor y ofrecer apoyo emocional. Esto crea un ambiente de confianza y seguridad donde los hijos se sienten comprendidos y valorados.

Agenda un *family board meeting*

1. Duración mínima de cuatro horas.
2. Tu hijo o hija decide a dónde ir, no tiene por qué implicar gastos elevados.
3. No pantallas, no celulares.
4. No uses el espacio para regañar o aleccionar.
5. Al final de la reunión pregunta: "¿Cuál fue tu parte favorita del día y por qué?".
6. Toma una foto para recordar y agenda la próxima reunión. Recuerda que si no está en tu calendario no existe.
7. Como *pro tip*, una vez al año intenta que tu *family board meeting* involucre pasar una noche juntos fuera de casa.

Aprende a fijar límites

No puedes saborear lo dulce sin lo amargo.
Frase popular

Fijarles límites a nuestros hijos es esencial en la construcción de lazos fuertes entre ellos y nosotros. Pamela Cassis me ofreció una visión clara y práctica sobre por qué y cómo debemos hacerlo. Ella señala que los límites no solo son necesarios para el desarrollo de los niños, sino que también son una forma de demostrar amor y cuidado.

Los límites son fundamentales para el desarrollo emocional y social, y ayudan a los niños a entender qué comportamientos son aceptables y cuáles no, lo que les proporciona una estructura y un sentido de seguridad. Sin límites claros, los niños pueden sentirse perdidos y ansiosos, ya que no saben qué se espera de ellos. Además, los límites enseñan a los niños a manejar la frustración y a desarrollar la resiliencia, habilidades cruciales para enfrentar los desafíos de la vida.

La clave para fijar límites efectivos, de acuerdo con Pamela, es hacerlo con claridad, firmeza y amor. Un límite debe ser claro y específico, para que el niño entienda exactamente qué se espera de él. Por ejemplo, en lugar de decir "compórtate bien", es más efectivo decir "no puedes ver televisión hasta que termines tu tarea". La firmeza es igualmente importante: los padres debemos ser consistentes y no ceder ante las protestas o berrinches de un niño. Sin embargo, la firmeza no debe confundirse con rigidez o falta de empatía. Pamela subraya que es crucial validar las emociones del niño y mostrar empatía, incluso cuando se le está imponiendo un límite. Esto le ayuda a sentirse comprendido y aceptado, lo que facilita la aceptación del límite.

Pamela señala la "contención emocional" como parte integral del proceso de fijar límites. Esta implica reconocer y validar las emociones del niño mientras se mantiene el límite. Me explicó que, cuando un niño estalla en un berrinche, detrás de este hay pérdida y dolor. Por tanto, no se debe poner un límite a la expresión de su frustración, sino a la intensidad con la que manifiesta dicha frustración. Hay que ser consistente para darle a entender al niño que, haga lo que haga, su mamá o su papá no van a cambiar de parecer, por tanto, es él quien se tiene que adaptar. Eso, para el niño, es un golpe emocional. Uno que no debe ir acompañado del rechazo del padre o la madre, sino más bien de amor y aceptación.

Por ejemplo, si un niño está molesto porque no puede tener un juguete nuevo, el padre puede decir: "Sé que te sientes triste porque no te compré el juguete, pero no podemos comprarlo hoy. Entiendo tu enojo y te amo". Este enfoque no solo ayuda al niño a manejar sus emociones, sino que también fortalece el vínculo entre el padre y el hijo, ya que el niño se siente escuchado y comprendido.

Pamela comparte varios ejemplos prácticos de cómo fijar límites en diferentes situaciones. Por ejemplo, si un niño no quiere hacer su tarea, en lugar de castigarlo, se puede establecer una regla clara: "Puedes salir a jugar después de terminar tu tarea". Si el niño no cumple con la tarea, debe enfrentar la consecuencia: no salir a jugar. Este enfoque enseña al niño la importancia de la responsabilidad y las consecuencias de sus acciones sin necesidad de castigos severos.

Con frecuencia, los niños se desbordan por cosas que nosotros creemos que son tonterías. Pero, en realidad, no es esa tontería la causa, sino el cúmulo de frustraciones que tienen en su vida, tal como le ocurre a un adulto cuando tiene un mal día en el que nada le sale como lo planeó o como deseaba. Por tanto, cuando un niño estalla en berrinches, debemos analizar qué está pasando en su vida para que explote por todo.

Un niño debe sentirse querido, por lo que sus padres deben mostrarle afecto. Es lo que Pamela llama "llenar el vaso". Un niño necesita que sus padres llenen el vaso de vínculos: "yo te busco", "yo me intereso por tus cosas", "yo me ofrezco a jugar contigo". Porque una persona solo se siente querida si la buscan. Si no te buscan, no sabes si te quieren, ¿cierto? Entonces, la tarea de ese papá o mamá es buscar al niño para llenar ese vaso. Y, una vez que está lleno, entonces tenemos que vaciarlo. Y eso es lo que hacemos al establecer un límite para un niño, vaciamos su vaso. "Vaciar el vaso" es necesario porque es imposible sentir satisfacción en la vida si no se siente antes un vacío. Nunca sentirás satisfacción por lo que logres si no has sentido el vacío de no tenerlo.

Es entendible que existan padres que no se sientan muy cómodos vaciando el vaso, pero Pamela sostiene que es muy importante poder decirles "no" a tus hijos y que ellos entiendan que a veces se puede y otras no.

Fijarles límites a nuestros hijos es una parte esencial de la crianza que contribuye a su desarrollo emocional y social. Los límites deben ser claros, firmes y establecidos con amor y empatía. Al hacerlo, no solo ayudamos a nuestros hijos a entender y manejar sus emociones, sino que también fortalecemos nuestro vínculo con ellos, lo cual crea un ambiente de seguridad y confianza.

Construye tu autoestima para construir la de ellos

Una pregunta que hago frecuentemente a mis invitados es: "¿Quién te viene a la mente cuando piensas en la palabra *éxito*?". No se trata solo de identificar a un individuo exitoso, sino de entender por qué lo consideran así. Cuando haces esta pregunta, la gente a menudo reflexiona no solo sobre los logros, sino sobre los valores que admiran en otros. Esto puede ser muy revelador, porque te muestra lo que estiman en su propia vida y qué tipo de éxito buscan alcanzar. Es fascinante ver cómo algunas personas mencionan a grandes empresarios, mientras que otras piensan en líderes de movimientos sociales o en sus propios familiares. Cada respuesta es un reflejo de lo que esa persona considera importante y digno de admiración.

Sin duda, una de las lecciones más poderosas que he aprendido en *Cracks* fue cuando le hice esta pregunta a **Ari Borovoy @ariborovoy**, cantante y fundador de Bobo Producciones. Aquella conversación fue un verdadero punto de inflexión para mí. Ari expresó algo profundamente simple pero poderoso: él se ve a sí mismo como exitoso. *Mind blown!*

La respuesta me tomó por sorpresa porque no estamos acostumbrados a escuchar a alguien que se reconoce a sí mismo, y, cuando alguien lo hace, llegamos a tacharlo de engreído o poco humilde. A menudo olvidamos que el éxito no siempre tiene que medirse por logros externos o reconocimientos, sino que puede ser tan personal y auténtico como sentirse pleno con lo que hacemos. Esta mentalidad de reconocerse a uno mismo como exitoso, independientemente de los estándares externos, es liberadora y empoderadora, pero, además, nos coloca en una posición privilegiada para dar.

Imagina una cubeta llena de cangrejos vivos. Cada vez que uno de los cangrejos intenta escapar y subir por el borde de la cubeta, los otros cangrejos lo agarran y lo arrastran de vuelta hacia abajo. Como resultado, ninguno de los cangrejos logra salir de la cubeta. Esta metáfora ilustra un fenómeno social en el que las personas dentro de un grupo pueden actuar de manera que impiden el progreso individual de sus miembros. Este comportamiento puede surgir de la envidia, el miedo al cambio, la competencia o simplemente de la comodidad de mantener el *statu quo*. En lugar de ayudarse mutuamente a alcanzar el éxito, algunas personas pueden, consciente o inconscientemente, sabotear los esfuerzos de otros para mantener a todos en la misma situación.

Cuando escuché a Ari pude verme a mí mismo en esa cubeta y, tristemente, me di cuenta de que había sido yo quien en el pasado había obstaculizado el progreso de mis pares. ¿Por qué? Por sentir que el éxito de otros implicaba mi fracaso. En mi mente yo jugaba un juego de suma cero en el que la colaboración no existía y todo era una batalla de ganar o perder.

"Hola, soy Oso y soy un envidioso". O al menos lo fui. He visto esta actitud repetirse en círculos de emprendimiento, amistad y hasta familiares una y otra vez. Y hoy entiendo que este tipo de comportamientos derivan de una baja autoestima. Cuando construimos nuestra propia valía y dejamos de compararnos con quienes nos rodean, podemos entender el potencial que traemos a cualquier mesa y conectar con la filosofía de dar sin miedo a que, gracias a nuestra ayuda, alguien más tenga un éxito mayor al nuestro.

Hoy soy una persona diferente, no soy más, ni tampoco menos. Hoy puedo reconocer y manejar los sentimientos de competencia de manera constructiva, celebrando los logros de los demás en lugar de tratar de socavarlos. Esta nueva mentalidad me ha permitido tender puentes con otras personas exitosas con las que he podido colaborar y construir proyectos de gran rentabilidad y mayor impacto.

Fortalecer la autoestima en nuestros hijos es fundamental para crear personas colaborativas y, sobre todo, resistentes a las malas influencias. Una de las formas más poderosas de hacerlo es mostrándoles, a través de nuestro propio comportamiento, cómo enfrentar la vida con seguridad y respeto hacia uno mismo. Es vital que se sientan reconocidos y valorados no solo por sus logros, sino por su esfuerzo y su esencia.

En mis entrevistas he explorado mucho sobre cómo la percepción que los hijos tienen de sí mismos se forma en gran parte por cómo los percibimos y tratamos nosotros, sus padres. Si en casa sienten que son aceptados y valorados, llevarán esa estima hacia fuera y la reflejarán en sus interacciones con el mundo.

Por último, es crucial involucrar a tus hijos en actividades que les permitan desarrollar su autonomía y descubrir sus pasiones. Esto no solo les ayuda a sentirse competentes, sino que también fortalece su autoestima al ver que pueden lograr cosas por sí mismos.

Realiza un análisis de fin del día

Terry Gutiérrez, CEO de Tesla en México, me compartió las cuatro preguntas que les hace a sus hijos todas las noches, como un ejercicio de análisis de conciencia que, además de reforzar el hábito de la gratitud, le funciona para construir su autoestima.

a) ¿Qué hiciste muy bien hoy?
b) ¿Qué pudiste haber hecho mejor?
c) ¿Qué lograste hoy?
d) ¿Qué quieres lograr mañana?

Inspira a través de tus acciones

Los hijos nunca han sido muy buenos en obedecer a sus padres, pero nunca han fallado en imitarlos.

James Baldwin

Creo firmemente que la verdadera influencia no viene de simplemente educar o llenar cabezas con información, sino de inspirar a través de acciones y ejemplos vivos. Para mí, no se trata de educar, sino de inspirar. Si vives de manera auténtica y alineada con tus valores, naturalmente inspirarás a otros a seguir tu ejemplo. La inspiración es mucho más poderosa porque provoca una resonancia emocional que puede motivar a la gente a cambiar y actuar por sí misma, no solo porque alguien le dijo qué hacer.

Los niños aprenden observando a sus padres, por lo que es importante ser un modelo en términos de responsabilidad y valores.

María Asunción Aramburuzabala, empresaria mexicana considerada como una de las mujeres más influyentes de América Latina, me platicó sobre el balance entre su vida profesional y familiar. Me narró que, buscando ese equilibrio, llegaba a su casa en la noche, tras una larga jornada de trabajo, y, estando sus dos niños pequeños, los tomaba de la mano y se metía en la cama con ellos a ver caricaturas mientras conversaban acerca de lo que había ocurrido durante el día: ellos le contaban lo que habían hecho o les había ocurrido, y ella hacía lo propio con ellos.

Mariasún los hizo partícipes de lo que pasaba en su vida laboral, de forma sencilla para que la pudieran entender. Gracias a esto, sus hijos han vivido la vida empresarial desde pequeños a través de las vivencias de su madre y han participado de sus decisiones, sus triunfos y sus fracasos. Aunque Mariasún cotidianamente involucra lo más posible a sus hijos, también es importante tener un tiempo y un espacio dedicados solo a ellos; por eso busca que durante las festividades y las vacaciones su atención esté centrada en sus hijos, sin distracciones.

Recientemente, Rodrigo Herrera me explicó que lo mejor que puedes hacer por tus hijos es tenerlos cerca de ti, lo cual es distinto a estar cerca de ellos. Rodrigo me contó que, cuando sus hijos tenían alrededor de 10 años, los sacó de la escuela por un ciclo escolar y la sustituyó por *homeschooling* (educación en casa), pero además, en paralelo, fueron su sombra durante ese periodo: lo acompañaban a juntas, viajes y ferias de negocios. Para Rodrigo, que sus hijos lo vieran en acción era una manera muy poderosa de transmitirles sus valores; no mediante discursos, sino con el propio ejemplo.

Educar a nuestros hijos con el ejemplo es una de las formas más poderosas de inculcar valores y comportamientos positivos. La coherencia entre palabras y acciones, la responsabilidad, la empatía, el cuidado de la salud y la honestidad son algunos de los aspectos clave que debemos demostrar diariamente. Al ser un modelo para nuestros hijos, podemos influir positivamente en su desarrollo y bienestar.

Integra a tus hijos a tu rutina

Para servirles de inspiración, es fundamental que te vean apasionado y comprometido con lo que haces. Comparte tus intereses y actividades con tus hijos, permíteles observar de cerca cómo disfrutas y te dedicas a tus pasiones. Esto no solo les enseña la importancia de seguir sus propios intereses, sino que también les muestra el valor del esfuerzo y la dedicación. Al verte en tu elemento, tus hijos aprenderán a valorar el trabajo duro y la satisfacción que proviene de perseguir lo que realmente te apasiona.

a) Llévalos a tu trabajo un día y explícales qué estás haciendo.
b) Si vas a participar en una carrera, que te vean entrenar y después correrla.
c) Si te gustan los rompecabezas, pídeles ayuda para resolver uno.

Crea hambre en tus hijos

Los tiempos duros crean gente fuerte,
la gente fuerte crea tiempos buenos,
los tiempos buenos crean gente blanda
y la gente blanda crea tiempos duros.
Michael Hopf

La vida que viven los hijos de muchos de los empresarios y líderes que he tenido el privilegio de entrevistar en *Cracks*, tras el éxito de sus padres, es muy diferente a la que ellos tuvieron que soportar al crecer. Para evitar que sus hijos crezcan con una mentalidad de privilegio la clave ha sido crear no solo hambre, sino también resiliencia y un entendimiento profundo del valor del esfuerzo y la perseverancia.

Arnoldo de la Rocha, quien es un exitoso emprendedor y empresario, cofundador de El Pollo Feliz y autor de cinco libros, creció en circunstancias muy humildes y se ha enfocado en no dar todo servido en bandeja de plata a sus hijos. Él habla sobre la importancia de que sus hijos entiendan que los logros y comodidades actuales son fruto de mucho trabajo y no un derecho heredado. Así Arnoldo, quien creció impulsado por hambre y necesidad, ha procurado crear en sus hijos otro tipo de hambre. Hambre de reconocimiento, de trascendencia y de éxito.

De acuerdo con Arnoldo: "Si tu hijo no tiene hambre, genérasela, porque el hambre es necesaria, lo mismo que el miedo. El que no se mueve, se muere".

La visión de Arnoldo la podemos relacionar con la idea de "crear vacío", compartida por Pamela Cassis, la cual es un método que procuro tener presente en mis interacciones diarias con mis hijos.

Germán Canale @canalegerman, fundador de la fábrica de hielo Aguafría, un día me mandó un mensaje refiriéndose a esto: "A veces preguntas a tus invitados cómo hacer para balancear hambre y privilegio en sus hijos. Siempre me gusta esa pregunta. Lo que yo hago es que chambeen. Siempre. En lo que sea". Y me adjuntó un video de sus hijos usando un uniforme de la empresa cantando: "Vamos a chambear, vamos a chambear, que si no *chambeamos* de mi casa me echarán".

Miguel Khoury me compartió una historia de su infancia que ilustra cómo su padre le enseñó el valor del trabajo y el ahorro. A los nueve años, Miguel quería una bicicleta nueva, y su padre le dijo que debía ganársela. Miguel comenzó a vender limones de los árboles de su casa y aprendió así a trabajar por lo que quería y a ahorrar para alcanzar sus metas. Esta experiencia no solo le mostró el valor del dinero, sino también la importancia del esfuerzo y la responsabilidad.

Yo soy muy afortunado de vivir la vida que tengo y sería una pena privarme de disfrutar los frutos de mi trabajo con la finalidad de darles una lección a mis hijos, pero entiendo las potenciales consecuencias negativas en su educación si simplemente les diera todo lo que me piden. Hoy tengo una vida muy diferente a la que tuve cuando era niño y algo que me motiva mucho a seguir construyendo es la posibilidad de compartir con ellos las experiencias que a mí me hubiera gustado vivir en mi infancia. Dicho esto, a mi manera, procuro no acostumbrar a mis hijos a ciertos estándares, exponiéndolos periódicamente a incomodidades que los ayuden a forjar su carácter. Por ejemplo, cuando pasamos un tiempo en la naturaleza, lo hacemos sin las comodidades de un hotel o casa, ellos tienen que armar su tienda de campaña solos y dormir en el piso. No solo es una gran experiencia de conexión con ellos, sino que esto les enseña a valorar las cosas, a resolver problemas y no acostumbrarse a tenerlo siempre todo a la mano.

En resumen, es fundamental transmitir que, aunque vivan en una realidad relativamente muy cómoda, la ética del trabajo y la capacidad de superación son valores que deben cultivar por sí mismos. Esto les ayuda a esforzarse por sus propios objetivos y sueños.

Habla con tus hijos de dinero

Creo que una de las mejores herramientas que podemos darles a nuestros hijos es la habilidad de generar y capturar valor. O, como ya lo mencioné en páginas anteriores, de hacer dinero. En las conversaciones que he tenido en el podcast *Cracks*, muchos invitados hacen énfasis en la importancia de hablar de dinero con sus hijos. Desde una edad temprana, para eliminar el tabú, romper patrones generacionales y fijar creencias empoderadoras alrededor del juego que más personas en el mundo jugamos.

Pedro de Garay, CEO del grupo financiero GBM, involucra naturalmente a sus hijos en conversaciones sobre dinero y les enseña qué pueden hacer con él y cómo pueden ganarse las cosas. Él usa momentos cotidianos para introducir estos conceptos de una manera muy natural y sin presión, lo cual es crucial para que los niños desarrollen una relación saludable con el manejo del dinero. Pedro destaca que sus hijos, de 11, 9 y 8 años, ya tienen una relación con el dinero donde entienden que deben ganarse las cosas y que el dinero puede alcanzar para diferentes propósitos.

Una de las estrategias de Pedro es enseñar a sus hijos sobre la inversión a través de ejemplos prácticos. Él les muestra cómo ahorrar e invertir para alcanzar algo, destacando la importancia del largo plazo. Por ejemplo, su hija de 9 años ha iniciado un pequeño negocio, lo que le ha permitido entender cómo generar más dinero y la importancia de reinvertir las ganancias. Esta experiencia práctica les revela a sus hijos no solo el valor del dinero, sino también habilidades empresariales básicas.

Arturo Saval, por otro lado, habla de la relevancia de hacer conscientes a sus hijos sobre qué es el dinero y cómo se gana de manera honesta. Él se aseguró de que sus hijos entendieran conceptos financieros básicos como las tasas de interés y los rendimientos, lo que les da una base sólida para tomar decisiones informadas en el futuro.

Miguel Khoury también me contó cómo impartió una de estas lecciones a su hija aprovechando el deseo que ella tenía de comprar un par de tenis. Al ver lo que valían, Miguel le dijo que no le podía comprar dichos tenis, pero no le quitaría la ilusión de tenerlos. Así que le sugirió esforzarse y buscar la manera de juntar el dinero para comprarlos ella misma.

Yo también he procurado inculcarles la disciplina de invertir a mis hijos desde una edad temprana. En mi opinión, los padres debemos enseñarles a nuestros hijos a invertir una cantidad fija de sus ingresos de manera automática, por ejemplo, mediante domiciliación mensual. Esta práctica fomenta el hábito del ahorro y les permite a los hijos entender el concepto del interés compuesto y cómo sus inversiones pueden crecer con el tiempo. Cuando la domiciliación no es posible por no contar con una cuenta de depósito, como es el caso de mis hijos, tenemos un acuerdo para cada vez que deseen romper el cochinito de sus ahorros. Una parte de sus ahorros va a comprar lo que quieren, mientras que otra va a una cuenta de inversión. Mi trato con ellos es que la cantidad que ellos inviertan será duplicada por mí, lo que sirve como un incentivo adicional.

La fundamental, según lo que he aprendido de estos cracks, es incorporar el aprendizaje financiero como parte de la vida diaria, asegurándose de que sea un proceso continuo y no una serie de lecciones aisladas. Estrategias como las conversaciones naturales sobre dinero, enseñar el valor del ahorro y la inversión, inculcar la disciplina de invertir y trabajar, y compartir experiencias personales son claves para preparar a los hijos para un futuro financiero saludable. No solo aprenden a manejar el dinero, sino también los valores del esfuerzo, de la responsabilidad, y adquieren una visión a largo plazo.

5 TÁCTICAS DE CRACKS PARA UNA MEJOR PATERNIDAD

1. **Implementa los** *family board meetings*. Una vez al trimestre agenda una reunión con cada uno de tus hijos.
2. **Aprende a crear vacío.** Para crear vacío en los hijos y fomentar su hambre y motivación, es crucial permitirles experimentar la falta y la necesidad. Evita satisfacer todas sus demandas de inmediato y establece límites claros para que sientan la frustración de no obtener todo lo que desean al instante. Esta experiencia de vacío es esencial para que los niños aprendan a valorar lo que tienen y a desarrollar la resiliencia y la capacidad de esforzarse por alcanzar sus metas.
3. **Haz un análisis de conciencia diario.** Platica con tus hijos antes de dormir y analicen las bendiciones y aprendizajes del día con un enfoque de gratitud.
4. **Muéstrate en tu elemento.** Invita a tus hijos a acompañarte al trabajo, explícales lo que haces y dales algo de responsabilidad.
5. **Enséñales a invertir.** Invertir puede ser una divertida actividad para hacer en familia. Abre una cuenta de inversión GBM Plus o en alguna otra plataforma de inversión regulada

y decidan qué acciones comprar juntos. Hablen sobre los productos de la empresa y sigan su comportamiento y noticias por un tiempo antes de invertir. Una vez hecha la inversión, evalúen el progreso de forma periódica. Explícales qué es lo que ha causado los cambios en el precio de la acción y el valor de su cuenta. Te sorprenderás cómo se motiva un niño al ver que su dinero crece.

CULTIVA TU AMOR PROPIO

Amarse a uno mismo es el comienzo de una historia de amor eterna.
Oscar Wilde

El tercer tipo de amor del que debemos hablar es el amor propio, y es quizá el más importante de todos. El amor propio es un elemento esencial para transformar vidas y carreras y le permite a cualquier persona alcanzar su máximo potencial.

Una historia que ilustra perfectamente la relevancia del amor propio es la de **Humberto Herrera @humbertoherreraoficial**, fundador de la empresa de gestión de crisis y comunicación Blackwell, quien compartió su lucha contra una depresión profunda que duró 15 años. A pesar de tener una vida aparentemente exitosa, Humberto se sentía vacío y sin valor. Fue solo cuando decidió buscar ayuda y trabajar en su amor propio que pudo salir de ese oscuro lugar. Esta transformación no solo mejoró su bienestar emocional, sino que también lo hizo un mejor padre, esposo y profesional.

En terapia, Humberto aprendió que para poder ayudar a los demás primero debía estar bien consigo mismo. Esta lección se convirtió en su mantra: "Ponte tu mascarilla primero". Entendió que, al igual que en un avión donde debes ponerte la mascarilla de oxígeno antes de ayudar a otros, en la vida es esencial cuidar de uno mismo para poder cuidar de los demás. Humberto empezó a simplificar su vida; se deshizo de posesiones materiales que no agregaban valor a su vida y se enfocó en lo que realmente importaba: su bienestar emocional y mental.

En mi libro *Haz lo que importa*, abordo el amor propio como un pilar fundamental para una vida plena y significativa. El amor propio no es solo una cuestión de autoestima, sino una necesidad esencial para poder ayudar a los demás y vivir de manera auténtica. No hay nada más importante que el amor propio. Nada, nada, nada. No importan los cursos, no importa el dinero, no importa ni siquiera tu familia. Y no importan ni siquiera tus hijos si tú no estás bien. Por esto mi filosofía se fundamenta en la trascendencia de cuidarse a uno mismo primero, para poder ser un mejor padre, amigo y profesional.

En el libro hablo del "área de diversión" como una de las siete áreas esenciales para una vida extraordinaria. Esta se centra en la importancia de disfrutar la vida y tener momentos de esparcimiento y placer personal. Yo pienso que la vida es una aventura y que debemos permitirnos disfrutar de actividades que nos generen satisfacción y alegría, sin ningún objetivo más que el de disfrutar del momento presente. Esto incluye desde ver la televisión y leer un libro hasta simplemente contemplar el cielo o tomar una siesta.

El amor propio es, más que nada, autocuidado y autocompasión. Como me mencionó **Gaby Vargas**, la reconocida autora, escuchar a nuestro corazón y ser congruentes con nuestras emociones es crucial para vivir una vida plena y auténtica. La voz del ego puede ser fuerte, pero aprender a escuchar nuestra voz interior nos guía hacia decisiones más congruentes con nuestros verdaderos deseos y necesidades. Y escucharnos, alinearnos con nuestros deseos y atender nuestras necesidades son justamente el acto más puro de amor propio.

El amor propio es, además, un componente crucial para una vida equilibrada y satisfactoria, ya que es el vehículo para estar bien con nosotros mismos y, por ende, ser capaces de ayudar a los demás. Es muy importante recargar energías a través de actividades que nos hagan felices para mejorar nuestro bienestar y prepararnos para enfrentar los desafíos de la vida con una actitud positiva y resiliente.

Desarrolla tu capacidad de sentir asombro

Una de las tácticas más poderosas para crear una conexión con nosotros mismos es desarrollar nuestra capacidad de asombro. La capacidad de asombro es una cualidad que, aunque a menudo se pierde con la edad, es fundamental para mantener una vida plena y enriquecedora.

Cristina Mittermeier @mitty, una reconocida fotógrafa y ecologista, destaca que el asombro es el antídoto contra el cinismo. En su entrevista me platicó que vivir con asombro y curiosidad es esencial para mantener una visión positiva y esperanzadora del mundo. Cristina relata cómo su hijo mayor, un científico, encontró una especie de ave que se creía extinta desde 1800 en Papúa Nueva Guinea. Este descubrimiento no solo llenó de esperanza a Cristina, sino que también le recordó que aún hay mucho por descubrir y maravillas por explorar en nuestro planeta.

Una de las claves para mantener la capacidad de asombro es conservar la curiosidad infantil. Cristina sugiere que debemos cultivar esta curiosidad en los niños y, más importante aún, en nosotros mismos. La curiosidad nos impulsa a explorar, aprender y maravillarnos con el mundo que nos rodea. Al mantener viva esta curiosidad, podemos encontrar asombro en las cosas más simples y cotidianas.

Podemos mantenernos curiosos a través de la atención plena o *mindfulness*, una herramienta poderosa para cultivar el asombro, ya que, al estar plenamente presentes en el momento, apreciamos los detalles y las maravillas que a menudo pasamos por alto. Cristina usa técnicas de respiración meditativa para calmarse y mantenerse presente, lo que le permite deleitarse con las maravillas que la naturaleza nos ofrece y del mundo en general.

Jason Silva, el futurista y filósofo venezolano-americano, habla sobre la responsabilidad de asombrarnos. En su entrevista me contó que ver documentales de naturaleza, leer poesía o simplemente observar el cielo puede generar asombro y una serie de beneficios emocionales y psicológicos. Para cultivar esta capacidad, Jason recomienda involucrarte en actividades que te saquen de tu rutina y exponerte a nuevas experiencias. Esto puede ser desde viajar a lugares desconocidos hasta dedicar tiempo a la naturaleza o aprender algo completamente nuevo. Para Jason el asombro es un antídoto contra la ansiedad existencial, el cual lo conduce y lo ubica en el presente cuando más lo necesita; sus momentos de *flow* son como el agua bendita de su vida.

Rodearse de personas que también valoran y cultivan el asombro puede ser una fuente constante de inspiración. Esta es justamente una de las premisas fundamentales de Cracks Mastermind, en donde me acerco a personas que me inspiran y me motivan a expandir mis horizontes; junto a ellas he vivido algunas de las experiencias más asombrosas de mi vida.

Cultivar la capacidad de asombro es esencial para una vida plena y enriquecedora. Mantener la curiosidad infantil, exponerse a nuevas experiencias, practicar la atención plena y rodearse de personas inspiradoras son propulsores de ese asombro. Al practicar estas herramientas no solo mejoramos nuestro bienestar emocional y psicológico, sino que también nos abrimos a un mundo lleno de maravillas y posibilidades.

Explora tu creatividad

Explorar tu creatividad es embarcarte en un viaje hacia lo desconocido dentro de ti mismo, un espacio donde cada descubrimiento puede ser un tesoro. Para mí, pasar de alguien muy estructurado y metódico a reconocerme y aceptarme como un individuo creativo ha sido liberador. Antes, como ingeniero, MBA y financiero, vivía con una constante necesidad de tener todas las respuestas, de seguir fórmulas y estructuras rígidas que, en realidad, me limitaban más de lo que me ayudaban. Pero al abrirme a la creatividad, descubrí una parte de mí que estaba ansiosa por explorar, por crear sin miedo al error.

Este cambio me ha permitido conectar de manera más auténtica no solo con mis proyectos sino también con las personas. Me ha hecho más flexible y abierto a nuevas ideas y perspectivas, lo cual es vital en mi carrera y en mi vida personal. Ahora me siento más realizado y feliz, porque cada día es una oportunidad para descubrir y crear algo nuevo. La creatividad me ha dado la libertad de ser quien realmente soy, sin máscaras ni pretensiones, y eso es una de las mayores satisfacciones que uno puede tener.

Primero, debemos entender que la creatividad no es un atributo exclusivo de pintores o músicos; es una herramienta poderosa para resolver problemas, innovar y transformar cualquier aspecto de nuestras vidas. Como lo platiqué con Rodolfo Ramírez, fundador de la agencia de innovación Redbox, la creatividad es un acto, no un accesorio. Es algo que se practica diariamente, en cada decisión que tomamos y en cada problema que enfrentamos.

Una de las tácticas más recomendadas para cultivar la creatividad es establecer rutinas que fomenten la experimentación y la toma de riesgos. Esto puede parecer contradictorio, pero la estructura puede liberar la mente para que explore libremente sin las presiones del caos. Las rutinas no limitan la creatividad, sino que la preparan para que florezca en un marco de disciplina.

Otra estrategia es rodearte de diversidad. Las interacciones con personas de diferentes culturas, disciplinas y perspectivas pueden encender chispas creativas. Estas interacciones expanden nuestro marco de referencia y nos exponen a nuevas ideas y enfoques que, de otro modo, podríamos no considerar.

Cristian Rocha @cristianrocha137, fundador de la agencia creativa MADE, y **Pico Covarrubias @mr_pico**, de Pico Adworks, tienen enfoques distintos pero igualmente efectivos para fomentar la creatividad. Cristian pone énfasis en la observación del entorno; él cree que un buen creativo puede surgir de la capacidad de observar los detalles cotidianos y transformarlos en ideas creativas. La inspiración, según él, viene de estar en contacto con la vida real, no solo dentro de un ambiente de trabajo o estudio. Una buena práctica es mantener diarios creativos donde anotar ideas, pensamientos e inspiraciones que surgen en el día a día. Este no solo ayuda a registrar las ideas, sino que también permite ver conexiones y patrones que podrían no ser evidentes de inmediato.

Por su parte Pico Covarrubias adopta un método más introspectivo. Él diseñó un proceso en su oficina donde, antes de comenzar a "pelotear" ideas en grupo, cada creativo debe interiorizar el proyecto individualmente. Esto implica estudiar el problema en cuestión, buscar ángulos únicos y desarrollar ideas profundas antes de compartirlas con el equipo. Pico cree que la mejor creatividad está anclada en las mejores reflexiones (*insights*), que a menudo surgen de un entendimiento profundo y personal de un proyecto.

Pablo González Vargas @pablogv, fundador de la *fintech* Sr. Pago, es un ejemplo fascinante de cómo se puede combinar la vida profesional con una pasión creativa. Lo explica muy bien en una de nuestras conversaciones. Menciona su pasión por la geometría sagrada, que es para él un "acorde visual". Así es como se expresa el Universo, de una forma completamente equilibrada a través de símbolos que dan armonía al caos. La observación de estas figuras geométricas que se manifiestan en la naturaleza inspiró a Pablo a integrar estos principios en sus proyectos creativos, como, por ejemplo, el *Mayan Warrior* en Burning Man, que une a artistas, artesanos, fotógrafos, diseñadores, tecnólogos, arquitectos y músicos con la intención de presentar al mundo el increíble ascenso de la música electrónica mexicana contemporánea. A este gran proyecto Pablo le dedica un mes cada año durante el verano y en él aplica todo lo que aprendió en su juventud como productor de fiestas y eventos musicales.

La clave está en encontrar ese punto de intersección entre lo que te apasiona y lo que puede aportar valor al mundo. Pablo ha logrado esto al no separar su identidad creativa de su identidad como empresario, lo que permite que una alimente a la otra.

Y no menos importante: la perseverancia. La creatividad a menudo requiere de iteración, de pasar por un proceso de prueba y error. El verdadero progreso creativo a menudo viene después de muchos intentos fallidos. Es importante no desanimarse por los fracasos, sino verlos como parte esencial de la creación y usarlos para conectar con tus motivaciones más íntimas y personales.

La creatividad es una capacidad que todos poseemos y que podemos desarrollar. No se trata de tener siempre ideas brillantes, sino de estar dispuesto a explorar, experimentar y aprender constantemente.

Ejercicio para desarrollar tu creatividad

Estanislao Bachrach @estanislaobachrach, el neurobiólogo argentino, me recomendó la siguiente práctica. Es realmente fascinante y efectiva.

Consiste en sentarte a escribir al menos 100 ideas alrededor de un reto o problema en una hora. No menos de una hora y no menos de 100 ideas.

La clave es liberarte de las respuestas obvias y seguras que aparecen al principio, lo que te permite luego profundizar en ideas más innovadoras y menos convencionales que están, digamos, en la parte trasera de tu cerebro.

Este proceso no solo te ayuda a desbloquear tu creatividad, sino que también te empuja a conectar conceptos que aparentemente no tenían relación, lo que puede llevar a soluciones verdaderamente únicas y valiosas.

Diseña una vida de aventura

La aventura, en todas sus formas, es una fuerza transformadora en nuestras vidas. Es más que simplemente buscar emociones; es una herramienta poderosa para el crecimiento personal y la autoexploración. Cuando hablamos de integrar la aventura en nuestra vida, estamos hablando de cultivar una mentalidad que valora la curiosidad y la exploración sobre la comodidad y la familiaridad.

Las diferentes formas de aventura pueden afectar diversas áreas de nuestra vida. Por ejemplo, las aventuras físicas como el senderismo, la escalada o el surf nos enseñan sobre nuestros límites físicos y mentales; mientras que aventuras intelectuales, como aprender un nuevo idioma o sumergirse en un campo de estudio desconocido, expanden nuestra mente y nuestra perspectiva del mundo.

El término "surfnicornio", una combinación de "surf" y "unicornio", fue acuñado por Pamela Valdés para describir su enfoque hacia la vida y los negocios. Este concepto refleja su pasión por el surf y su objetivo de crear una empresa unicornio, es decir, una *startup* valorada en más de 1 000 millones de dólares. Para Pamela, el surfnicornio simboliza la búsqueda de equilibrio: diversión en la vida personal y ambición y esfuerzo en el ámbito profesional.

Pamela lleva el surfnicornio a su vida de varias maneras. En primer lugar, el surf es una parte integral de su rutina. Este le proporciona un espacio para desconectarse del estrés diario y recargar energías. Surfear no solo le permite mantenerse físicamente activa, sino que también le ofrece momentos de introspección y claridad mental, esenciales para tomar decisiones estratégicas en su empresa.

Además, Pamela aplica los principios del surf a su vida empresarial. El surf requiere paciencia, práctica y la capacidad de adaptarse a las olas cambiantes, cualidades que también son cruciales en el mundo de los negocios. Pamela ha aprendido a manejar la incertidumbre y a mantener la calma bajo presión, lo que le ha resultado invaluable en su camino para construir Beek. Este enfoque le ha permitido enfrentar desafíos con una mentalidad resiliente y proactiva.

Otra dimensión importante es cómo la aventura puede fortalecer nuestras relaciones. Compartir experiencias nuevas y desafiantes con amigos o seres queridos no solo crea recuerdos duraderos, sino que también consolida nuestros vínculos con ellos. Esto se debe a que enfrentar juntos desafíos y compartir descubrimientos fomenta una comprensión y un apoyo mutuos que son difíciles de replicar en las interacciones cotidianas.

La aventura nos enseña a valorar más profundamente el momento presente. En un mundo donde a menudo estamos distraídos por la tecnología y abrumados por las exigencias del día a día, las aventuras nos obligan a centrarnos en el aquí y ahora. Ya sea que estemos navegando por rápidos o explorando un nuevo barrio en nuestra ciudad, la aventura nos recuerda que la vida se vive en el momento.

En cuanto a mis propias experiencias, cada viaje que he hecho, cada nueva cultura que he explorado y cada desafío que he enfrentado me han enseñado invaluables lecciones sobre la humildad, la resistencia y la importancia de mantener una mente abierta. Estas experiencias no solo han moldeado quién soy, sino que también continúan influyendo en cómo veo y me acerco al mundo.

Además, es importante recordar que la aventura también implica un cierto grado de riesgo y salir de nuestra zona de confort. Esto puede ser intimidante, pero es precisamente en esos momentos de incertidumbre en los que a menudo encontramos nuestras mayores recompensas y aprendizajes. Recordemos que la vida es un regalo increíble y que cada día ofrece nuevas oportunidades para explorar y crecer.

Experimenta con microsabáticos

Desconectar para conectar es un concepto popular en los entornos de desarrollo personal. Es relativamente fácil encontrar momentos para nosotros mismos cuando estamos de vacaciones, pero se vuelve mucho más difícil en el ajetreo de la vida diaria. No somos pocos los que soñamos con la oportunidad de tomarnos un año sabático en el que la vida y nuestras responsabilidades se pongan en pausa para experimentar una realidad distinta, en un país remoto quizá, y aprovechar para conocernos profundamente.

El concepto de "microsabáticos" fue introducido por Pablo Sánchez como una estrategia para mejorar el bienestar personal y profesional. Los microsabáticos son pequeños descansos o pausas intencionales que se toman durante la semana para desconectarse del trabajo y recargar energías. A diferencia de las vacaciones tradicionales, que pueden ser difíciles de planificar y costosas, los microsabáticos son accesibles y fáciles de incorporar en la rutina.

Los microsabáticos son periodos cortos de tiempo, generalmente de unas pocas horas a un día completo, dedicados a actividades que te permitan alejarte del trabajo y relajarte. Estos descansos pueden incluir actividades como caminar en la naturaleza, leer un libro, practicar un deporte, meditar o simplemente pasar tiempo con la familia y amigos. La idea es que estos pequeños descansos te ayuden a reponer tu energía y a mantener un equilibrio saludable entre la vida personal y profesional.

Los microsabáticos pueden tener muchos beneficios:

1. **Reducción del estrés.** Tomar pequeños descansos regulares puede ayudar a reducir el estrés acumulado y prevenir el agotamiento.
2. **Mejora de la productividad.** Al recargar energías, los microsabáticos pueden mejorar tu enfoque y productividad cuando vuelves al trabajo.
3. **Fomento de la creatividad.** Desconectar del trabajo y exponerte a nuevas experiencias puede abrir tu mente a nuevas ideas y perspectivas.
4. **Mejora del bienestar emocional.** Los microsabáticos ofrecen una oportunidad para cuidar tu bienestar emocional y mental.

Pablo incluso lo lleva al punto de, al menos una vez al año, tomarse un mes para vivir en otra ciudad y reducir considerablemente su carga de trabajo; así puede enfocarse en sí mismo, en su familia y en organizar sus pensamientos y prioridades. La respuesta a si esto es algo que se puede hacer en cualquier momento de la vida dependerá de las circunstancias de cada persona. Desde el punto de vista estratégico, habrá cosas que deban resolverse antes de dar un paso como ese. Si optas por experimentar con un microsabático extendido, tendrás que preguntarte qué debes dejar resuelto para poder hacerlo. Todo obedece en gran medida a tu entorno: si tienes una empresa, si trabajas, si tienes familia. Pero de que se puede, se puede.

Incorporar microsabáticos en tu vida puede ser tan simple como dedicar un fin de semana a una actividad que normalmente no realizarías, como un retiro en la naturaleza, un taller de arte o simplemente desconectarte de la tecnología y dedicarte a reflexionar. El efecto de estos periodos de descanso es profundamente revitalizante; te ayudan a reducir el estrés, aumentar la creatividad y mantener una mayor satisfacción hacia la vida.

Planea un microsabático

a) **Planifica.** Reserva tiempo en tu calendario para tus microsabáticos, tal como lo harías con cualquier otra cita importante. Esto asegura que realmente los lleves a cabo.

b) **Elige actividades que disfrutes.** Opta por actividades que realmente te relajen y te hagan feliz. Esto puede ir desde una caminata en el parque hasta una tarde de lectura o una sesión de yoga.

c) **Sé consistente.** La clave de los microsabáticos es la consistencia. Intenta incorporar estos pequeños descansos de manera regular.
d) **Desconéctate del trabajo.** Apaga tu teléfono o evita revisar correos electrónicos para que puedas disfrutar plenamente del descanso.

Encuentra un *hobby* que conecte contigo

Encontrar un *hobby* es esencial para mantener un contacto saludable con nosotros mismos. Los *hobbies* no solo proporcionan una vía de escape del estrés diario, sino que también fomentan la creatividad, mejoran el bienestar emocional y ofrecen oportunidades para aprender nuevas habilidades.

Cracks empezó como un proyecto personal para satisfacer una urgencia creativa, y con el tiempo se convirtió en una parte esencial de mi vida profesional y personal. Este *hobby* me proporciona satisfacción y felicidad, al igual que ha mejorado la cultura de mi empresa y me ha abierto nuevas oportunidades de negocio.

Óscar Yaser (QEPD), conocido como Akira, me contó que su podcast *Nerdcore* era un *hobby* que le permitía hablar de temas que le interesaban y entrevistar a personas que admiraba. Este *hobby* le proporcionaba entretenimiento y diversión, además de mantener viva su pasión por los medios.

Otro ejemplo importante es mi gran afición por el esquí. El esquí es más que un deporte para mí; es un catalizador para el crecimiento personal y una fuente de satisfacción psicológica profunda. Cuando esquío, no solo estoy enfrentando desafíos físicos; estoy también enfrentando mis propios límites, lo que me brinda una sensación de progreso y mejora continua. Es una actividad que exige total presencia y enfoque, lo cual me ayuda a limpiar mi mente de distracciones y centrarme en el momento presente.

Además, el esquí me permite sentirme parte de una comunidad de personas que valoran y buscan retos similares. Esto refuerza mi sentido de pertenencia y alimenta mi necesidad de estar rodeado de individuos que me inspiran y motivan. Es una experiencia que fortalece mi autoconfianza y me valida internamente, recordándome que soy capaz de superar obstáculos y alcanzar mis metas.

En resumen, esquiar no solo es una pasión; es una herramienta poderosa para mantener mi bienestar mental y emocional, y me proporciona claridad, motivación y un profundo sentido de logro.

Desarrollar un *hobby* tiene numerosos beneficios:

- **Reducción del estrés.** Los *hobbies* permiten desconectarse del trabajo y las responsabilidades diarias, proporcionando un espacio para relajarse y recargar energías.
- **Fomento de la creatividad.** Participar en actividades creativas puede abrir nuevas perspectivas y mejorar la capacidad de resolver problemas.
- **Mejora del bienestar emocional.** Los *hobbies* ofrecen una sensación de logro y satisfacción personal, lo que contribuye a una mejor salud mental.
- **Desarrollo de habilidades.** Aprender algo nuevo a través de un *hobby* puede mejorar habilidades que también son útiles en el ámbito profesional.

Incluir *hobbies* en mi vida no siempre es fácil, especialmente con un horario tan apretado, pero hago un esfuerzo consciente para priorizar estos momentos porque sé lo beneficiosos que son.

Cómo encontrar un *hobby*

a) **Explorar intereses personales.** Reflexiona sobre qué actividades te han gustado en el pasado y qué cosas te llaman la atención actualmente.
b) **Participa en comunidades.** Únete a clubes o grupos locales. Muchas personas encuentran *hobbies* a través de la socialización y la participación en actividades grupales.
c) **Realiza pruebas de aptitud y personalidad.** Hay muchas pruebas y cuestionarios en línea que pueden ayudarte a identificar *hobbies* basados en la personalidad y las aptitudes. Aquí hay uno: https://www.proprofs.com/quiz-school/story.php?title=find-fun-hobby-you
d) **Asiste a talleres y eventos.** Los talleres de un día o los eventos comunitarios pueden introducirte a diferentes actividades.
e) **Revisa redes sociales y sitios en línea.** Sitios como Pinterest, YouTube e Instagram están llenos de ideas y tutoriales sobre una amplia gama de *hobbies*.

Vive y respeta tus valores

Lo que te choca, te checa.
Dicho popular

Los valores personales y el amor propio están profundamente entrelazados: son la base sobre la cual construimos nuestra identidad y determinan cómo nos relacionamos con nosotros mismos y con el mundo. Los valores son esos principios que guían nuestras decisiones y comportamientos, y cuando estos están alineados con un amor propio saludable nos permiten actuar con integridad y autenticidad.

En varios episodios de *Cracks* hemos explorado cómo el amor propio no es simplemente sentirse bien consigo mismo, sino también mantenerse fiel a sus valores frente a los desafíos. Por ejemplo, Michelle Obama, citada durante el episodio con **Heberto Taracena @heberto_taracena** (creador de metroscubicos.com; fue director general de Imagen Televisión, fundador y CEO de Kukun), ha señalado que mantener sus creencias y valores y seguir su propia brújula moral han sido esenciales para cumplir con sus expectativas personales. Esto resuena con la idea de que el amor propio se fortalece cuando somos fieles a nuestros valores, lo que a su vez nos permite sentirnos competentes y dignos.

El amor propio, en este contexto, va más allá de la autoaceptación; es un reconocimiento de nuestro valor inherente que se refuerza al vivir de acuerdo con nuestros valores. Se crea así un ciclo virtuoso: nuestros valores alimentan nuestro amor propio, y nuestro amor propio nos motiva a mantenernos fieles a nuestros valores, incluso cuando es difícil hacerlo.

Heberto me explicó que encontrar nuestros valores es un proceso que surge desde las entrañas, a menudo identificados por lo que nos duele o nos molesta profundamente. Por ejemplo, Heberto menciona que la falta de compromiso le causa un gran malestar, lo que indica que ese es uno de sus valores fundamentales.

Siempre que estés conectado con tus valores podrás construir algo que valga la pena. Pero si te distancias de ellos, aunque sea mínimamente, no tendrás la solvencia moral suficiente para asegurar que te comprometerás con las decisiones que tomes. Y, si no te comprometes con ellas, tus acciones no tendrán el impacto suficiente como para mover la aguja. Tus valores son importantes, pues actuar con congruencia te ayudará a no desviarte del camino que te hayas impuesto para llegar a tu meta; entre más alineado estés con ellos, más fácil será para ti cumplir con tu palabra y darte la credibilidad necesaria para todo en la vida.

El autoconocimiento es crucial para vivir una vida conforme a nuestros principios y para tomar decisiones que reflejen quiénes somos realmente. Esto se entrelaza con el desarrollo del amor propio, ya que al honrar nuestros valores nos estamos respetando y valorando a nosotros mismos.

En resumen, los valores personales son como el esqueleto del amor propio: proporcionan la estructura y el soporte sobre el cual todo lo demás se construye. Al vivir de acuerdo con estos valores, fortalecemos nuestro amor propio, lo que nos permite no solo sobrevivir, sino prosperar.

Cómo crear un código personal

a) Reflexiona sobre quién eres y qué valores son más importantes para ti. Considera las experiencias que te han definido y cómo deseas actuar en el futuro.
b) Formula declaraciones claras que reflejen tus valores. Por ejemplo, si valoras la integridad, podrías escribir: "Actúo con honestidad en todas mis interacciones". Usa el tiempo presente.
c) Piensa en lo que te motiva y cómo esto se alinea con tus acciones. Escribe lo que quieres lograr, usando frases como "Yo haré…".

d) Tu código no es estático. Revisa y ajústalo regularmente para asegurarte de que sigue siendo relevante a medida que tú evolucionas.
e) Asume un compromiso diario. Usa tu código como una guía diaria para vivir de acuerdo con tus principios y avanzar hacia tus metas.

Comprométete con tu pasión

Vivir de manera reactiva, esperando a que algo pase, es una de las peores formas de afrontar la vida. En cambio, tener claridad sobre quién eres, qué te importa y en quién te quieres convertir es fundamental para tomar decisiones acertadas y vivir una vida plena. Esta claridad a menudo se encuentra al identificar y seguir tu pasión.

Pienso que descubrir tu pasión y propósito es un viaje continuo, no un destino fijo. Es un proceso de exploración, de escucharte a ti mismo y de permitirte ser guiado por tus intereses más profundos y tus valores. Es fundamental darse el espacio para reflexionar y escuchar esa voz interna que a menudo queda ahogada por el ruido del día a día.

Encontrar tu pasión realmente puede compararse con ir a un bufet. Piénsalo: en un bufet tienes una variedad de opciones frente a ti, y la única manera de saber realmente qué te gusta es probando diferentes cosas. De la misma manera, descubrir tu pasión implica explorar diferentes áreas y experiencias. No puedes simplemente sentarte y esperar a que tu pasión te encuentre; tienes que salir y ensayar, involucrarte en diferentes actividades, aprender nuevas habilidades y, sobre todo, estar abierto a nuevas experiencias.

Al igual que en un bufet, donde algunos platos te gustarán más que otros, en la vida descubrirás que algunas actividades resuenan más contigo que otras. Este proceso de exploración y descubrimiento es fundamental para entender qué te mueve realmente, qué te hará levantarte cada mañana con energía y qué te mantendrá motivado incluso en los momentos difíciles.

Cómo encontrar tu pasión

- **Explora diferentes intereses.** Para encontrar tu pasión, es esencial explorar diferentes intereses y actividades. Sal de tu zona de confort y de lo ordinario. La exploración te permite descubrir lo que realmente te apasiona y lo que te hace sentir vivo.
- **Reflexiona sobre tus experiencias. Federico Antoni @federicoantoni**, *managing partner* del fondo de capital de riesgo Hi Venture y profesor en Stanford, por ejemplo, habla sobre la importancia de reflexionar sobre tus experiencias pasadas para identificar patrones y momentos en los que te has sentido más comprometido y feliz. Esta introspección puede ayudarte a descubrir tu verdadera pasión y a entender cómo integrarla en tu vida.
- **Escucha tu corazón.** Gaby Vargas recomienda escuchar tu corazón y ser congruente con tus emociones. La voz del ego puede ser fuerte, pero aprender a escuchar tu auténtica voz interior te guía hacia decisiones más alineadas con tus verdaderos deseos y necesidades.

Una vez que hayas encontrado tu pasión, la mejor forma de garantizar tu plenitud es comprometerte con ella. Esto significa dedicar tiempo y recursos a desarrollarla, incluso si esto implica sacrificios. No siempre es necesario hacer un cambio radical para vivir tu pasión. Puedes encontrar maneras de incorporarla en tu vida diaria, ya sea a través de proyectos paralelos, *hobbies* o actividades que te gusten y que tengan que ver con esa pasión recién encontrada. La clave es hacer de tu pasión una parte regular de tu rutina. Y, por último, rodearte de personas que compartan esa pasión contigo, ya que pueden ser una fuente constante de inspiración y motivación. Estas conexiones no solo te motivarán a seguir explorando más acerca de tu pasión, sino que también te ofrecerán una red de apoyo y camaradería.

El propósito y el amor propio están intrínsecamente conectados. Vivir de acuerdo con nuestro propósito nos permite sentirnos realizados y en paz con nosotros mismos. Raúl Romero señala que, incluso en momentos de dolor o dificultad, tener un propósito claro puede ayudarnos a perseverar y encontrar sentido en nuestras experiencias. Este sentido de dirección y significado refuerza nuestro amor propio, ya que nos permite vernos a nosotros mismos como individuos valiosos y capaces de contribuir positivamente al mundo.

El propósito es una fuente de significado y motivación que fortalece nuestro amor propio. Reflexionar sobre lo que nos apasiona, estar abiertos a la evolución de nuestro propósito y practicar la atención plena son estrategias efectivas para encontrar y vivir de acuerdo con aquel. Al hacerlo, no solo nos sentimos más auténticos y satisfechos con nuestra vida, sino que también aumentamos nuestro potencial de generar un impacto positivo.

6 TÁCTICAS DE CRACKS PARA DESARROLLAR EL AMOR PROPIO

1. **Busca y permítete sentir asombro**. Algo que hago frecuentemente con mis hijos y que me sirve de ejercicio personal es hacer un recuento de los "pequeños milagros" que atestiguo durante el día. Un atardecer, unos pájaros haciendo una danza de cortejo, un pan dulce espectacular... todo tiene la capacidad de asombrarnos si tan solo nos lo permitimos.
2. **Explora tu lado creativo.** Escribir o hacer ejercicios de artes plásticas pueden ser herramientas útiles para desarrollar tu creatividad.
3. **Tómate microsabáticos**. Cuando sientas que necesitas mirar lo que estás haciendo desde una perspectiva diferente, más alejada, puede ser una buena idea tomar un pequeño sabático e ir a hacer otras cosas.
4. **Encuentra un *hobbie*.** Recuerda lo que te gustaba de niño, ahí está la clave. Inspírate en otras personas. Escribe una lista de intereses y habilidades. Recuerda que tener un *hobbie* en la vida es una experiencia enriquecedora.
5. **Crea tu código personal.** Este código personal actúa como una brújula, nos ayuda a mantenernos alineados con nuestros principios

y a tomar decisiones que refuercen nuestro amor propio.

6. **Frena, analiza y recalibra.** Si quieres conectar con tu propósito, puedes aplicar el Método 3-1-3-1 de Raúl Romero: consiste en parar tres días al año, un día al mes, tres horas a la semana y una hora diaria para revisar tu estado actual, revaluar tus prioridades y comprobar si tus acciones están alineadas y contribuyendo a tu propósito.

CONCLUSIÓN

El desarrollo personal es un viaje que nunca se queda sin camino.
Anónimo

Eres y serás un trabajo en proceso

Fue hace no mucho tiempo que vivía un momento crucial en mi camino como emprendedor, me sentía atrapado y sin dirección. El dinero se agotaba y la confusión me abrumaba. En medio de esta crisis, recibí una oferta de trabajo en Uber, una oportunidad que acepté explorar, aunque no resonaba con mis verdaderas aspiraciones. Avancé significativamente en el proceso de las entrevistas y llegué incluso a hablar con el número dos de la empresa a nivel global.

En mi estado de desolación, busqué el consejo de mi gran amigo y mentor, Miguel Mier, un hombre que admiro profundamente por su capacidad de superarse y forjar un camino que yo mismo deseaba recorrer. La importancia de su opinión radicaba en su ejemplo de vida, no en consejos abstractos ni opiniones teóricas.

Un mentor no siempre te da soluciones directas. En cambio, te ofrece las chispas de inspiración que necesitas para avanzar, a menudo a través de palabras y gestos aparentemente triviales pero profundamente significativos. Estos mensajes, interpretados desde tu esencia, pueden despertar una creencia en ti mismo o doler tanto que te impulsan a actuar. En mi encuentro con Miguel, esto fue precisamente lo que ocurrió.

Nos encontramos para tomar un café, algo habitual entre nosotros, pero esa vez llegué destrozado, con los ánimos por los suelos, y se me notaba. Al verme, Miguel me dijo: "Oso, tienes el *hardware* y el *software* para lograr cosas mucho más grandes, pero no las estás haciendo. Debes pensar en grande y soltar lo que te ancla".

Sus palabras resonaron en lo más profundo de mi ser, no por la dureza, sino por la verdad que encerraban. Miguel no necesitó decir más. No me ofreció una solución mágica; simplemente me compartió dos cosas muy importantes: primero, una visión de mí que ni siquiera yo había sido capaz de observar y, segundo, una visión que él mismo había adquirido a través de experiencias similares. Esa es la verdadera magia de la mentoría: escuchar a alguien que ha transitado con éxito el camino que deseas recorrer.

Este ciclo virtuoso de mentoría se perpetúa, ya que quienes han sido guiados sienten el impulso de devolver el favor a otros que empiezan su viaje. Tras esa conversación, y a pesar de que no fui seleccionado para Uber, experimenté un inmenso alivio. Las palabras de Miguel me inspiraron a buscar más mentores, lo que finalmente llevó al nacimiento de *Cracks*, un podcast que me permite aprender continuamente de aquellos a quienes admiro.

En estos ya más de cinco años, he reconocido que nadie lo sabe todo. Todos enfrentamos desafíos y dudas que pueden ser resueltas por alguien que ya ha recorrido el camino que nosotros apenas vamos empezando. Por eso aprender de los mejores debe ser parte de nuestra estrategia en la vida, pues ellos ya han cometido errores y encontrado soluciones que podemos aplicar, ya sea para evitar caídas innecesarias o para que nuestras propias caídas no sean tan estrepitosas.

No se obtienen puntos extra por la dificultad en la vida. Si encuentras una herramienta que te ayudará a lograr tus objetivos de manera más eficiente, úsala. Los mentores son estas herramientas valiosas que nos pueden llevar más lejos y más rápido. Lo importante es el resultado, no cuánto sufrimos para alcanzarlo.

Mi deseo es que, al haber recorrido este libro, te sientas inspirado a buscar una mejora continua, que te acerques a los expertos que admiras, estén o no dentro de estas páginas. Te aseguro que ellos están dispuestos a compartir sus conocimientos y ayudarte a alcanzar tus metas. Así construiremos una cultura de desarrollo constante, forjando mejores personas y empresas.

Si en verdad quieres un cambio, es importante que no te quedes solo con la inspiración; actúa con intención. Encuentra a esos mentores que puedan guiarte, aprende de sus experiencias y permite que sus enseñanzas iluminen tu camino. Sé proactivo en tu búsqueda de conocimiento y no temas pedir ayuda.

Cada paso que das hacia la mejora personal y profesional te acerca a tus sueños. Usa las herramientas y los consejos que los expertos te ofrecen. Recuerda: el verdadero crecimiento ocurre cuando aceptamos que siempre hay algo nuevo por aprender, algo nuevo por alcanzar.

"Oso, para ti ¿qué es el éxito?", me preguntan frecuentemente. Mucho tiempo creí saberlo y, sin imaginarlo, estuve equivocado. Pero hoy lo entiendo a la perfección. El éxito es saber en quién te quieres convertir y tener la oportunidad de despertarte cada día para intentarlo. Nada más. El éxito no se consigue al final de un camino, se vive con cada paso intencionado que das en una dirección trazada.

Y cuando tengas clara esa dirección, sal y busca a aquellos que han recorrido el camino antes que tú. Aprende de ellos, absorbe sus lecciones y aplica sus conocimientos. Crea sistemas de ejecución y piensa en grande. Así, no solo te beneficiarás tú, sino también aquellos que te rodean y que se inspirarán con tu ejemplo.

El viaje hacia la excelencia es interminable y la compañía de grandes mentores lo hace aún más disfrutable. Aprovecha esta oportunidad para transformarte y, al hacerlo, transformarás también el mundo a tu alrededor.

Ahora es tu momento. Aprende, crece y devuelve lo aprendido a quienes lo necesiten. Es en ese dar y recibir que todos encontramos nuestro camino hacia el verdadero éxito y la realización.

Y siempre recuerda que... el crack eres tú.

AGRADECIMIENTOS

Quiero agradecer a todas las personas que hicieron posible la creación de este libro. A todos los cracks que aceptaron mi invitación al podcast, que me abrieron la puerta de sus mentes y cuyas historias y enseñanzas enriquecieron cada página. A mi familia, a Lu, Emilio y Diego por su amor y apoyo en mi misión de convertirme en una mejor persona. A mi mamá, que es mi más grande ejemplo de que todos los días elegimos la vida que queremos tener.

A todos los que colaboraron en la revisión y edición: Alex Pacheco, Xime Portilla, Tavo Gómez y los X-Men, gracias por su invaluable ayuda para darle forma a esta obra. Este libro es el resultado del esfuerzo conjunto de todos ustedes, y por ello les estaré eternamente agradecido.

Esta obra se terminó de imprimir
en el mes de septiembre de 2025,
en los talleres de Litográfica Ingramex S.A. de C.V.,
Ciudad de México.